‘天崩地裂’의 時代,
明末淸初의 華北社會

'天崩地裂'의 時代, 明末淸初의 華北社會

정 병 철

전남대학교출판부

서 문

본서는 필자의 박사학위 논문「明末淸初의 華北社會 硏究－動亂期 山東圈의 社會經濟的 諸樣相－」(1996. 2. 서울대학교 대학원 동양사학과)의 내용 중, 제2편「明末淸初의 華北社會와 國家權力」을 보완·가필한 것이다.

당초 필자의 학위논문은 제1편「明代 華北社會의 變化 및 遼東과의 관계」와 제3편「華北의 地域開發을 둘러싼 國家權力과 地域社會」를 합쳐 모두 세 편으로 구성되어 있었다. 그 세 편에서 필자는, ①원말명초 극심하게 파괴된 화북사회가 명초 국가 주도의 이주·개간 등의 정책을 통해 어떻게 회복·재편·변화되어 갔는가, ②명말청초 '天崩地裂'의 동란기에 화북의 백성, 신사층은 어떻게 대응하며 살 길을 찾아갔으며, 그 과정에서 '국가'의 존재는 어떻게 다가왔는가, 그리고 ③북방의 水利田 개발과 河工·水利 등의 사례에서 화북에서의 국가권력의 위상과 역할, 지역사회의 대응은 어떻게 나타났는가 하는 등의 문제를 다루었다.

이런 구성을 통해 화북사회에서 '국가권력과 지역사회'의 문제, 나아가 화북사회의 구조적인 특징을 규명해 보고자 하였다. 그 바탕에 있는 문제의식은, 전통시대 중국사회에서 '국가'(중앙집권적 전제지배체제)의 존재가 매우 중요했고, 이는 자연재해에 취약하고 지주제의 발달정도 및 사회적 중간층의 세력이 상대적으로 약한 화북지방에서 특히 두드러지게 나타났으며, 그 결과 화북사회에서는 '강력한 국가권력' 對 '분산적 소농'의 대비상이 더욱 강렬하게 나타났다는 점 등이었다. 그리고 이러한 화북사회에 대해서는, 개발・발전・변화라는 '발전론'적 시각보다는, 지리적 환경이나 지주－소농의 계층관계 등에 연유한 지역적 특성을 일종의 '구조론'적 시각으로 살펴보는 것이 중요하다는 방법론을 상정해 보았다.

대개 학위논문은 수정・보완을 거친 다음, 전체 그대로 출간하는 것이 보통이다. 그런데 필자의 학위논문은 다루는 시기와 주제범위가 상당히 방대하고, 각 편의 내용 또한 각기 하나의 책으로 묶어도 될 만큼 큰 주제로 이루어져 있다. 따라서 전체를 아우르는 '국가와 지역사회'의 논리를 아무리 강조하더라도 구성・내용상의 다기로움으로 인한 산만함을 피하기 어려워, 학위논문 전체를 하나의 단행본으로 엮어 출간하기에는 적당하지 않다는 생각을 하게 되었다. 더구나 각 편별로 완성도를 높이기 위해서는 보완해야 할 부분도 적지 않았다. 이런 문제의식을 가진 채, 출간은 엄두도 내지 못하고 어영부영 십여 년의 세월이 흘러버렸다.

'내 집'을 채 완성하지도 못했고 그 속에 채울 '가재도구'도 완비되지는 못한 상태이지만, 학위논문을 구성한 세 편 중에서 그나마 구색이 조금 갖추어진 제2편을 보완하여 출간하기로 작정하였다. 연구성과가 그릇에 차고 넘칠 정도가 될 때 비로소 問世하는 것이 학문의 정도이나, 일단 첫걸음은 내디뎌 보자는 만용도 어느 정도 작용했다. 上梓를 작정하고 이를 '기정사실'로 삼는 방편으로 재직 학교[전남대]에 학술도서출판 신청을 하였다. 그러나 출간을 서둔 나머지, 그리고 약속된 출간기한에 맞추기 위해 허둥대느라 마무리가 좀 미흡한 것 같다. 특히 최근의 연구성과를 제대로 반영하지 못한 점이 아쉽다. 나머지 제1편과 제3편은 앞으로 충분히 보강하고 가다듬어, 훨씬 완비된 책으로 각각 출간할 수 있게 되기를 기대한다.

학업성취 과정이 순탄치 않았고 능력까지 부족한 필자가 미진한 대로 이만큼이나마 성과를 낼 수 있었던 것은, 참으로 많은 분들로부터 은혜를 입었기 때문이다. 고 민두기 선생님께서는 학문의 엄격함을 가르쳐 주셨고 필자가 학문수련을 받는 과정에서 한시도 긴장을 풀지 않도록 채찍질을 하셨다. 석·박사 논문 지도교수이신 오금성 선생님께서는 사회경제사 연구의 正道를 안내해 주시고, 우둔한 필자가 중도에 좌절하지 않도록 다독이고 이끌어 주셨다. 오늘날 필자가 학계 일우에서 부족하나마 제 몫을 다하기 위해 정진하고 있는 것도 모두 선생님의 가르침 덕택이다. 그외 학부 지도교수 윤세철 선생님, 대학원 수학과정에서 크나큰 학은을 입은 김용덕, 이성규, 박한제 선생님과 동양사학과 여러 선생님들, 그리고 일일이 거명하여 인사를 드리지는 못하지만 서울대학교 역사교육과, 전남대학교 사학과와 명청사학회 여러 선생님들, 선배·동학 여러 분들께도 깊은 감사를 드린다. 본 도서를 출간하는데 도움을 준 전남대학교 및 전남대학교 출판부 여러 분들께도 감사를 드린다. 그리고 중문

초록 작성을 도와주신 절강대학의 백승호 선생님, 교정·색인 작업을 도와준 대학원생 한지선, 최지희 양에게도 감사를 드린다.

마지막으로, 필자의 학위논문 완성을 보시고 바로 그 해 봄에 작고하신 아버님의 영전에 이 책을 바치고자 한다. 못난 아들이 번듯한 직장을 얻고 열심히 사는 모습을 항상 굽어살피고 계실 것이다. 필자를 이만큼이나 키워주시고도 자나 깨나 자식·손주 잘되기만을 염원하시는 어머님, 결혼 이후 줄곧 집안일을 도와주시고 두 손주를 손수 키워주신 장모님께는 평생 다 갚지 못할 큰 은혜를 입었다. 무능한 남편이 학업을 무사히 마치고 자리를 잡을 때까지 꿋꿋이 뒷바라지하며 희망과 용기를 북돋아 준 사랑하는 아내 선희와, 필자의 가장 큰 기쁨이자 희망인 혜원이, 하윤이에게도 고마움을 전한다.

2008년 1월 1일

鄭炳喆

목 차

緖 論

중국 지방사 연구와 화북사회[1)]

〈지방사의 개념과 범위〉

중국은 면적이나 인구 면에서 하나의 대륙이라 할 수 있을 정도로 큰 세계이다. 광대한 영토 위에서 엄청난 숫자의 구성인들이 연출해 내는 다양한 모습과 함께, 중앙(수도)과 지방의 지리적 원격성으로 말미암아 원심력이 강한 사회이다. 반면 중국은 이질적이고 다양한 요소를 용해시켜 하나의 체제로 묶는 구심력이 강한 사회이며, 다른 어떤 국가(사회)보다도 강력한 집권관료제적 황제통치체제를 오랫동안 지속시켜 왔다. 즉 중국역사는 원심력·다양성과 구심력·집권성을 공유한 채로 수많은 왕조가 흥망을 거듭했고, 중국대륙은 분열과 통일이 되풀이되었던 것이다. 중국의 '지방사' 문제는 일견 상반되어 보이는 이러한 양면성을 충분히 고려한 위

---

1) 서론 내용은 鄭炳喆, 「中國史에서의 地方史 硏究의 現況과 課題1」(『中國史硏究』 7, 1999)의 내용을 약간 교정을 하여 전재한 것이다. 이하 같은 논저가 인용될 때는 '저자, 「논문명」(혹은 『저서명』)'으로 약칭하며, 해당 논저의 서지사항에 대해서는 본서에 첨부한 <引用文獻目錄> 참조.

에 논의되어야 할 것이다.

그러면 중국사에서 '지방사'란 어떤 의미를 가지는가? '지방사'와 유사하거나 혼용하는 용어 중에 '지역사'가 있는데, '지방'과 '지역'이라는 단어의 개념적 정의나 함의에 대해서는 이미 국내 학계에서도 많은 논의가 있어 왔으므로[2] 여기서 덧붙일 것은 없다. 필자로서는 '지방'은 '중앙'과, '지역'은 '전체'와 각각 대비시킬 수 있지 않을까 생각하나, 실제 '지방'과 '지역'은 혼용되는 경우가 적지 않으므로 본고에서는 따로 이를 구분하지 않고 '지방'으로 통칭하기로 하며, 인문·사회적 현상과 관련한 범주를 논할 경우 '사회'(화북사회, 지역사회)로 쓰고자 한다.[3] 그런데 어느 용어를 쓰든 그 속에는 ①중앙이라는 상위·지배의 개념에 대한 지방이라는 하위·종속의 개념, ②전체에 대한 부분이라는 局部의 개념, 그리고 이와는 좀 다른 차원에서 ③독자적인 영역과 역사를 상정할 수 있는 독립범주의 개념 등의 몇 가지 측면이 내포되어 있다고 생각한다. 이런 점을 고려하여 중국의 지방사 연구를 할 때 ㉠연구대상 지역은 집권관료제적 황제통치체제하에 존재하고 있어 국가·중앙

---

2) 閔斗基, 「中國史硏究에 있어서의 地方史硏究」, 『大丘史學』 30, 1986 ; 김준형, 「새로운 지역사연구와 향토교육을 위하여」, 『역사교육』 2, 푸른나무, 1991 ; 이존희, 「지방사 인식의 새로운 시작」, 『한국사서술의 새로운 시각』, 교학사, 1992 ; 고석규, 「총론: 지방사 연구의 새로운 모색」, 『지방사 연구, 어떻게 할 것인가』(제1회 역사문화학회 학술심포지움발표문), 목포대학교, 1998 ; 박혁순, 「중국지방사 연구의 현황과 과제」, 위 책.

3) 참고로 일본의 중국사학계에서는 '地域', '地域社會'란 용어를, 중국·대만에서는 주로 '區域', '區域社會'라는 용어를 쓰고 있는 추세이다. 森正夫, 「中國前近代史硏究における地域社會の視點」, 『名古屋大學文學部硏究論集』 83(史學28), 1982 ; 中央硏究院近代史硏究所, 『中國現代化的區域硏究(1860~1916)』, 臺北, 982~ ; 楊國楨, 「淸代社會經濟區域劃分和硏究架構的探索」, 葉顯恩主編, 『淸代區域社會經濟硏究』上, 中華書局, 1992.

과의 관계를 배제할 수 없으며, ㉡일정한 시기의 각 지방사 연구를 모으면 당시의 중국사의 전체상을 그릴 수 있으며, ㉢'四川의 역사', '江南의 역사'라고 하는 것처럼 특정한 지방을 대상으로 한 독자적인 역사체를 상정할 수도 있을 것이다.

그런데 실제 지방사 연구를 수행함에 있어서, 연구대상 지역의 독자성 혹은 특수성을 부각시키는 경우가 흔히 있다. 예컨대 福建지방은 종족제가 발달하였고, 江南지방은 지주제가 발달했던데 비해, 화북평원지역은 이 두 요소가 그리 발달하지 않아 그 사회의 특성을 규명하는데는 종족이나 지주·전호의 계급관계보다는 국가對 소농민의 관계를 더 강조하기도 한다. 또 明淸時代의 湖廣이나 四川지역은 개척지·이주지로서의 특성이 부각될 수 있다. 즉, 해당 지역사회의 성격을 특징짓는 요소 및 그 비중이 다를 수 있는 것이다. 이런 점을 염두에 둔다면 명청시대 사회경제사 연구에 있어서, 종래 경제의 최선진 지역인 '江南'지방의 생산·계급관계 등의 문제를 중국 전체로 일반화시키던 연구방법은 극복되어야 할 것이다. 각 지방의 개별 현상을 집적함으로써 궁극적으로는 전체상을 규명하는 것이 지방사 연구 본연의 태도라면, 지역간 공통분모를 밝혀 내는 것 못지 않게 지방의 구조적인 특수성을 부각시키거나 그러한 특성을 가진 일정 지역의 역사적 변화상을 추구하는 연구도 반드시 필요한 것이다.

본고에서는 그 연구관심도나 연구성과의 양에 있어서 중국 지방사의 대종을 이룬다고 생각되는 명청시대 및 근현대 시기를 중심으로 기존의 연구 경향을 정리하고, 여기에 덧붙여서 화북사회를 대상으로 지방사 연구를 위한 접근방식의 한 예를 제시해 보고자 한다.

〈중국사에서의 지방사 연구의 현황〉

중국의 지방사 서술은 지방지[方志] 편찬에서 그 기원을 찾을 수 있다. 이미 唐代부터 『元和郡縣圖志』나 『元豊九域志』 등의 지리지를 통해 지방의 역사를 기록해 왔고, 淸代 章學誠은 지방지를 '地方의 역사'로서 체계적으로 정립시키고 그 스스로 正史를 모방한 紀傳體의 지방지 서술을 시도하기도 했다. 전통적 체제를 계승한 지방지는 오늘날에도 대만과 중국에서 계속해서 편찬되고 있으니, 지방사 서술의 역사가 그만큼 오래되었음은 물론 그것이 가진 현재적 의미도 무시할 수 없는 상황이다. 이러한 지방사에 대한 관심은 1980년대에 이르러 대만의 中央硏究院近代史硏究所에서 『中國現代化的區域硏究(1860~1916)』를 기획하여 湖北省, 山東省, 福建·浙江·臺灣地區, 湖南省, 江蘇省 등지에 관한 5책이 간행되기에 이르렀다. 이는 전통적인 지방지의 성격을 계승하면서도 현대의 전문적 지방연구라는 두 가지 성격이 뒤섞여 있고 어느 한 측면도 성공적이지 못하긴 하나 그 편찬 과정에서 수많은 지방사 관계 논문이 나온 것이 성과였다.[4)]

1980년대 이후 세계의 중국사학계에서 지방사에 대한 관심이 고조되기 시작하였고, 이를 반영하듯 1987년 중국 廣州에서 지방사를 주제로 한 국제학술회의가 개최되기에 이르렀다.[5)] 葉顯恩은 기조발표에서 '역사발전의 다양성과 지역의 불균등·특수성'을 강조하고 미시와 거시의 양면성을 인정하며, 역사인식의 다양성을 위해 ①여러 학문분야의 종합 연구에 유의하고, ②장기변동의 요인

4) 閔斗基, 「中國史硏究에 있어서의 地方史硏究」, p.29.

5) 발표문은 葉顯恩主編, 『淸代區域社會經濟硏究』上·下(中華書局, 1992)로 간행되었다.

을 중시하며, ③정량분석 · 사례연구 · 비교연구가 필요하다는 점을 제시하고 있다.[6] 그러나 이러한 취지가 일반화된 것은 아니었으니, 당시 80여편의 발표문 중에는 예컨대 樊樹志의 「江南棉布業市鎭과 棉布貿易」처럼 地方事를 다루긴 하지만 경제중심지역의 핵심사안에 관한 연구를 통해 전체 역사의 성격을 규정지으려는 경향, 즉 중앙 · 구심점의 역사를 지향한 경우가 상당히 있다. 그리고 이는 오늘날 중국 학계의 자국 지방사 연구의 대체적인 추세이기도 하다. 지방사를 '표방'하든 전체사 규명을 '지향'하든, 중국 학계의 地方事 연구성과는 양적으로 매우 많다. 그 중 전통적으로 관심이 많았던 江南지방에 대한 연구[7]뿐만 아니라 廣東[8]이나 徽州[9]에 대

6) 葉顯恩 · 陳春聲, 「論社會經濟史的區域性研究」, 『淸代區域社會經濟研究』.

7) 傅衣凌, 『明代江南市民經濟試探』, 人民出版社, 上海, 1957 ; 劉石吉, 『明淸時代江南市鎭研究』, 中國社會科學, 北京, 1987 ; 賴惠敏, 『明淸浙西士紳家族的研究』, 國立臺灣大學歷史研究所博士論文, 1988 ; 洪煥椿, 羅侖主編, 『長江三角洲地區社會經濟史研究』, 南京大學出版社, 1989 ; 樊樹志, 『明淸江南市鎭探微』, 復旦大學出版社, 1990 ; 陳建華, 『中國江浙地區十四至十七世紀社會意識與文學』, 學林出版社, 1992 ; 陳學文, 『明淸時期杭嘉湖市鎭史研究』, 群言出版社, 北京, 1993; 錢杭등저, 『17世紀江南社會生活』, 浙江人民出版社, 1996 ; 姜彬주편, 『稻作文化與江南民俗』, 上海文藝出版社, 1996 ; 范金民, 『明淸江南商業的發展』, 南京大學出版社, 1998 ; 王衛平, 『明淸時期江南城市史研究 : 以蘇州爲中心』, 人民出版社, 1999 ; 李伯重, 『江南的早期工業化(1550~1850)』, 社會科學文獻出版社, 2000 ; 吳仁安, 『明淸江南望族與社會經濟文化』, 上海人民出版社, 2001 ; 張海英, 『明淸江南商品流通與市場體系』, 華東師範大學出版社, 2002 ; 馮賢亮, 『明淸江南地區的環境變動與社會控制』, 上海人民出版社, 2002 ; 余新忠, 『淸代江南的瘟疫與社會』, 中國人民大學出版社, 2003 ; 李伯重, 『多視角看江南經濟史(1250~1850)』, 三聯書店, 2003

8) 廣東歷史學會編, 『明淸廣東社會經濟形態研究』, 廣東人民出版社, 1985 ; 明淸廣東省社會經濟研究會編, 『明淸廣東社會經濟研究』, 廣東人民出版社, 1987 ; 明淸廣東省社會經濟研究會編, 『十四世紀以來廣東社會經濟的發展』, 廣東高等教育出版社, 1992 ; 羅一星, 『明淸佛山經濟發展與社會變遷』, 廣東人民出版

한 연구가 많은 편이고, 그 외 福建, 四川, 湖廣(湖北・湖南), 華北, 東北 등지에 대해서도 일일이 거론하기 힘들만큼 많은 연구가 이루어지고 있다.

과연 어떤 특정 地方의 過去事를 다루면 이를 '지방사'라 할 수 있는가? 아니면 지방사 연구의 독자적인 방법론이 있는 것인가? 이 때 지방의 특수성과 일반성은 어떻게 조화될 수 있으며 국가와 지역(지방)사회의 관계는 어떻게 설정될 수 있는가? 이런 문제의식 하에서 기존의 연구성과를 몇 가지 주제로 나누어 살펴보기로 하자.

〈지역의 구분(大地域: Macro Region)〉

중국은 그 무대가 워낙 넓다 보니 중국사 연구에 있어서도 지역 구분이 필요할 때가 많다. 그 경우 淮水~秦嶺線을 기준으로 남・북으로 구분하거나 華北・華中・華南으로 三分하는 것이 보통이었다. 그 이외에도 오랜 역사를 거치면서 경계선으로 형성되어온 省 등의 행정적 구분이 있는가 하면 각지의 지형 상황에 따른 구분도 있고[10], 하천계를 중심으로 한 '經濟的 中核圈'(Key Economic Area)의 개념으로 지역구분을 한 경우도 있다.[11] 이러한 여러 가지 지

社, 1994.

9) 葉顯恩, 『明淸徽州農村社會與佃僕制, 安徽人民出版社, 1983 ; 章有義, 『明淸徽州土地關係硏究』, 中國社會科學出版社, 1984 ; 章有義, 『近代徽州租佃關係案例硏究』, 中國社會科學出版社, 1988 ; 王振忠, 『明淸徽商與淮揚社會變遷』, 三聯書店, 1996 ; 唐力行, 『明淸以來徽州區域社會經濟硏究』, 安徽大學出版社, 1999.

10) 예컨대 褚紹唐, 『新中國地理』(地圖出版社, 北京, 1953)에서는 중국을 黃河下流區, 長江下流區, 長江中流區, 東南丘陵區, 兩廣丘陵區, 雲貴高原區, 秦嶺四川區, 黃土高原區, 北部(蒙古)高原區, 東北地區, 新疆地區, 靑藏高原區로 구분하고 있다.

역구분 문제를 이론적으로 확립하고 이를 사회인류학적 입장에서 시장권 개념과 접합시켜, 중국사회의 지역적·구조적 다양성에 대한 접근방식을 새로이 제시한 이는 미국의 학자 스키너(William Skinner)였다.

스키너는 19세기 중국의 도시화 정도를 측정하면서, 제국 말기에 이들 도시들이 각기 주변 지역과 연계를 가지면서 광역의 지역(Macro Region: 이하 '大地域'으로 씀)적 체제를 형성하고 있으며 이것이 하천 유역별로 구분되는 지리적 단위와 거의 일치함을 확인하였다. 이로부터 하천계와 연결된 경제·사회의 활동권을 중심으로 중국을 北中國, 西北中國, 揚子江上流, 揚子江中流, 揚子江下流, 東南海岸, 嶺南, 雲南·貴州의 8개 대지역으로 구분하였다.[12] 행정적 경계와는 거의 관계없이 구획된 이러한 대지역은 기본시장권(Standard Marketing Area), 중간시장권(Intermediate Marketing Area), 중심시장권(Central Marketing Area), 도시교역권(City Trading Area), 지역교역권(Regional Trading Area)으로 이어지는 중층적인 시장권으로 이루어져 있다.[13] 각 단계 내에는 각기 인적·물적 교류가 집

---

11) 冀朝鼎은 중국을 黃河유역, 長江 상류, 長江 中下流, 西江(廣東·廣西)일대 등으로 구분하였다(Chao-Ting Chi, *Key Economic Areas in Chinese History: As Revealed in the Development of Public Works for Water-control, 1936:* 中譯本 冀朝鼎, 『中國歷史上的基本經濟區與水利事業的發展』, 中國社會科學出版社, 1992).

12) William Skinner, "Regional Urbanization in Nineteenth-Century China" in William Skinner ed., *The City in Late Imperial China,* Stanford University Press, 1977. 이후 그는 지역구분을 좀 더 세분화하여, 기존의 '양자강중류'에 포함되어 있던 江西省의 鄱陽湖·贛江 일대를 따로 '贛江유역'(Gan Yangzi)으로 하고 새로이 '滿洲'(Manchuria)를 추가하여 10개의 대지역으로 설정하였다. Skinner, "Presidental Address: The Structure of Chinese of Chinese History" *Journal of Asian Studies*(이하 *J.A.S.*로 약칭함) 44-2, 1985.

중되는 중심부와 이런 요소가 엷어지는 주변부가 있으며, 대지역 전체로 볼 때 최하위의 소시장(Minor Market)이라는 '주변'에서 지역도시(Regional City)라는 '중심'으로 수렴되는 구조이기도 하다.

스키너의 이러한 대지역·시장권의 설정에서 중요한 변수는 지리적 환경과 운송기술·비용의 문제였다. 예컨대 운송비용이 생산비용을 넘는 선, 즉 거리나 자연지리적 장벽이 일정한 시장권의 범위로 획정되었으며, 그 안에서 수로망이 발달하여 운송비용이 저렴한 지역이 인구와 물자가 집중되는 중심지가 되었다. 하천 등 자연환경상의 운송효율로써 지역의 '통합' 정도를 설명하고 지역단위로 하나의 자기완결적인 경제체제를 상정하는 것이 그의 시장권론의 요점이지만, 대지역간에 물자가 유통되는 현상이나 운송수단의 발달로 권역이 전국적으로 통합되어간다는 전망을 배제하지는 않는다.

크리스탈러(Walter Christaller)의 '중심지 이론' 등 서구 지리학의 연구성과에 사회인류학적 분석방법과 시장권론을 접합시킨 스키너의 방법론은 이전에 흔히 간과하거나 보지 못하였던 새로운 연결고리를 보여주었고, 중국의 각 지역間, 그리고 각 지역 內部의 중심지와 주변부間의 공간적·시간적 다양성을 분명하게 제시하였다. 이는 중심지와 주변부가 상호 유기적으로 결합해 있는 시스템을 중시하고 이를 분석의 단위로 해야 함을 제창함으로써, 종래 당연시되던 일개 국가 혹은 행정적 구획을 기준으로 하던 분석방법을 극복하려 한 것이었다. 이는 광대한 중국사회의 지역적 편차를 중시하려는 문제의식인 동시에 국가라는 틀을 상대화하려는 시

13) William Skinner, "Marketing and Social Structure in Rural China", Part Ⅰ, Ⅱ, Ⅲ, *J.A.S.* 24-1, 2, 3, 1964, 1965. ibid Ⅰ, p.9.

도의 일환이기도 하였다.[14] 그의 이론이 반드시 역사연구라고 할 수는 없으나 이를 통해 역사무대에서의 사회·경제의 구조나 그 변화상을 설명할 수 있으며, 그의 분석방법론은 미국의 중국사 연구에 큰 영향을 주어 이에 근거한 지방사 연구도 활발히 진행되고 있다.[15]

그러나 스키너의 연구방법론에 대한 비판도 적지 않다. 그의 이론대로 생산비와 운송비의 상호관계에 의해 시장권의 범위가 획정된다면 가격대비로 부피(혹은 무게)가 큰 상품은 운송비의 증가로 인해 유통의 제한을 받을 수밖에 없게 된다. 그러나 실제 곡물, 소금, 銅, 棉 등 가격대비로 운송비용이 많이 드는 물품이 전국적으로(지역간) 대량 유통되고 있었으므로 이는 스키너의 이론과 모순된다는 것이다.[16] 이에 대해, 각 대지역 내에는 '소시장', '기본시

14) 한편, 국가의 범위를 뛰어넘는 연구영역을 설정함으로써 지방(지역)사와는 또 다른 의미에서 '국가개념의 상대화'를 시도한 연구 경향도 주목된다. 예컨대 왈러스타인(Immanuel Wallerstein)의 세계체제론(세계경제론)이나 이를 동아시아 역사에 적용시킨 모울더의 연구(Frances Moulder, *Japan, China, and the Modern World Economy: Toward a Reinterpretation of East Asian Development, ca. 1600 to ca. 1918,* Cambridge University Press, 1979), 그리고 근자에 일본학자들의 '동아시아 권역'에 대한 관심이 그 예이다. 그 연구성과는 아래와 같다. 史學會編, 『アジア史からの問い－アイデンティティ－複合と地域社會－』, 山川出版社, 1991 ; 田村實造, 『アジア史を考える－アジア史を構成する四つの歷史世界－』, 中央公論社, 1990 ; 濱下武志·川勝平太편, 『アジア交易圈と日本工業化 1500~1900』, リブロポート, 東京, 1991 ; 川勝守편, 『東アジアにおける生産と流通の歷史社會學的硏究』, 中國書店, 1993 ; 溝口雄三등편, 『アジアから考える』 全7책, 東京大學出版會, 1993~1994.

15) 스키너의 이론을 역사연구에 응용한 것으로는 Mark Elvin & William Skinner eds., *The Chinese City Between Two Worlds*(Stanford University Press, 1974) 및 Skinner ed., *The City in Late Imperial China*에 수록된 일련의 논문을 들 수 있다.

장'에서 '지역도시'에 이르는 시장권의 층위가 있어, 물자유통도 이러한 층위를 거쳐 지역도시로 수렴된 후 지역도시간(즉 대지역간) 교역으로 이루어진다는 점과(수입한 측에서는 역순으로 지역도시 → 기본시장으로 확산), 강·하천·바다 등 상대적으로 운송비가 적게 드는 경로로 지역간 물자이동이 이루어진 점 등을 들어 재반론을 펴기도 한다. 어쨌든 이런 논의를 통해 대지역내의 자기완결적이고 폐쇄적인 시장권의 개념이 상당히 희석된 것이 사실이다.

근본적인 이론의 한계를 지적하는 경우도 있다.[17] 즉 스키너의 분석체계가 일정시기의 구성요소들간의 기능적 상호관계를 다루기에는 적당하지만 시간적인 변화나 인과관계를 파악하기에는 부족하다는 것이니, 마치 아날학파의 구조주의가 같은 이유로 방법론상의 한계를 지적받고 있는 것과 같다. 이는 어떤 사건에 대한 이해가 그 이전 사건의 이해에 달려있는 것이 아니라 현재의 구조 속에서의 그 사건의 위치나 기능에 대한 이해가 더 중요하다는 입장, 즉 현재의 자기완결적인 제도나 세계관을 구성하는 요소 상호간의 내적 관계를 중시한 결과이다. 또 하나, 스키너는 지리적·경제적 결정요소를 너무 배타적으로 강조하고 있다는 점이 지적된

16) Babara Sands and Ramon Myers, "The Spatial Approach to Chines History: A Test" *J.A.S.* 45, 1986)에서 스키너의 시장권론에 대한 문제제기와 이에 대한 재반박 Daniel Little and Joseph Esherick, "Testing the testers: A reply to Babara Sands and Ramon Myers' critique of G William Skinner's regional systems approach to China" (*J.A.S.* 48, 1989), 그리고 이러한 논쟁을 소개한 Daniel Little, *Understanding Peasant China: Case Studies in the Philosophy of Social Science*(Yale University Press, 1989) 제3장 참조.

17) 폴 코헨(장의식외역), 『미국의 중국 근대사 연구』(고려원, 1995), pp.262~264 참조.

다. 이러한 지리·경제적 결정주의가 유용한 분야도 있지만, 사회경제적 분석에 정치적, 지적, 문화적 상호작용까지 포괄한 전반적인 설명의 틀로는 충분치 못한 점도 있는 것이 사실이다. 더구나 전통적인 인식에서 뿐만 아니라 스키너의 방법론을 수용한 오늘날의 많은 연구자들조차도 분석대상으로 省, 심지어 州·縣의 행정적 구획을 더 선호하는 경향이 있으며, 실제 집권적 관료주의체제하의 중국역사를 연구함에 있어서 이러한 정치적 구역 설정이 더 중요하고도 유용할 수도 있다. 즉 스키너의 분석틀을 수용한 구조주의적 접근과 함께 인과관계(혹은 발전과 변화)의 시각을 도입하고, 사회·경제적 구획의 유용성을 인정하는 동시에 행정적 혹은 다른 기준의 지역구분도 충분히 고려할 필요가 있는 것이다.

〈지방엘리뜨(Local Elite)〉

서구에서는 이미 계몽주의시대부터 중국의 政體나 과거제하의 관료제 및 지배층에 대해 관심이 높았다. 서구에서 Literati(독서인), Scholar Officials(학인관료), 혹은 Gentry(紳士)라 칭한 중국의 지배층은 제국 정부와 밀접한 관련성을 가지면서 단일하고 문화적으로 균질한 엘리뜨 계층으로 인식되어 왔다. 그러나 20세기에 들어와 중국의 허약성과 서구의 우위가 확연히 드러나면서 '동양적 전제주의'의 힘에 대한 회의가 생기기 시작하였고, 나아가 중화제국의 통치력 또한 지역사회에 침투하는데 한계가 있었다는 인식이 보편화되었다. 이 때 제국 통치의 공백을 메꾸어 주거나 지역사회를 실질적으로 지배하는 존재로서 지방지배자(Local Elite. 이하 '지방엘리뜨'로 표기함)가 부각되었다.

중국의 지방엘리뜨에 대한 연구는 미국에서 20세기 중반에 체계적이고 본격적인 중국 연구가 시작되었을 때 주된 논제의 하나였고, 瞿同祖, 張仲禮, 何炳棣 등 중국계 학자가 초기의 연구를 주도하였다. 그런데 이 때만 해도 '중국의 엘리뜨'는 科擧라는 단일 기준에 의한 '紳士'계층과 동일한 것으로 인식되었으며, 연구 방향도 이들의 국가와의 관계, 과거제를 통한 충원과 계층적 성격, 지방정부에서의 역할 등 국가로부터의 지위 부여와 같은 점이 중시되어 엘리뜨 유형의 다양성과 지역적 존재양식의 차이에 대해서는 간과하는 경향이 있었다. 이후 1970년대에는 지방사회에 대한 관심의 제고와 함께 그 속에서의 다양한 지방의 엘리뜨상을 구하는 연구경향이 대두하였다. 큔(Philip Kuhn)은 청말 국가권력의 이완과 반란에 대처한 신사층의 군사적 결집을 계기로 지방엘리뜨의 권위와 힘이 증대됨을 지적하고, 이들 엘리뜨의 힘의 근원을 지방사회에서 찾았다.[18] 웨이크만(Frederic Wakeman)은 지방사회에서 국가권력과 신사지배(Gentry Hegemony)로 대표되는 지방세력간의 지배와 길항의 관계를 설정하였다.[19] 그러나 이들 연구는 엘리뜨의 지배를 국가의 약화에 따라 성장한 '비공식적 보완물'로 보거나, 전반적으로 '국가권력의 지배'의 측면이 강조되는 경향이 있었다.

이후 지방엘리뜨의 존재와 家系 등에 대한 연구가 축적되면서 이들은 이전에 紳士層으로만 이해했던 지배층보다 훨씬 다양하고 유연하며 유동적이었음이 밝혀지기 시작하였다. 이러한 지방엘리

18) Philip A. Kuhn, *Rebellion and Its Enemies in Late Imperial China: Militarization and Social Structure, 1796~1864*, Harvard University Press, 1970.

19) Frederic Wakeman, "Introduction: The Evolution of Local Control in Late Imperial China" in Frederic Wakeman and Grant Carolyn eds., *Conflict and Control in Late Imperial China*, University of California Press, 1975.

뜨의 제 문제를 둘러싸고 1987년 캐나다 밴프에서 '지방엘리뜨와 지배의 양식(Local Elites and Patterns of Dominance)'이라는 주제로 학술회의가 열렸다.[20] 여기서 제기된 문제의식은 ①지방엘리뜨가 상승하고 지위를 유지하는데 어떤 전략과 자원을 가졌는가, ②그 지위의 원천으로서 국가의 역할은 얼마나 중요하였는가, ③이들의 활동무대는 어디이며 무대 상호간에는 어떤 관련이 있는가, ④그 계층적 지속성과 존재양태의 지역적 다양성은 어느 정도였는가, ⑤그 존재의 다양성에 지방 환경의 어떤 측면이 작용하였는가, ⑥ 지방엘리뜨의 속성과 그들이 의존하는 전략·자원은 시대에 따라 어떻게 변화하며 그 결정적 분수령은 언제인가, ⑦특히 제국 말기와 20세기의 지방엘리뜨는 얼마나 다른가 등이었다. 이 때 지방엘

20) 그 발표문은 Joseph W. Esherick and Mary B. Rankin eds., *Chinese Local Elites and Patterns of Dominance*(University of California Press, 1990)로 출간되었다. 수록 논문은 다음과 같다. ① Timothy Brook, "Family Continuity and Cultural Hegemony: The Gentry of Ningbo, 1368~1911" ② William T. Rowe, "Success Stories: Lineage and Elite Status in Hanyang County, Hupei, c. 1368~1949" ③Madeleine Zelin, "The Rise and Fall of the Fu-Rong Salt-Yard Elite: Merchant Dominance in Late Qing China" ④ Linda S. Bell, "From Comprador to County Magnate: Bourgeois Practice in the Wuxi County Silk Industry" ⑤Keith Schoppa, "Power, Legitimacy, and Symbol: Local Elites and the Jute Creek Embankment Case" ⑥ Edward A. McCord, "Local Military Power and Elite Formation: The Liu Family of Xingyi County, Guizhou" ⑦Lenore Barkan, "Patterns of Power: Forty Years of Elite Politics in a Chinese County" ⑧David Strand, "Mediation, Representation, and Repression: Local Elites in 1920s Beijing" ⑨Rubie S. Watson, "Corporate Property and Local Leadership in the Pearl River Delta, 1898~1941" ⑩Prajenjit Duara, "Elites and the Structures of Authority in the Villages of North China, 1900~1949" ⑪Stephen C. Averill, "Local Elites and Communist Revolution in the Jiangxi Hill Country"

리뜨의 활동무대는 村·縣·國家의 지리적 범위뿐만 아니라 군사·교육·정치와 같은 기능적 영역까지 포함하며, 그들이 구사하는 자원은 토지·상업적 富와 같은 물질적 자원, 혈연집단·인적 네트워크와 같은 사회적 자원, 기술능력·종교적 힘과 같은 개인적 자질, 명예·생활양식과 같은 상징적 자원 등이 망라되는 것으로 설정되었다.

이러한 문제의식과 방법론에 입각한 연구의 결과 중국의 지방엘리뜨는 종래의 일원적인 紳士相으로는 포괄할 수 없을 만큼 다양하고 유연하며 유동적이었고, 특히 각 지역마다 그 위상과 존재형태에 상당한 차이를 보이고 있음이 밝혀졌다. 예컨대 경제 최선진 지역인 揚子江 하류의 신사층은 가장 부유하고 수적으로 많으며 강력한 사회적·문화적 응집력을 가졌으므로, 그들의 힘과 영향력을 구축하는데 있어 국가·중앙에 대한 의존성이 적었다. 신사층이 이처럼 강력하였으므로 여러 종류의 지방엘리뜨들은 신사를 매개로 하여 권력에 접근하거나 영향력을 행사하는 경우가 많았다. 반면 화북지방은 揚子江 유역이나 東南部에 비해 훨씬 빈곤하고 자연재해에 취약한 척박한 환경 때문에 지주제의 발전이 매우 더디었으며, 신사를 포함한 지방엘리뜨는 토지나 상업 등에서 강력한 경제적 기반을 가지지 못하였고 제국 권력에 맞설만한 횡적 연결망을 형성하지 못하였다. 그 결과 화북지방에서는 지방정부(府·州·縣)의 권력이 상대적으로 강력하였고, 하위 지방엘리뜨들은 신사를 매개하지 않고 직접 지방관청과 접촉하는 경우가 많았다.

그러나 이러한 연구에서 지방엘리뜨의 존재양식의 다양성과 지역적 차별성만을 거론한 것이 아니라, 이들의 공통적인 기본성향도 도출하였다. 즉, 중국의 지방엘리뜨는 ㉠다양한 전략을 유연하게 선택하였다. 엘리뜨의 지위는 학위나 토지소유만으로는 지속적인 안정성을 획득하지는 못하지만, 다양한 자원을 기민하게 선택하는 유연성 때문에 때로는 수백년 동안 지속하는 엘리뜨 가문이 존재할 수 있었다. ㉡인적 네트워크가 중요하였다. 엘리뜨의 활동은 지역 내부에서 완결되지 않고 외부와의 관계도 중요하였는데, 이 때 종족, 인척, 문인결사 등 개인적 인간관계가 중요한 역할을 하였다. ㉢문화적 헤게모니에 의한 지배를 하였다. 엘리뜨의 지배는 직접적 강제보다는 공공사업의 주도, 후원과 구휼, 조정 등의 역할을 통해 이루어진 경우가 많았다.

이러한 연구경향에 대해, '상징자본', '문화적 헤게모니'와 같은 일견 참신해 보이는 용어는 결국 '이데올로기'라는 진부한 용법을 답습하는데 불과하며, 똑같이 안전·상승을 희구하며 전략을 세우고 선택을 행하는 非엘리뜨(일반서민)의 동기와 행위에 대해서도 같이 고려해야 할 것이라는 비평도 있다.[21] 어쨌든 이러한 중국 엘리뜨의 다양성을 통해 볼 때, 정적이고 일원적인 신사상으로는 지방엘리뜨를 포괄할 수 없음이 명백해졌고, 기존의 명청시대 전 중국의 신사상을 대변하였던 양자강 하류의 신사층의 존재양태에 대해서도 이제는 지방사의 관점에서 접근해야 한다는 인식이 보편화되었다.

〈'지역사회'론〉

미국의 중국사학계가 신사층의 계층적 성격 및 국가·중앙과의 관련성에 중점을 두는 경향이 있다면 비슷한 시기에 시작된 일본

21) 岸本美緖, 「書評: *Chinese Local Elites and Patterns of Dominance*」, 『東洋史硏究』 50-4, 1992.

의 紳士에 대한 연구는 초기부터 지역사회에서의 그 존재형태 및 사회경제적인 기초를 규명하고 국가권력과의 길항관계를 분석하는데 집중되는 경향이 있었다. 소위 '鄕紳的 土地所有', '鄕紳支配' 개념의 도출은 그 일환이었다.22) 즉 신사권력을 국가에서 부여해준 지위가 아니라 지방적 원천에 더 비중을 두어, 이들이 행한 토지소유・각종 利殖행위・수리망통제・구휼활동・세역징수・공동체의 각종 활동에 관심이 집중되었다.

그런데 향신론을 포함하여 일본의 중국 사회경제사 연구는 중국사에서 '세계사적 기본법칙'을 규명하려는 입장에서 계급분석에 치중하는 한계를 벗어나지 못하였다. 그리고 비록 향신 권력의 원천을 지방사회에서 찾더라도 江南(揚子江 하류)의 경제 최선진 지역의 사례를 분석함으로써 이를 전체상으로 일반화하거나 혹은 중앙・전체사의 입장에서 벗어나지 못한 경우가 대부분이었다.

그러다가 1970년대말 전반적인 '논쟁'의 퇴조와 관심영역이 개별・분산되는 추세 속에서 새로운 방법론이 모색되기에 이르렀으니 그 방향은 1981년 名古屋大學東洋史硏究室 주관하에 『地域社會의 視點−地域社會와 리더−』라는 주제로 열린 중국사심포지움을

22) 小山正明, 「明代の十段法について」(1), 『前近代アジアの法と社會』, 勁草書房, 1967 ; 小山正明, 같은 논문(2), 『千葉大學文理學部文化科學紀要』 10, 1968(→小山正明, 『明淸社會經濟史硏究』, 동경대학출판회, 1992에 재수록) ; 重田德, 「鄕紳支配の成立と構造」, 『岩波講座 世界歷史』 12, 1971 (→ 重田德, 『淸代社會經濟史硏究』, 岩波書店, 1975에 재수록). 일본에서의 紳士層 연구경향에 대해서는 아래 논저 참조. 森正夫, 「日本の明淸時代史硏究における鄕紳論について」, 『歷史評論』 308, 312, 314, 1975, 1976 ; 吳金成, 「日本에 있어서 中國 明淸時代 紳士層硏究에 대하여」, 『東亞文化』 15, 1978(→吳金成, 『國法과 社會慣行−明淸時代 社會經濟史 硏究−』, 지식산업사, 2007에 재수록) ; 檀上寬, 「明淸鄕紳論」, 谷川道雄편저・정태섭 등역, 『日本의 中國史論爭』, 신서원, 1996.

계기로 가시화되었다.[23] 森正夫는 심포지움의 기조보고에서 '지역사회'의 논점을 제시하였는데[24] 그의 '지역사회'란 '계급적 모순과 차이를 내포'하고 있으면서도 '재생산을 위한 공통의 현실적인 과제'에 직면해 있는 개개인이 '공통의 사회질서하에서 공통의 리더십하에 통합되어 있는 場'을 의미하였다. 그런데 森의 '지역사회'는 구체적인 지리적 경계를 가진 실체로서가 아니라 일종의 방법론, 분석의 토대의 의미로 설정되었다. 따라서 그의 '지역'에서 중요한 것은 여타 다른 지역과 구별되는 '특색'이 아니라 내부의 '통합' 문제였고 이를 위해 의식의 영역을 포함하는 '질서'가 중시되었다. 그런데 그 '질서'란 종래 '지배'나 '규제'의 차원이 아니라 지배층·하층민 공히 참여하고 자각적으로 만들어가는 것이라고 하였다.

이러한 문제제기가 당시 심포지움에서 전적으로 수용된 것은 아니어서 의견의 相違도 있었으며[25] 이후 일본의 학계가 위의 森正夫의 '지역사회', '질서'에 대한 제언을 그대로 수용한 것은 아니었다. 그가 설정한 지역사회의 개념이 성립하려면 國家·社會 二元論의 문제를 반드시 극복해야 할 과제가 있다는 지적[26]도 제기되고 있다. 그러나 그의 문제제기는 종래와는 다른 역사연구법을 모색하는 과정, 즉 '경제결정론', 혹은 계급분석의 방법론과는 별도로 (혹은 그에 대항하여) 정신·의식세계의 중요성을 강조하는 일종의

23) 名古屋大學文學部東洋史學硏究室편, 『地域社會の視點－地域社會とリ-ダ-』(심포지움발표문), 1981.

24) 森正夫, 「中國前近代史硏究における地域社會の視點」. 이는 전술한 심포지움의 기조보고를 성문화한 것이다.

25) 岸本美緖, 「明淸期の社會組織と社會變容」, 社會經濟史學會, 『社會經濟史學の課題と展望』, 有斐閣, 1992, p.154.

26) 山田賢, 「中國明淸時代史硏究における'地域社會論'の現狀と課題」, 『歷史評論』 580, 1998, p.46.

'사회사'적 방법론의 대두를 보여주는 것이었다. 이는 지방사 연구의 영역이 그만큼 다양해짐을 의미하는 것이기도 하다.

이미 1960년대에 谷川道雄은 공동체론을 제기하여, 생산수단의 소유관계를 직접적 계기로 하지 않는 공동체관계로써 역사발전의 구조와 논리를 해명할 수 있다고 보고, 그 공동체를 지탱하는 것은 사대부의 윤리성·정신성과 이에 공명하는 민중의 자율성이라고 주장한 바 있다.[27] 이처럼 정신과 의식의 문제를 제기한 연구방법은 그 이후에도 계속 이어져, 예컨대 사대부의 행동을 규정하는 요소로서의 鄕評·鄕論의 문제[28], 민중반란에 영향을 끼친 종교나 '수호전의 세계'의 문제[29], 명말 민변에서 보인 향신·생원의 '公議'문제[30] 등을 다룬 연구가 나왔다.[31] 그 이외에도 지방사회의 여론 형성의 구조와 정보 네트워크에 관한 연구[32], 社·廟의 기구나 善堂을 통한 지방사회의 조직과 내적 연계를 찾으려는 연구[33],

---

27) 谷川道雄,『中國中世社會と共同體』, 國書刊行會, 1976 ; 檀上寬,「明淸鄕紳論」, pp.229~246.

28) 宮崎市定,「明代蘇松地方の士大夫と民衆-明代史素描の試み」,『史林』37-3, 1954 (→宮崎市定,『アジア史研究』4, 1975에 재수록).

29) 相田洋,「"水滸傳"の世界-中國民衆の觀念的世界-」,『歷史學研究』394, 1973.

30) 夫馬進,「明末反地方官士變」,『東方學報』(京都) 52, 1980.

31) 이 문제는 국내에서 '紳'과 '士' 및 '紳士'의 계층적 同類意識 문제로 이미 제기된 바 있다. 閔斗基,「淸代'生監層'의 性格-特히 그 階層的 個別性을 中心으로-」,『亞細亞硏究』20, 1965 (閔斗基,『中國近代史硏究-紳士層의 思想과 行動-』, 一潮閣, 1973에 재수록) ; 吳金成,「明代 紳士層의 形成過程에 대하여」,『震檀學報』48, 1979.

32) 夫馬進,「明末民變と生員-江南の都市における世論形成と生員の役割-」, 名古屋大學文學部東洋史學研究室편,『地域社會の視點-地域社會とリ-ダ-』, 1982 ; 岸本美緖,「明末淸初地方社會と"世論"-松江府を中心とする素描-」,『歷史學研究』573, 1987.

33) 濱島敦俊,「明淸時代, 江南農村の'社'と土地廟」,『山根幸夫教授退休記念明代

종래 지주적 토지소유의 동향이라는 생산관계의 문제에서 새로이 화폐·시장구조라는 유통면의 분석을 통해 상호 결합해 있는 산업구조를 전반적으로 파악하고자 하는 연구[34] 등이 새로운 연구방법론을 제시하고 있다. '지역사회'론을 제기한 당사자였던 森正夫도 강남의 지역사회에 대한 분석을 市鎭에 대한 역사·지리학적 접근방식을 통해 시도하고 있으며[35] 공동연구를 통하여 戰國時代~淸代의 장기간에 걸쳐 '지역사회'의 논점을 다시 검증하고 있다.[36] 일본의 사학계에서는 이러한 지역사회의 질서·규범의 문제에 대해 심층적인 연구를 추진해 가고 있으며[37], 이와 함께 중국 현지

史論叢』下, 汲古書院, 1990 ; 夫馬進, 『中國善會善堂史硏究』, 同朋舍, 1997.

34) 岸本美緖, 『淸代中國の物價と經濟變動』, 硏文出版, 1997. 한편 濱下武志·川勝平太編, 『アジア交易圈と日本工業化 1500~1900』(リブロポート, 東京, 1991)은 그 교역·유통권을 중국 중심의 전통적인 조공체제하의 동아시아 세계로 확대하여 고찰한 것이다.

35) 森正夫編, 『江南デルタ市鎭硏究-歷史學と地理學からの接近-』, 名古屋大學出版會, 1992.

36) 森正夫등저, 『舊中國における地域社會の特質』(연구성과보고서), 名古屋大學, 1994. 수록논문은 森正夫, 「硏究課題'舊中國における地域社會の特質'について-92年11月擴大硏究會における硏究代表者冒頭發言より-」 ; 江村治樹, 「戰國時代の都市社會」 ; 鶴間和幸, 「秦帝國の統一と地域」 ; 中村圭爾, 「六曹史硏究と地域社會」 ; 伊藤宏明, 「六朝隋唐期における地域社會に關する硏究動向-1981~1992-」 ; 佐竹靖彦, 「中國における國家と社會-地域性の觀點-」 ; 小島毅, 「家禮·淫祀·社學-地方官とロ-カル·エリ-ト-」 ; 岸本美緖, 「地域社會の視點と明淸國家論」 ; 森正夫, 「淸代の鄕鎭志における地域社會觀-江南デルタに卽して-」 ; 黑田明伸, 「A Sketch of Social Relations in Traditional China: The World of Tuixiangzhai riji 退想齋日記」 ; 鈴木智夫, 「淸代無錫における敎育改革の展開と地域エリ-ト層」 ; 石原潤, 「舊中國における市場圈について-G.W.Skinnerの所說をめぐって」 등이다.

37) 1995년에 『シンポジウム '欲望·規範·秩序'-中國社會思想の"發展"再考』라는 논제로 열린 심포지움으로 그 결과는 『中國-社會と文化-』 10 (1995)

에서의 조사활동도 활발히 이루어지고 있다. 20세기 전반 日帝의 滿鐵(南滿洲鐵道株式會社), 東亞硏究所 등이 중심이 되어 대륙침략 정책의 일환으로 중국의 東北·華北지방에 대한 광범한 현지조사를 한 바 있던 일본[38]이, 근자에 '戰前의 현지조사 이후 오늘날에는 어떻게 바뀌었나'라는 의문을 가지고 새로이 중국의 지역조사에 나서고 있는 현상[39]은 주목할만한 일이다.

〈지역사회의 변화상〉

한국의 중국사학계에서도 비교적 일찍부터 중국의 지방사에 대한 연구가 진행되어 왔으며, 세계학계에서 주목하는 연구성과도 나오고 있다. 그 선구적 역할을 하고 있는 吳金成교수는 1970년대 후반 「明末 洞庭湖周邊의 垸堤의 發達」[40]을 발표한 이래 洞庭湖 유역의 湖南지역, 鄱陽湖 유역의 江西지역, 그리고 漢水 유역의 湖北지역 등 양자강 중류 일대를 대상으로 집중적인 지역연구를 하

에 수록되었다. 발표(수록)논문은 森正夫, 「明末における秩序變動再考」; 伊東貴之, 「"秩序"化の諸位相－淸初思想の地平－」; 代田智明, 「阿Qの欲望－視線の物語としての"阿Q正傳"－」; 菱田雅晴, 「イデオロギ-終焉後の一神教世界－チャイナ·ドリ-ムとチャイナ·シンドロ-ム－」; 谷川道雄·溝口雄三·渡邊浩·岸本美緖, 「パネル·デイズカッション: 欲望·規範·秩序をめぐる硏究史再考」 등이다. 한편 岸本美緖, 『明淸交替と江南社會－17世紀中國の秩序問題』(東京大學出版會, 1999)도 주목된다.

38) 東亞硏究所編, 『支那農村慣行調査報告書』, 東亞硏究所, 1944 ; 中國農村慣行調査刊行會編, 『中國農村慣行調査』 1~6권, 岩波書店, 1952~1958.

39) 佐佐木衛편, 『近代中國の社會と民衆文化－日中共同硏究·華北農村社會調査資料集－』, 東方書店, 1992 ; 三谷孝편, 『農民が語る中國現代史－華北農村調査の記錄－』, 內山書店, 1993 ; 濱島敦俊·片山剛·高橋正, 「華中·華南デルタ農村實地調査報告書」, 『大阪大學文學部紀要』 34, 1994.

40) 吳金成, 「明末 洞庭湖周邊의 垸堤의 發達」, 『歷史教育』 21, 1977.

였다.[41] 그의 일련의 연구에서 제기된 문제의식은, 明代 이후 ①양자강 유역의 경제적 발전과정 및 그 과정에서 나타난 사회경제적인 변화상, ②선진지역과 낙후지역간의 경제발전의 상호관계, ③이 지역이 하나의 큰 동일성격의 경제지역으로 대두된 시기, ④이 지역에 집중적으로 나타난 대대적인 인구이동과 농업발전간의 상관성, ⑤급격히 변화해 가던 이 지역에서 당시 형성되어 가던 신사층의 존재형태와 그 의미, ⑥이 지역의 신사층의 존재형태와 기존 신사층의 모습을 대변하다시피 하던 강남[蘇浙]지방의 그것과의 차이점 등이었다.[42]

그는 이 문제를, 농업생산력과 밀접한 관련이 있고 지역사회의 신사・지주・중소농민의 각 계층과 지방관부가 어떤 형태로든 관심을 가지거나 개입하였던 水利問題를 중심으로 풀어나갔다. 즉 향촌사회에서 신사층이 주도하는 수리시설의 축조와 유지의 제 과정을 분석함으로써, 종래 막연히 제시되었던 신사층의 존재형태를 지방사회에서 구체적으로 확인하고 그 지역의 농업사회가 발전해 가는 큰 줄기를 발견하고자 하였던 것이다. 그리하여 지역간 인구이동의 구조, 경지면적의 증감 및 그 사회적 현상으로서의 수리사업의 현황, 그리고 이들 문제로부터 파생되는 사회적 모순의 성격 등을 분석함으로써 지역사회의 변화상을 도출하였다. 그 결과 종래 강남 등 한정된 지역을 대상으로 연구하던 신사의 존재형태를 여타 지역에서 구체적인 지역사회의 사회경제적 실상에 즉하여 확

41) 그 연구성과는 일차적으로 吳金成,『中國近世社會經濟史硏究-明代紳士層의 形成과 社會經濟的 役割-』(一潮閣, 1986. 日譯本:『明代社會經濟史硏究-紳士層の形成とその社會經濟的役割-』, 汲古書院, 東京, 1990)로 집약되었다.

42) 吳金成,『中國近世社會經濟史硏究』, 序論, pp.6~7.

인함으로써, 신사층 연구(명대 신사층의 형성과정 및 존재형태)뿐만 아니라 지방사 연구의 성과로서 주목을 받았다.

오금성 교수는 최근 명청시대 강서사회 연구의 완결판으로 『矛·盾의 共存－明淸時代 江西社會 硏究－』[43]를 출간하였다. 여기에서 강서사회에 내재하는 矛盾관계를 명대 강서사회의 동요와 재편, 양명사상의 이념과 현실, 그리고 청대 廣東體制의 빛과 그림자 등을 통해 규명하였다. 그리고 신사의 존재양태, 陽明學과 西學, 都市·居民·상인의 문제에 이르기까지 강서사회의 구조적 여러 문제를 치밀하게 논증하였다.

명청시대 호남지방을 대상으로 한 피터 퍼듀의 연구[44]는 영어권 학자로서는 드물게 방대한 지방지 자료를 구사하면서 치밀한 연구를 진행하고 있다. 그는 지역사회의 변화를 인구변화와 경작지 개간, 상업화의 진전, 새로운 경작지의 확보와 이용 문제를 둘러싼 사회적 갈등, 이런 문제와 관련한 국가권력(지방관부)과 향촌사회와의 관계를 축으로 분석하고 있다. 특히 書名에서도 드러나듯, 인구과잉에서 비롯된 과도한 개간과 토양의 황폐화의 문제를 거론함으로써, 역사 연구에서 생태학적 환경변화의 문제를 제기한 점이 주목된다.

이러한 선구적인 연구와 1980년대 이후 세계학계의 추세에 편승해서 국내에서 중국 지방사 연구가 활성화되고 있다. 반드시 지방사를 표방한 것은 아니지만, 閔斗基編, 『中國近現代史上의 湖南省』[45]

---

43) 吳金成, 『矛·盾의 共存－明淸時代 江西社會 硏究－』, 知識産業社, 2007.

44) Peter C. Perdue, *Exhausting the Earth State and Peasant in Hunan, 1500～1850,* Harvard University Press, 1987.

45) 閔斗基編, 『中國近現代史上의 湖南省－鄕村社會構造로부터의 接近－』, 知識産業社, 1996.

은 태평천국반란 진압 이후 중국공산당의 활동에 이르기까지 지속적으로 특별한 위치를 점하였던 호남성에 대해, 종래 주로 행해졌던 정치사적 차원에서 접근이 아니라 내부적인 구조분석을 통해 그 역사적 환경의 본질을 규명하려 하였다. 그 결과 중국 근현대사상 호남사회에서는 종족질서의 강고함이 태평군의 세력확대 저지와 湘軍의 조직원리로 작용하였을 뿐만 아니라 국민혁명 시기의 대중운동에도 영향을 미쳤으며, 會黨의 문제가 일관되게 농촌문제 해결에 중요한 과제가 된 점, 그리고 토지소유의 분산성이 호남의 근현대사를 관류하는 주된 특징이었다는 결론을 도출하였다.

1990년대에 이후 지방사회 분석을 시도한 의욕적인 박사학위 논문이 다수 나오고 있다. 예컨대 19세기 廣東, 廣西지방에서 일어난 天地會, 太平天國 등의 민중봉기를 당시 지역사회의 사회경제적 상황과 관련시켜 분석한 연구[46], 宋·淸代의 福建·四川지역을 대상으로 인구이동과 土·客의 문제, 수리개발과 농업발달, 상품생산과 교역, 시장의 발달, 종족과 械鬪, 반란 등 사회경제적 제반 문제를 분석하여 지역사회의 변화상을 분석한 연구[47], 그리고 명청시대 華北(山東, 北直隸)에서의 인구의 이동과 재편성, 수리개발, 반란·전쟁과 자위활동, 명청의 교체기 화북 지배층의 동향 등의 문제를 중심으로 지역사회의 구조적 특징을 밝혀 보고자 한 연구[48]

---

46) 兪長根, 『19세기 전반기 광동 지방의 천지회』, 1991(고려대). 이후 『근대 중국의 비밀결사』(고려원, 1996)로 출간됨 ; 朴基水, 『淸道光年間 廣西民衆蜂起의 硏究』, 1991(성균관대).

47) 元廷植, 『淸代 福建社會 硏究-淸 前·中期 閩南社會의 變化와 宗族活動-』, 1996(서울대) ; 李瑾明, 『南宋時代 福建社會의 變化와 經濟開發-食糧問題에 대한 對應을 中心으로-』, 1997(서울대) ; 李俊甲, 『淸 前·中期 四川社會의 硏究-川西·川東地域의 社會變化와 淸朝權力-』, 1998(서울대). 이후 『中國 四川社會 硏究(1644~1911)』(서울대학교출판부, 2002)로 출간됨.

등을 들 수 있다. 근현대사 연구는 대개 특정 도시나 일정한 지역[省]을 대상으로 연구하는 경향이 많아, 지방사회 분석을 시도한 논저를 이루 다 매거하기 힘들 정도이나, 그 중 청말 江蘇省의 新政과 신사층 문제를 살핀 연구[49]가 주목된다. 그리고 殷·周~戰國시대의 四川(巴蜀)문화의 독자적인 형성과정를 밝힘으로써 중국의 고대문명이 중원문화와는 별개로 동시다발적으로 발전해온 점을 고찰한 연구[50]도 있다. 이들 연구가 반드시 지방사 연구를 '표방'하거나 이론적 방법론을 '제시'한 것은 아니며, 이 이외에도 지방사의 범주에 넣을 수 있는 세밀하고 전문적인 연구도 적지 않으나 일단 필자가 접할 수 있었던 박사학위논문만을 제시해 보았다. 그리고, 국내의 중국사 연구환경이 전반적으로 열악한 가운데서도 지방사 연구에 필수적인 중국 지방지의 확보도 상당히 진척되어, 그 상황을 집대성한 『中國 地方志 目錄』[51]이 출간되었다.

〈지방사 접근방식의 일례 : 華北地方을 대상으로〉

이상으로 중국, 미국, 일본 및 국내의 중국 지방사 연구 경향에 대해 소략하게나마 몇 가지 특징적인 측면을 중심으로 살펴보았다. 이를 통해 볼 때 지방사 연구의 관점이나 방법론이 다양함을

---

48) 鄭炳喆, 『明末淸初의 華北社會 硏究-動亂期 山東圈의 社會經濟的 諸樣相-』, 1996(서울대)

49) 金衡鍾, 『淸末 江蘇省의 新政과 紳士層』, 1997(서울대). 이후 『淸末新政期의 硏究-江蘇省의 新政과 紳士層』(서울대출판부, 2002)으로 출간됨.

50) 金秉駿, 『中國古代 四川地域의 巴蜀文化 硏究-郡縣支配의 地域的 偏差에 대한 基礎的 理解-』, 1995(서울대). 이후 『中國古代 地域文化와 郡縣支配』(一潮閣, 1997)로 출간됨.

51) 吳金成편, 『中國 地方志 目錄』, 서울大學校東洋史硏究室, 1998.

알 수 있는데, 지방사 연구를 위해서 다음의 몇 가지 측면을 고려할 수 있다고 생각한다. 하나는 일정한 시기의 특정 地方事를 연구하는 것인데, 각 지방의 연구성과가 모이면 해당 시기 중국사의 전체상 묘사에 더욱 근접할 수 있을 것이다. 일종의 구조주의적 역사연구라 할 이 방법에서는 연구대상 지방이 여타 지방과 공유하는 일반성보다는 차별적인 특성을 부각시킬 필요가 있을 것이다. 둘째는 좀 더 장기간을 설정하여 일정 지방의 변화상을 추적함으로써 해당 지방의 역사뿐만 아니라 중국사 전체의 일정한 발전·변화의 패턴을 찾는 것이다. 이 경우 연구대상은 그 지방 고유의 특성보다는 여타 지역과 공유하거나 유사한 측면을 선택하는 방법이 필요할 것이다. 그리고 이 두 가지 방법을 적절히 활용하여, 지방적 특수성에 대한 구조주의적 분석과 함께 변화와 발전의 일반적인 양상·패턴을 도출해 내는 종합·절충적인 방법론을 상정할 수도 있다. 이 중 첫번째 방식을 중심으로 명청시대 화북지방을 대상으로 한 '지방사의 접근방법의 一例'를 제시해 보자.

華北(河北, 山東, 河南 일대의 좁은 의미)의 평원지대는 옛날부터 인구 조밀도나 토지 이용율이 높은 지역에 속했으나, 자연재해와 각종 반란이 빈발하고 그 폐해 또한 대단히 심각하여 그 때마다 지역사회는 크게 황폐화하였다. 고대는 물론 명말에도 화북은 '개발된 지역'으로 분류될 정도였으나 왕조교체의 동란기에는 '天崩地裂'[52]로 표현될만큼 극심한 파괴상을 보였다. 이처럼 '발전'과 '파

52) 高攀龍, 『高子遺書』 권8下, 「與徐玄仗一」(四庫全書); 黃長義, 「略論晚明經世思潮的興期」, 『江漢論壇』 1997-6 ; 鄭傳斌, 「從思想史角度論明淸之際夷夏觀念的嬗變」, 『河南大學學報』(사회과학판) 43-6, 2003. 한편 명말청초 동란기에 대해서는 그 외에도 '天崩地坼', '天崩地解', '天崩地陷', '天崩地塌' 등 여러 표현이 있다.

괴'가 되풀이 된 화북사회는 唐宋代 이래의 江南 · 福建, 明代의 江西 · 湖廣 및 各地의 交界地 · 禁山區, 淸代의 四川이나 東北처럼 인구 · 경작지 면적 · 곡물 생산량 등이 계속해서 증가해 갔던 지역과는 다른 시각에서 볼 필요가 있다. 즉 이들 지역들처럼 '개발' 혹은 '발전'의 개념으로 지역사회의 특성을 파악하는 방법은 적절하지 못하다고 생각되는 것이다. 그러면 화북사회를 분석하기 위해서 어떤 요소를 강조할 것인가? 화북에서는 무엇이 그 '지역사회의 특성'을 이루는데 중요한 요인이었던가?

첫째, 지리적 환경의 문제이다. 화북지방은 지리적 위치상 首都라는 제국 권력의 중추부를 포괄하는 畿輔 혹은 近畿지역이었는데, 이곳은 首都와 지리적으로 근접할 뿐 아니라, 明代의 皇親 · 王府 · 宦官 등의 莊田, 淸代의 旗地 등 제국 권력과 밀접한 관련을 가진 특권지주의 장원이 집중적으로 분포하고 있었으며, 북변방위의 전략상 '咽喉地'의 위치에 있었다. 그리고 화북사회는 자연적 · 인위적 요인으로 인한 각종 재해(水 · 旱 · 蝗害)에 매우 취약한 지역으로, 그 재해는 빈발성이나 범위, 피해 정도 등에서 여타 지역을 압도하였다. 한편 화북 평원지대는 大運河 통과지역으로서 남북교통상의 요충지였다. 北京이 首都로 정착된 元代 이래 首都와 北邊 軍政地帶에는 거대한 소비집단이 존재하게 되었으며, 그 공급로는 전적으로 내륙 운하에 의존하는 취약한 운송구조를 가지고 있었던 것이다.

역대 왕조가 '强幹弱枝' 정책을 채택하여 首都 · 畿輔지역을 강고히 함으로써 이 지역을 제국 통치의 중요 기반으로 삼았던 것은 전통 중국사회에서 일반적인 현상이었다. 화북지방은 近畿지역이었고 南北交通과 北邊防衛의 요충지이면서 재해에 취약한 지역이라는 특성 때문에 국가·중앙의 관심과 지배의 강도가 높은 지역이었다. 황하의 범람(이는 곧 남북대동맥인 運河가 막히는 것을 의미한다)과 같은 대규모의 자연재해는 곧 제국 통치의 존립기반을 위협하는 것이므로 중앙권력은 이에 지대한 관심을 보일 수밖에 없었다. 黃河, 大運河 등에 대한 대규모 治水의 필요성 때문에 河道總督 등 별도의 관직도 설치되고 沿邊 인민들에 대한 징세와 노동력의 징발은 가혹하였다. 열악한 자연환경과 가혹한 稅役징수로 말미암은 반란을 예방하기 위해서는 치안조직의 강화, 대규모 정예군대의 주둔 등이 필요했고 따라서 해당 지역민에 대한 국가권력의 통제가 여타 지역보다 철저했던 것이다. 그리고 북방민족의 침공이나 인민의 반란, 자연재해 등 각종 재난을 막고 그로 인한 피폐상을 극복하여 지역사회를 안정시키려는 국가 차원의 노력은 다른 어느 지역보다도 화북지방에 우선적이고 집중적으로 투입되었다. 그 성패 여부는 王朝의 존립문제에 직결되었기 때문이다.

요컨대 화북 평원지대에서는 環境的 脆弱性이 立地的 重要性과 상승작용을 하여 국가권력이 더욱 직접적이고 강력하게 행사되었으니, 이런 현상은 개척지나 변경에서 환경요건이 취약한데도 국가 권력은 상대적으로 약하고 지역사회의 유력자가 장악한 私的 영역이 강고한 현상53)과 비교가 된다. 그 차이는 일차적으로 권력의 중추(首都)와 얼마나 멀고 가깝느냐, 그 결과 지역사회에서 발생한 제 현상이 제국 권력의 中樞에 미치는 영향이 얼마나 직접적이냐의 여부에 달려있는 것이었다.

둘째, 지역사회의 생산관계 및 계층구조의 문제이다. 전술한 것

53) Esherick · Rankin eds., *Chinese Local Elites and Patterns of Dominance*, pp.23~24.

처럼 화북사회에서는 江南이나 江西 심지어 安徽, 福建 등지에 비해 紳士 계층의 橫的 연결에 의한 사회·문화적 주도권의 장악이나 혈연적인 종족결합 등이 상대적으로 약했다고 평가되고 있다. 이는 화북사회에서 지주제의 발달 정도가 약했던 상황과 조응하는데, 전통적으로 화북지방에는 부재지주의 토지점유율이 적은 반면 자작농의 비율은 높은 편이었다. 이는 소작인 비율이 9할에 달한다는 강남(明末 상황: 顧炎武, 『日知錄』)사회와는 극단적인 대조를 보인다. 이런 점과도 관련이 있지만, 화북의 토지경영은 佃戶경작보다는 貧農 및 자영적 기반을 취약하게나마 가진 소농민들이 참가하는 雇農경작이 주류를 이루었고, 地主 역시 直營하는 경우가 많았다.[54)]

이러한 사회구조하에서는, 江南 등 지주제가 발달하고 인민의 다수가 佃戶로 이루어진 사회에서 보이는 地主-佃戶間의 치열한 계층(계급)갈등은 상대적으로 적었다. 華北 小農民의 생존에 가장 위협적인 것은 열악한 자연환경이었고 극한 상황에 몰린 인민의 怨望 대상은 '세역수탈자'로서의 국가(지방정부)로 집중되는 경우가 많았다. 따라서 그 갈등의 표출 형태도 계급투쟁적인 '抗租', '奴變'보다는 국가지배체제에 도전하는 '叛亂'이 주류를 이루었다.[55)] 이

54) 片岡芝子, 「明末清初の華北における農家經營」, 『社會經濟史學』 25-2·3, 1959 ; 足立啓二, 「清代華北の農業經營と社會構造」, 『史林』 64-4, 1981 ; Philip C. Huang, *The Peasant Economy and Social Change in North China*, Stanford University Press, 1985.

55) 華北社會에서 反亂·異端性(Heterodox Elements)이 쉽게 민간사회에 침투할 수 있었던 것은 왕조통치의 정통성(Orthodox Elements)을 교화할 기능을 담당하는 紳士層 등 중간 지배층의 세력이 약하였기 때문이라는 주장도 있다(Susan Naquin, *Shantung Rebellion: The Wang Lun Uprising of 1774*, Yale University Press, 1981).

는 화북사회에서 국가의 소농민 지배가 더욱 강하고 직접적으로 행사되었으므로 '國家 對 小農民'의 관계가 매우 중요하였음을 의미한다. 반면 지주제·종족결합이 발달한 지역에서 보이는 紳士·유력자층의 '중간지배'는 상대적으로 약하였다. 이런 질서 속에서 일단 왕조교체기와 같은 동란기에 국가의 통제력이 한번 와해되면 사회질서는 더욱 극심한 혼란상을 나타내게 되었다.

그러므로 화북사회에서는 '국가 권력'의 존재가 다른 어떤 요소보다도 중요하였으며, 화북의 지방사를 연구함에 있어서 다른 어떤 지역보다도 이 문제를 중시해야 한다고 생각한다. 1950～60년대 中國·日本의 中國史學界를 풍미한 資本主義萌芽論爭은, 전제적 국가권력에 의한 농민수탈과 산업구조 전반의 소위 '封建性'을 탈피하여 얼마나 '자본주의적 생산관계'가 형성되었는가를 규명하기 위한 것이었다. 그 결과 개별 사항에 대한 발굴과 연구성과의 축적은 괄목할만 했으나 그 논쟁의 출발점이라 할 수 있는 '전제적 국가권력의 존재'의 문제를 성공적으로 극복했다고 보기 힘들다. 이런 의미에서 종래 '地主-佃戶 관계'를 축으로 한 전근대 중국사회의 이해방식을 지양하고 새로이 '國家-小農民 관계'를 축으로 한 접근방식을 제기한 연구[56]가 주목되는 것이다.

화북사회에서 국가권력의 존재는 예컨대 元末明初나 明末淸初와 같은 왕조교체기에 극심한 파괴상을 극복하고 향촌사회의 질서 및 농업생산력을 회복시키는 과정에서 극명하게 부각되었다. 왕조 말의 극심한 혼란상을 초래한 인민의 반란은, 지역적으로 권력의 중

56) 中國史硏究會編, 『中國史像の再構成-國家と農民-』(文理閣, 京都, 1983)에 보이는 '封建制 再檢討論'이 그 한 경향이다. 이에 대해서는 閔斗基, 「80년대 日本에서의 中國史硏究와 中國現實에의 對應-'辛亥革命國際會議'·'封建制論'·'洋務派論'을 中心으로-」(『東亞文化』 22, 1984) 참조.

추에 가깝다는 입지적 중요성으로 말미암아 국가권력이 직접적이고도 강압적인 稅役 수탈을 자행한 위에 화북사회가 처해 있는 환경적 열악성이 상승작용을 하여 일어난 경우가 많았다. 화북의 지배층은 동란기에 무장자위세력의 결집 등을 통해 身家의 생명과 재산을 지키려 하였으나 사회의 동요와 치안부재 상황이 여타 지역보다 극심한 상황에서 이런 노력이 무위로 돌아가거나 역부족인 경우가 많았다. 金, 元, 明, 淸朝 등 화북에 새 왕조가 들어설 때마다 화북의 지배층이 이를 받아들이고 국가권력측에 접근하는 양상을 보였던 것은 그들의 생존을 위한 자구책이었다. 이들에게는 '질서유지자'로서의 국가권력의 존재 및 그 위상이 '이민족 지배의 수용'이라는 명분적인 걸림돌을 극복할 뿐 아니라 이를 압도할 만큼 중요하고도 절실하였던 것이다.

지방사회의 특성을 규명함에 있어서 사회의 변화상에 대한 '발전론'적인 분석과 함께, 화북사회에서의 제국 통치의 성격, 국가-지주-소농민의 관계를 비롯한 각 계층간 관계, 河工·水利사업의 성격, 반란의 배경과 성격, 왕조 교체기마다 비슷한 패턴으로 나타나는 화북 지배층의 向背문제 등에 대한 '구조론'적인 분석도 필요하다. 다만 이러한 현상을 정태적인 것이나 순환·반복되는 것으로 파악하지 않고, 각기 상이한 시대의 서로 다른 상황에 연관되어 있음을 염두에 두되 그러한 현상의 변화상도 고려해야 할 것이다.

제1장

16~17세기 동북아 전쟁과 화북사회

16~17세기 동북아는 격동의 시기였다. 오랜 분열을 겪고 통일한 일본이 임진왜란의 대륙침략전쟁을 도발하였고, 이것이 국제전쟁으로 파급되면서 동북아 국제질서에 큰 영향을 미쳤다. 중국은 이를 전후하여 정국의 혼란, 각종 농민반란의 발생 등 왕조말기적 상황에 빠졌고, 한국과 일본 역시 이를 계기로 사회와 정치가 크게 변하였다. 그 공백을 틈타 중국 동북방에서 만주족이 새로운 강자로 등장하여 동북아 국제질서를 재편하는 힘의 중심으로 급성장하였고, 동북아 해상에는 포르투갈·에스파냐·네덜란드·영국 등 유럽의 해양강국들이 대거 진출하여 신천지의 해상교역의 패권을 둘러싸고 치열한 경쟁을 하였다. 당시 이러한 변화를 두고 중국과 일본에서는 각기 "하늘이 무너지고 땅이 갈라졌다(天崩地裂)" 혹은 "화이의 형세가 변하였다(華夷變態)"라는 말이 나왔다.

중국은 명초 이래 북방 이민족의 압박과 침공, 동남방 왜구의 침탈이라는 소위 '북로남왜의 화'에 시달리다가, 명말에 이르러 격우 그 화가 그쳤다. 명조는 융경5년(1571) 몽골 오이라트부의 수장 俺答을 順義王에 봉하고 講和하였다. 이로써 몽골세력은 더 이상 명조를 침공하지 않았다. 한편, 일본은 16세기 후반 100여 년의 전국시대의 혼란을 통일하고 집권적인 무사정권의 단초를 열게 되었다. 이로써 嘉靖大倭寇의 禍도 거의 종식되었다.

그러나 바로 이 시기부터 동북아에는 새로운 변화가 태동하였다. 포르투갈을 필두로 한 스페인, 네덜란드, 영국 등 유럽의 해양강국이 동아시아 해역으로 진출하여 활발한 무역활동을 하면서 소위 '대항해시대'를 열었다. 동아시아 바다에는 이들 서구인 외에도 각종 해상세력이 번성하면서 새로운 기운이 넘쳐나게 되었으니, 王直・鄭芝龍 등 중국동남해안을 거점으로 활동한 거대 밀무역조직, 일본서부의 여러 大名 등이 그들이다.

이러한 16세기 동아시아 해상세계의 급변이라는 時運을 타고 통일정권을 창출해낸 일본은 동아시아의 신흥강국으로 등장하게 되었다. 통일일본의 총아 豊臣秀吉은 임진왜란을 도발하여 명조 중심의 동아시아 국제질서에 정면 도전하기에 이르렀다. 16세기 말 동북아에서 발발한 임진왜란은 동아시아세계의 격동의 산물이며 당시 동북아 국제관계를 반영한 국제전쟁이었다.

한편 만주 지방에도 신흥세력이 성장하기 시작하였다. 이성량-이여송으로 이어지는 요동주둔 명군은 임진왜란 파병의 주력이었고, 수십 년 간 요동사회를 지배해온 동북군벌이기도 했다. 그 대적자 건주여진은 명과의 교역으로 급속히 성장하면서 부족사회의 단계에서 종족의 통일과 부족국가의 성립으로 급속히 성장하였다. 나아가 몽골 제부족, 조선을 차례로 복속시키고 명을 압박하여 요동을 지배하는 한편 山海關을 우회하여 수 차례 화북 일대를 침공하여 명 조정과 화북민을 공포에 빠뜨렸다. 이제 누르하치의 만주족(여진족)은 동북변경의 신흥 강자의 지위를 넘어, 몽골족을 비롯한 북방 제민족, 요동의 한족까지 포괄하는 다민족국가체제를 갖추고 중국을 정복하고 동아시아의 패권을 장악한 초강대국으로 등극하였다.

명의 임진왜란 참전은 華北民에게 인적·물적인 부담을 가중시켜 민심의 이반을 낳았고, 그 결과 일어난 사건이 만력27년(1599)의 臨淸民變이었다.[57] 명말 중국은 도시의 민변, 변방의 소수민족 반란뿐 아니라 유적·토적반란 등 각종 민중반란이 만연한 가운데, 숭정년간(1628~1644) 만주족의 수 차례의 화북침공으로 화북지방은 철저히 파괴되었다. 한편 이러한 상황에 적절히 대처하지 못하고 民怨만 가중시키는 명조에 대한 離叛의 기운이 광범하게 퍼졌다. 그 결과 일어난 이자성·장헌충 반란 등 미증유의 민중반란은 17세기 중국사회의 모순의 총집결이자 동북아세계 동요의 신호탄이었다.

1. 일본의 壬辰倭亂 도발과 화북사회

임진왜란(정유재란 포함)은 16~17세기 동북아의 격변과 동요를 상징적으로 보여주는 국제전이었다.[58] 중국은 이 전쟁에 참전함으로써 전쟁의 향방에 큰 영향을 미쳤고, 이후의 국제관계는 물론 중국 자체도 큰 영향을 겪게 되었다.

---

57) 岡野昌子, 「秀吉の朝鮮侵略と中國」, 『中山八郎教授頌壽記念明淸史論叢』, 燎原, 1977 ; 岡野昌子, 「明末臨淸民變考」, 『明淸時代の政治と社會』, 京都大人文科學研究所, 1983 ; 鄭炳喆, 「明末의 華北社會와 朝鮮의 倭亂」, 『明淸史硏究』 10, 1999.

58) 鄭炳喆, 「明末의 華北社會와 朝鮮의 倭亂」. 이하 본 절의 내용은 이 논문을 수정·가필한 것임.

중국의 왜란 참전은 그 기간과 참가규모, 그리고 전비소모 등에서 소위 '萬曆三大征' 중에서 寧夏의 哱拜반란, 四川의 楊應龍반란보다 비중이 훨씬 더 컸다.[59] 파견 병력으로 요동군은 물론이요, 山西·陝西의 소위 北兵, 강남·절강 등지의 南兵·浙兵 등이 대거 징발되었으므로 이들 지역의 인력부담이 컸을 것으로 생각된다. 하지만 대부분 모병이었으므로 특정지역에서의 병력 징발을 꼭 그 지역의 인적·물적부담으로만 간주할 수는 없을 것이다. 그리고 원병파견으로 인한 재정지출 또한 대부분 銀兩형태로 이루어졌으니, 이 또한 특정지역의 부담이라기 보다는 중국 전체의 재정부담으로 보아야 할 것이다.

이처럼 중국의 임진왜란 참전과 관련한 각종 부담이나 폐해를 중국 '전체'의 시각에서 보는 것도 중요하지만, 산동과 같은 특정지역의 입장에서 고려해볼 필요성 또한 충분하다. 화북 중에서도 산동, 천진 등지는 조선에 지리적으로 가장 인접해 있고 對조선 파병의 전진기지요 군향·인원의 조달기지였으며, 철병 시 집결지이기도 했다. 이처럼 임진왜란 시 산동·천진 등 화북일대에 대한 다각적인 분석이 필요한 것은, 嘉靖년간의 왜구문제를 동남부 일대의 지역사회와 연관하여 분석하는 방법론과 같은 맥락이라 할 수 있다.

종래, 명의 임진왜란 참전 문제를 주로 파병과 명군의 군사활동

---

59) '만력삼대정'의 전쟁비용에 관해, 寧夏 哱拜의 반란 진압에 100만 냥 이상, 四川 楊應龍의 반란 진압에 120만여 냥, 임진·정유년의 두 차례의 왜란참전 비용이 590만여 냥이었다는 언급이 있다(趙世卿, 「題國用匱乏有由疏」, 『趙司農奏議』, 『明經世文編』 권411, 15b, 북경 중화서국 영인본, 1987, 제5책, p.4463. 이하 5-4463으로 약칭함). 한편 위 세 전쟁의 비용으로 각기 200만 냥, 200만여 냥, 780만여 냥이 소모되었다는 지적도 있다(曹于汴, 「以濟國用疏」, 『曹給諫奏疏』, 『明經世文編』 권412, 6a, 5-4469).

면에 치중하였던 점에서 한 걸음 더 나아가, 참전과 유관한 여러 상황을 같이 분석할 필요가 있다. 이를테면 모병·징병관련 문제, 增稅·加派의 부담, 병력과 물자의 운송, 그리고 조선으로부터의 철병 이후의 상황 등에 대한 고려가 필요하다. 이런 분석을 통해 왜란이 중국, 특히 화북사회에 끼친 영향을 구체적으로 이해할 수 있고, 명말청초 동란기 이 지역의 혼란상의 배경을 살펴볼 수 있을 것이다.

〈임진왜란 발발과 明의 대응〉

1592년(明 만력20, 朝鮮 宣祖25) 4월 13일(음력, 이하 동), 왜군이 동래성을 함락하였다. 이에 관한 조선 『宣祖實錄』 4월 13일자 기록은 임진왜란에 대한 최초의 보고이며[60], 이 사실이 중국 조정에 전해진 것은 한 달 가까이 지난 5월 10일 경이었다.[61] 당시 중국 측은 왜의 전쟁도발에 대한 정확한 정보가 부족한 가운데, 종래 왜구활동의 연장 정도로 인식하였다.[62] 그 때문에 20년 전 몽골 알탄칸과 화의를 맺어 '北虜' 문제를 해결했던 것처럼, 이번에도 왜를 외교[朝貢]로 회유할 수 있다고 여겼다. 그러나 전쟁이 경과할수록 왜의 전쟁도발이 조선침공에 그치지 않고 "假道入明", 즉 조선을 경유한 중국으로의 침공 가능성을 긍정하고 이에 대해 위기의식을 가지게 되었다.

한편 명의 조선에 대한 입장은 다소 이중적이었다. "조선은 중

---

60) 朝鮮 『宣祖實錄』 권26, 선조25년 4월 13일 壬寅.

61) 明 『神宗實錄』 권248, 만력20년 5월 10일 己巳, 中央研究院歷史語言研究所 校引本, p.4616.

62) 光緒 『登州府志』 권13, 兵事, 10a ; 明 『神宗實錄』 권296, 만력24년 4월 己未, p.5518.

국에게 없어서는 안될 울타리[藩籬]로서, 조선의 安危는 중국의 안위와 직결된다"[63]는 전통적인 인식과 함께, "조선이 왜군의 향도역을 할지 모른다"는 경계심이 공존하였다.[64] "중국 혼자서 兩倭[일본과 조선]와 싸우는 것보다 조선과 합친 兩我[중국과 조선]로 一倭와 싸우는 것이 전략적으로 훨씬 낫다"는 呂坤의 주장[65]은 이러한 이중적 인식을 단적으로 보여주며, 당시 왜란 및 조선을 바라보는 중국의 대외관이 잘 나타나 있다.

임진왜란 소식을 접하고 명조가 취한 행동은, 요동·산동·천진 등 한반도에 인접한 연해지역의 지방관에게 "(해안)방어 태세를 더욱 엄히 하라"는 詔를 내려 왜의 중국침공에 대비하는 것이었다.[66] 명조의 이러한 수비적 대응 기조는 이후 조선에 본격적으로 원군을 파병하면서도 계속 유지되었다. 명조가 왜란에 참전하는 과정 또한 소극적이고 방어적이었다. 명은 왜란이 발발한지 50일이 지난 만력20년(1592) 6월 2일에야 요동 주둔 병사 3천 명을 선발대로 파견하였으며, 본격적인 원군파견은 전쟁 발발 8개월이 지난 12월에야 이루어졌다. 명의 원군 파견이 이처럼 지체된 것은 동년 2월에 발발한 寧夏의 哱拜반란이 12월에 이르러 겨우 토벌될 정도로 1년 내내 위세가 강했던 '內憂' 탓도 있겠지만,[67] 어쨌든

63) 宋應昌, 「愼留撤酌經權疏」, 『宋經略奏議』『明經世文編』 권402, 3a, 5-4356.

64) 명은 조선이 왜적의 향도가 되어 명을 침공한다는 소문의 진상을 파악하기 위해, 兵部尙書 石星의 지휘로 崔世臣과 林世祿 등을 파견시켜 조선의 진의를 정탐하였다(朝鮮 『宣祖實錄』 권26, 선조25년 5월 29일 戊子). 조선의 진의에 대한 명의 의심은 명이 본격적인 대규모 원병을 파견할 때까지 계속되었다(同上 권28, 선조25년 7월 2일 己未).

65) 呂坤, 「憂危疏」, 『呂新吾先生文集』『明經世文編』 권415, 7b, 5-4497.

66) 明 『神宗實錄』 권248, 만력20년 5월 10일 己巳, p.4616.

67) 明 『神宗實錄』 권251, 만력20년 8월 乙未, p.4677 ; 권255, 만력20년 12월

명은 왜란 참전 초기부터 군사적 전쟁 수행과 함께 외교적 講和 추진을 병행하였다.[68)]

왜란이 소강상태에 들었다가 정유년(1597, 만력25, 선조30)에 다시 발발[정유재란]하였을 때, 명조는 조선 구원의 시급함을 인지하고 대책을 강구하면서도[69)] 왜란 초기의 방어적 입장은 그대로 견지하였다. 만력25년(1597) 7, 8월에 왜군이 한산도전투와 남원전투에서 승리하여 제해권 및 전라도 일대의 전세를 장악하면서 해로를 통한 중국침공의 가능성이 높아졌다. 이에 명조는 대응책으로 水軍을 파견하게 되었는데, 명 원군이 수군을 동원한 것은 이 때가 최초이다. 이는 명이 임진왜란 초기에 산동·천진 등지에 연안방어선을 구축하던 차원에서 한 걸음 나아가 적극적·공세적인 면모를 보이긴 했지만, 어디까지나 방어전략의 일환이었음은 여전하였다. 더구나 명조의 조선 원병에는 이전에는 남방의 모병이 많이 포함되었으나, 정유재란 때에는 대부분 서북변경의 군진에서 북병을 징발하여 충당함으로써 북변 방어에 허점을 드러내게 되었다. 더구나 재정난에

甲午, p.4740.

68) 李如松이 이끄는 明軍은 만력21년(선조26년, 1593) 1월의 碧蹄館전투의 패배 이후 일시 전의를 상실하고 철군을 고려하기도 했는데, 이를 계기로 이전부터 沈惟敬을 중심으로 은밀히 진행되어 오던 講和案이 본격적으로 추진되기 시작하였다(朝鮮 『宣祖實錄』 권37, 선조26년 4월 1일 乙酉).

69) 만력25년 3월 명조는 병부좌시랑 邢玠를 병부상서로 승진시키고 對倭군무의 총책임을 맡기고 山東右參政 楊鎬를 실무책임자로 임명하는 등 왜란의 재발에 신속히 대처하였다(明 『神宗實錄』 권308, 만력25년 3월 己未, p.5771 ; 同上 乙巳, p.5762). 그리고 징발 병사 수가 임진왜란 때 宋應昌이 파견한 규모의 1/3에도 미치지 못하는 상황에 대한 대책을 세울 것과 조선이 내부를 수습하고 명의 大兵을 기다릴 것을 하명하였다(同上, p.5775).

처한 명조가 만력24년 경부터 광감세사를 대거 파견하자 이에 대한 민중의 저항[민변]이 전국에서 동시다발적으로 일어났는데, 對倭전선의 최전방 요동 또한 예외가 아니었다. 그 결과 만주족이 "그 허점을 틈타 침공할(乘虛入犯) 우려"가 제기되었고[70], 당시 중국조야에서는 "내치가 훨씬 급하다"는 목소리가 높았다.[71]

이러한 상황은 명이 조선의 왜란에 대해 소극적·방어적인 자세로 시종하며 참전과 동시에 講和를 추진하게 된 원인이 되었다. 이러한 명의 태도는 실제 원군의 파병과 참전, 보급품의 조달, 철병 등의 모든 과정에서 그대로 영향을 미치고 있었다. 파견 명군의 내부적 반목과 기강의 해이, 중간의 소강상태 시기나 철병과정에서 보인 심각한 폐단도 전쟁에 임하는 명측의 위와 같은 자세와 무관하지 않을 것이다.

〈對조선 원군 파견과 화북사회〉

명조는 만력20년(1592, 壬辰) 6월 2일, 요동병 3천여 명을 조선에 원군으로 파견함으로써[72] 조선의 왜란에 직접 개입하게 되었다. 4월 13일에 왜병이 동래성을 함락한 후 약 2개월이 지난 시점이었다. 명조는 당초 이 정도의 선발대를 파견하여 조선의 상황을 정탐하려는 의도였다. 그러나 서전에서 패하여, 군대를 이끌던 遊擊 史儒는 전사하고 副總兵 祖承訓은 요동으로 되돌아갔다. 명조는

---

70) 明『神宗實錄』권308, 만력25년 3월 戊戌, p.5752.

71) 明『神宗實錄』권308, 만력25년 3월 甲辰, p.5761 ; 同上 乙巳, p.5763 ; 同上 己未, p.5775 ; 同上 권313, 만력25년 8월 丁亥 p.5862 ; 同上 권315, 만력25년 10월 辛酉, p.5882.

72) 明『神宗實錄』권249, 만력20년 6월 2일 庚寅, p.4630 ; 談遷,『國榷』권76, 만력20년 6월 庚寅, 북경고적출판사, 1958, 排印本, p.4674.

이후 8월에 병부상서 石星, 경략 宋應昌, 유격 沈惟敬을 축으로 하는 새 對倭진용을 짰으며, 10월에는 寧夏 반란을 진압하던 李如松을 제독(提督薊遼保定山東等處防海禦倭總兵官)으로 임명하였다.[73] 조선 측에서는 명 대군의 출병소식을 듣고 이미 10월 경에 소요 군량과 마초를 준비하느라 부산하였다.[74] 명의 7만 대군이 11월에 산해관을 출발한 것으로 조선 측에 전해졌으나,[75] 실제 11월 당시까지도 명에서는 여전히 병사를 동원하는 단계였다.[76]

본격적인 명의 원군 파견은 서북 寧夏 哱拜의 반란을 완전히 진압하였음을 "천하에 포고"한 12월[77]에야 이루어졌다.[78] 파병의 규모에 대해서는 7만이었다는 기록이 있긴 하지만[79] 실제로는 4만여 명 정도였다고 생각된다.[80] 이후 임진왜란 중에 조선에 주둔한 명군의 숫자는 시기에 따라 변화가 있긴 하지만 대략 4만~7만 정도가 유지되었다.[81] 전쟁의 소강기에 주력군이 철군한 이후에는 1만 6천 명 정도가 조선에 잔류하였으며, 정유재란 때에는 파병군 규모가 9만여~11만 명 정도였다.[82]

---

73) 明『神宗實錄』권253, 만력20년 10월 壬寅, p.4711.

74) 朝鮮『宣祖實錄』권31, 선조25년 10월 26일 壬子.

75) 朝鮮『宣祖實錄』권32, 선조25년 11월 10일 丙寅.

76) 明『神宗實錄』권254, 만력20년 11월 壬戌, p.4720.

77) 明『神宗實錄』권255, 만력20년 12월 8일 甲午, p.4740.

78) 12월 15에 東征兵의 집결이 보고되었고(明『神宗實錄』권255, 만력20년 12월 15일 辛丑, p.4744) 12월 26일에 出兵의 기록이 보인다(『國榷』권76, 만력20년 12월 26일 壬子, p.4690).

79) 談遷『國榷』권76, 만력20년 12월 26일 壬子, p.4690.

80) 朝鮮『宣祖實錄』권33, 선조25년 12월 24일 庚戌.

81) 明『神宗實錄』권313, 만력25년 6월 6일, 甲戌, p.5808.

82) 明『神宗實錄』권321, 만력26년 4월 丙辰, p.5964 ; 朝鮮『宣祖實錄』권105, 선조26년 10월 甲子.

조선에 파견한 명의 원군은 대체로 다음 몇 가지 부류로 나누어 볼 수 있다.[83] ①北兵: 宣府·大同·遼東·薊州 등 북방변진 소속의 馬步兵. 여기에는 당시 '㺚子'로 불렸던 建州衛의 만주족도 상당수 포함되었다. ②南兵: 火器를 가진 보병 위주의 동남해안지대 출신병. 가정년간(1522~1566) 이래 왜구와 전투한 경험이 있다. ③반란진압군: 寧夏의 난, 사천 楊應龍의 난 등을 진압할 때 참전하였던 병사. 사천병사의 경우 태국 등 외국인, 묘족 등 소수민족도 상당수 포함되었다. ④水軍: 주로 절강, 광동, 복건, 남직예 출신자로 이루어졌다. 정유재란 때 파견되었다. ⑤家丁: 주로 장수의 심복으로 적으면 30~40명, 많은 경우 수천 명에 이르렀던 사적 예속인으로, 장수의 호위나 군대내에서 정탐·돌격·선봉대, 혹은 각종 연락업무 등 핵심적 역할을 하였고, 최정예 전투력을 가진 경우가 많았다.

전체적으로 볼 때 이들 파견병력은 초기에는 징집·모집의 병사들 위주였으나, 전쟁이 장기화하면서 중간에 소강상태도 자주 있고 교체·이동 또한 빈번해지면서 전투 불가능한 잔약·잔질의 병사도 다수 잔류하게 되었다. 따라서 장수들은 사적 예속인[家丁] 등에 많이 의존하였다. 이들은 대개 민간에서 招募하였으나 게중에는 투항한 이민족도 많았고, 요동의 군벌 李成梁의 장자로서 임란파병 명군을 지휘하였던 李如松의 휘하 家丁에는 몽골족·만주족도 상당수 포함되어 있었다.[84] 명의 파견군 무리 중에는 이 외에도 양국을 왕래하는 각종 관원, 전쟁특수를 노리거나 군향 운송에 직·간접적으로 간여하면서 이익을 꾀하는 무리[85], 기타 온갖

---

83) 당시 명군의 각 병대의 수와 지휘자 등 구성에 대해서는 朝鮮『宣祖實錄』권34 선조26년 1월 11일 丙寅 참조.

84) 요동 장령들이 거느린 家丁의 실태와 그 폐단을 지적하는『실록』기록 참조. 明『神宗實錄』권280, 만력22년 12월 丙午, pp.5169~5170.

부류의 사람들이 포함되었다.

명의 조선 파견군은 출신지역도 다양하고 여러 경로를 통해 징발·모집한 병사가 많았던 데다, 임기응변적인 파병도 많다보니 내부적인 문제가 적지 않았다. 동원과 파병과정에서 지휘관과 병사 간에는 기존의 지휘체계가 그대로 유지되는 것이 보통이지만, 급조한 부대 간 통속관계가 명확하지 못한 경우가 많았다. 기마병 위주의 '북병'의 장수가 화기병 위주인 '남병'을 함께 통솔하는 일이 많았는데,[86] 이 경우 명령전달, 조직통솔, 병사기강 등 전투력에 직결되는 부분에 적지 않은 문제가 발생할 수 있었다. 병사들의 출신이 다양하고, 이들 간에 봉급 등 각종 대우에 차등이 심했던 것도 불만요인이었다. 가장 후한 대접을 받았던 家丁에서부터 南兵, 北兵의 順으로 봉급의 차이가 있었고, 봉급의 수준을 둘러싸고 남·북병간에 반목과 불만이 컸다.[87] 문신과 무신의 뿌리깊은 불신과 반목, 경쟁적으로 공적을 다투는 일도 적지 않았다. 경략 宋應昌과 제독 李如松이 서로 공을 다투며 알력과 대립을 보인 예가 대표적이다. 이상과 같은 명군 내부의 여러 문제들로 인해, 군대 전투력이 저하됨은 물론이요 민간에서 횡포를 일삼거나[88] 대오

85) 이는 이른바 '전쟁 特需'라고 할 수 있는 것으로, 예컨대 중국상인들이 군량을 싣고 왔다가 돌아가는 배에 무쇠를 실어 가는 것(朝鮮『宣祖實錄』 권117, 선조32년 9월 10일 丙辰)을 들 수 있다. 평상시에는 교역로와 물품이 한정되어 있던 것이 전쟁을 계기로 양국간 많은 인원과 물자가 왕래하면서 사교역이 활발해졌던 것이다. 이는 명의 왜란 참전이 가진 또 한 측면으로서 앞으로 본격적인 연구가 필요한 부분이다.

86) 朝鮮『宣祖實錄』 권35, 선조26년 2월 20일 乙巳.

87) 왜란기에 명의 南兵과 北兵간의 알력·대립에 관해서는 李光濤,『朝鮮壬辰倭禍硏究』(中央硏究院歷史語言硏究所專刊 61, 1972) 제3장 ; 朝鮮『宣祖實錄』 권35, 선조26년 2월 20일 乙巳 참조.

88) 만력20년 6월 15일 최초로 조선에 진입한 戴朝弁등이 이끄는 명군 선발

를 이탈하거나 소요를 일으키고, 심지어 병란으로 이어지는 일이 적지 않았다.

병졸의 동원에는 대체로 募兵과 徵兵의 두가지 방법이 있었다. 임진왜란 때에는 모병 위주였으나 정유재란 때에는 징병이 추가되었고, 파견원병도 대체로 北兵 위주로 편성되었다. 왜란 초기(만력 20년 7월), 조선으로의 본격적인 파병이 논의되던 당시, 모병과정의 문제점에 대한 비판이 비등하였다. 당시 馮琦가,

> "지금 天津에서는 명령에 의해 모병이 행해지고 있으나 (이 업무를) 각 주현에 위임하고 있습니다. (그런데) 서리들이 오히려 이를 악용하고 있으므로, 모집에 응하여 온 자가 반드시 본인의 희망에 의해 온 것이 아니며, 응모하고 싶은 자가 반드시 채용되는 것도 아닙니다. (그렇다면) 이는 '징병'하는 것[僉派]이지 어떻게 '모병'하는 것[召募]이라 할 수 있겠습니까[89]

라 한 것은 모병의 이름으로 지방에서 행해지고 있는 자의적 징발의 일면을 보여준다. 여기에, 대 조선 군대 파견의 편의상 조선에 가까운 요동, 산동, 천진 일대에서 강제로 징발한 경우가 많다는 문제가 있었다.

모병이건 징병이건 병사들에 대한 급향에 막대한 재원이 필요하

대는 기율이 매우 엄정한 것으로 관찰되었으나, 며칠뒤 祖承訓등이 이끌고 들어온 명군은 군율이 해이해 민가에 폐해를 끼쳤다. 동년 12월 제독 李如松의 4만5천 대병이 조선에 들어오면서 명군의 민폐가 본격화되었으며 특히 벽제관전투 패배 이후 명이 대왜강화를 시도하기 시작하고 전쟁이 장기화되면서 그 정도가 더욱 심해졌다. 종전 후 철병과정에서 그 폐해는 극에 달하였다. 이에 관한 최근의 연구로 韓明基, 「壬辰倭亂시기 明軍 참전의 社會·文化的 영향」(『軍史』 35, 1997) ; 한명기, 『임진왜란과 한중관계』(역사비평사, 1999) 참조.

89) 馮琦, 「答王兵憲」, 『馮北海集』, 『明經世文編』 권440, 31b, 6-4829.

였다. 전쟁재원조달 방안으로 增稅와 加派[90], 鹽引의 추가 발행[91], 그리고 京運年例銀·民屯屯田糧·事例班價銀 등 각종 세액의 轉用[92]이 시도되었다. 그리고 군량 조달을 원활히 하기 위해 전장에 가까운 山東, 薊州, 天津 일대에서 둔전경영을 시도하기도 했다.[93] 그러나 이과급사중 李汝華가 "모병의 비용 때문에 民의 고통 가중과 민심의 동요가 일어날까 우려한"[94] 것처럼, 그 부담을 떠안은 인민들의 고통은 심각하였다. '증세'는 기존 세금명목에 할증하는 방식으로, 이는 全중국적 현상이었다. 특히 강남 등 경제선진지역에서 더 많은 부담을 졌을 것으로 추정되며, 화북지방 역시 징병과 징세에서 과중한 부담을 졌다.

화북지방은 우선, 현물징수가 많았다. 징병에서 그러했듯이 징세 역시 전세가 급박할수록 전장에 인근한 산동, 천진 등지에서 그것도 현물[本色]로 징수하는 경우가 많았다. 만력25년, 명의 파병원군 10만 명에 필요한 병향 80만 석을 각각 조선에 10만 석, 山東·遼東·天津에 70만 석을 부과한 것이 그 한 예라고 할 수 있다.[95] 그래서 왜란 당시에 조선파병군 및 해안방비군의 주둔지이

90) 明『神宗實錄』권254, 만력20년 11월 8일 甲子, p.4722.

91) 明『神宗實錄』권319, 만력26년 2월 丙子, p.5943 ; 趙世卿,「兩淮超單疏」,『趙司農奏議』『明經世文編』권411, 2b, 5-4456.

92) 明『神宗實錄』권249, 만력20년 6월 18일 丙午, p.4639.

93) 鄭炳喆,「明代 畿輔지역의 水利田 개발을 둘러싼 국가권력과 지역사회의 이해관계」,『歷史教育』65, 1998, p.29.

94) 明『神宗實錄』권250, 만력20년 7월 2일 己未, p.4647.

95) 明『神宗實錄』권316, 만력25년 11월 壬寅, p.5897. 그 외에도 관련사료를 보면, 전쟁 중 요동지역이 극도로 피폐해지면서 요동 주둔 병사의 餉銀을 전적으로 山東, 直隸에서 부담하였고(明『神宗實錄』권371, 만력30년 4월, 癸丑, p.6963), 만력27년 전쟁종결 후 조선에 주둔한 병사의 병향을 遼東, 山東, 天津 등처에 分派시키고, 登州·旅順·天津을 수비하는 병사

자 병향조달지였던 山東의 登州·萊州·靑州의 토지세 부담이 과중하였음이 언급되고[96], "왜란으로 인한 징세로 산동민이 크게 곤궁하였다"[97]는 지적도 나왔던 것이다.

다음으로 화북지방에서는 병력·병향 수송과 관련한 요역징발이 과중하였다. "징병은 사천, 절강, 광동·광서 등지에서, 병향수송은 산동, 요동에서 맡았으므로 民의 고통이 극심하였다"[98]라고 하듯이, 전장으로 가는 길목에 있는 화북민의 요역부담이 매우 컸다. 이미 명 중·후기에 구조적이고 일상적인 重役의 부담을 안고 있던 화북사회[99]는 조선의 왜란을 계기로 그 부담이 가중되었으니, 그것은 주로 이 지역이 전장에 가깝고 수송로상에 있었기 때문이었다. 여기에 정유재란 때에는 징병이 주를 이루었고, 이때 화북민의 징발이 특히 많아 화북사회는 극심한 役困에 시달리게 되었던 것이다.

당시 파병과 관련한 병력·병향 수송의 비용산출의 한 예[100]를 보자. 원병파견[東征]에 필요한 병사가 10만 명이라면 곡식은 병사 일인당 1일 2되[升]로 계산하여 年 70만여 석이 필요하게 된다. 이를 운반하기 위해서는 선박 1,400척(1척당 500석 적재), 運卒은

의 병향은 山東 및 北直隸 8府에 分派토록 한 조치(明『神宗實錄』권334, 만력27년 윤4월 己卯, p.6173 ; 同上 권371 만력30년 4월 癸丑, p.6963) 등이 있다.

96) 萬象春, 「題爲議處緊要兵餉事宜疏」, 『萬中丞奏疏』『明經世文編』권410, 3b~7b, 5-4450~4452.

97) 明『神宗實錄』권382, 만력31년 3월 丁卯, p.7186.

98) 明『神宗實錄』권318, 만력26년 1월 乙巳, pp.5927~5928.

99) 鄭炳喆, 「明 前·中期 山東의 人口移動과 社會變化」, 『東洋史學硏究』55, 1996, pp.82~83.

100) 邢侗, 「東事策」, 『來禽館文集』, 『明經世文編』권468, 12a, 6-5138.

14,000명(선박당 運卒 10인)이 필요하게 되고 이들 運卒의 식량 또한 年 10만 석이 필요하다고 한다. 해로의 운송비용이 이 정도인데, 여기에 더하여 내지에서 등주·천진 등 항구까지 운송하는 경로나 북직예에서 요동을 통해 조선으로 조달하는 인력·물자는 매우 힘들고 험난한 육운을 거쳐야만 하였다. 당시 조선파병과 관련한 운송에서 해운과 육운은 8:2 정도의 비율이었지만,[101] 정유재란 때 해운이 본격화되기[102] 이전에는 육운의 비중이 더욱 커서 그만큼 부담이 많았다.

왜란의 발발소식에 대해 명조는 요동·천진·산동 일대의 북방 연해지대에 대한 방어문제를 최우선 과제로 삼았다. 최초로 소규모 원병을 보낸 시점(만력20년 6월 2일)에 중국의 관심은 천진 등 해안요충지의 방어 문제에 집중되었다.[103] 동년 8월에 宋應昌이 經略防海備倭軍務로 임명되면서 대왜 진용이 본격적으로 갖추어졌을 때에도, 조선에 대한 본격적인 원병 파견의 결정과 함께 발해만의 요동－천진－산동으로 이어지는 대왜 방어선 구축의 문제가 현안으로 부각되었다.[104] 방어체제의 구축을 위해서는 연해 요충지에 성곽 수축, 군대 조발, 수비군 배치, 班軍의 활용, 軍餘·民壯·快手·民兵 등 준관군과 보갑조직의 활용, 군향 조달을 위한 屯田 경영[105] 등의 조처가 마련되었다. 그 비용을 충당하기 위해

101) 張養蒙, 「議明春運船疏」, 『張毅敏集』 『明經世文編』 권427, 12a, 6-4666.

102) 光緒 『登州府志』 권22 海運, 5a.

103) 明 『神宗實錄』 권249, 만력20년 6월 6일 甲午, p.4632.

104) 宋應昌, 「議設薊遼保定山東等鎭兵將防守險要疏」, 『宋經略奏疏』 『明經世文編』 권401, 6b, 5-4345 ; 宋應昌, 「議處海防戰守事宜疏」, 『宋經略奏疏』 『明經世文編』 권401, 8b, 5-4346.

105) 明 『神宗實錄』 권288, 만력23년 8월 癸亥, p.5341 ; 徐光啓 『農政全書』 권8, 農事, 開墾上, 中華書局, 1985, p.192. 이에 관해서는 鄭炳喆, 「明代 畿輔

民屯屯田糧과 事例班銀 등의 存留 조치가 취해졌다. 이러한 산동·천진 등 중국 해안지대에 대한 방비체제의 강화 및 각종 준관군의 동원체제는 만력25년 정유재란 때에도 그대로 이어지고 있다.[106)]

이처럼 산동 등 화북민은 황하와 조운의 유지·보수라는 일상적인 중역의 부담에다 왜란을 계기로 병졸의 징발, 파병인원·물자의 운송역을 집중적으로 부담하게 되어 役困 현상이 매우 심했다. 여기에다 북방 연해지방의 방어체제 구축을 위한 인력·물자의 동원이 왜란 발발초기부터 후기까지 계속되었고, 심지어 화재를 입은 궁전의 재건을 위해 전란의 와중임에도 班軍의 징발 및 독촉이 계속되어[107)] 화북민의 역곤현상을 가중시켰다

이런 상황에서, 왜란 발발 초기인 만력20년 9월에 당시 '왜적 방비의 요충'이었던 천진에서는 각종 인원 징발과 군대 주둔의 폐해로 말미암아 "왜병이 아직 오지 않았는데도 民이 먼저 골병이 드는" 民怨이 이미 나타나고 있었다.[108)] 요동에서는 運卒의 징발에 반발하여 민이 逃散하는 일도 빈발했다.[109)] 바로 이러한 役困의 상황은 趙錦이 지적한 대로 "돌아온 자는 다시 도망가고, 도망가면 다시 돌아오지 않으며, 운수 나쁘게 관리에게 붙잡혀 와 (重稅·役困의 고통으로) 왕왕 스스로 도랑 속에서 목매죽는 상황에 이르더라도 아무도 뉘우치지 않는"[110)] 화북 인민의 逃散현상을 낳았다.

지역의 水利田 개발을 둘러싼 국가권력과 지역사회의 이해관계」 참조.

106) 明『神宗實錄』 권308, 만력25년 3월 甲辰, p.5761 ; 同上 권313, 만력25년 8월 丁亥 p.5862 ; 同上 권315, 만력25년 10월 辛酉, p.5882.

107) 明『神宗實錄』 권301, 만력24년 윤8월 壬辰, p.5655.

108) 明『神宗實錄』 권252, 만력20년 9월 乙亥, p.4697.

109) 『萬曆邸鈔』 中冊, 江蘇廣陵古籍刻印社, 1991, 영인본, 만력24년 12월, p.1007.

110) 趙錦, 「計處極重流移地方以固根本事」, 『趙侍御文集』, 『明經世文編』 권340,

그래서 왜란 당시 산동 일대에서는 과중한 세·역의 부담과 핍박에 쫓긴 인민이 "궁지에 몰린 짐승이 덤벼들듯이" 도적이 되거나 "반란일으킬 생각을 하는[思亂]" 흉흉한 형세가 만연하였고, 이에 편승한 각종 무뢰의 선동이 우려되었으니,[111] 이는 바로 전반적인 인민 이반의 전조였다.

〈철군과 화북사회〉

화북사회는 조선의 왜란에 원군을 파견하는 과정에서 각종 인적·물적 부담을 졌는데, 이후 철군과정에서도 상당한 영향을 받았다. 명군의 철수는 임진왜란·정유재란 사이의 휴지기, 그리고 종전 후에 주로 이루어졌지만, 전쟁 중에도 정예군을 잔류시키고 노약·잔패한 병력을 철수시키면서 새로 충원하는 과정이 계속되었다.[112] 이들 철수 병력은 원대복귀하거나 혹은 중국 국내의 여타 반란을 진압하기 위해 재배치되기도 했다. 왜란 종결 무렵, 만주족이 요동을 위협하자 요동의 육로로 귀환하던 병사 중 정예를 선발하여 요충지에 배치하기도 하였다.[113] 같은 시기에 귀주에서 楊應龍의 반란이 재발하자, 이전에 이 반란을 진압하다가 조선에 파병된 사천출신 철군병사들을 신속히 이곳으로 파견하기도 하였다.[114]

명조는 종전 후 철병과정에서 병사들의 귀환에 세밀한 관심을

13b, 5-3649.

111) 邢侗, 「東事策」, 『來禽館文集』, 『明經世文編』 권468, 14a, 6-5139.

112) 명군의 조선 잔류 및 귀환의 방법·과정에 대해서는 明 『神宗實錄』 권257, 만력21년 2월 29일 甲寅, p.4786 ; 同上 권262, 만력21년 7월 1일 癸丑 p.4847 등 참조.

113) 明 『神宗實錄』 권334, 만력27년 윤4월 25일 癸卯, p.6199.

114) 明 『神宗實錄』 권336, 만력27년 6월 22일 己亥, p.6235.

쏟았다. 차량과 선박의 지원은 물론이고 戶部發銀, 年例銀, 鹽課銀 등으로 원정의 노고를 치하하도록 조치하였다.[115] 그런데 이는 단순히 철병의 편의제공과 포상에 그치는 문제가 아니었으니, 철군 과정에서 민폐를 끼치거나 소란을 일으키지 않을까 우려하고 이들의 기강을 강조하였던 데서 그 이유를 찾을 수 있다. 일찍이 경략 宋應昌이 "조선의 황폐는 중국 군대의 침탈이 많아서이며, 범법자가 한 둘이 아니어서 다 잡아 치죄할 수도 없는 상황이다"[116]라고 자인한 바 있듯이 조선파병(특히 철수 시기의) 명군의 횡포는 극을 달하고 있었다. 이는 주로 파견 명군이 가지고 있는 구조적인 문제에서 기인한 것이었다. 조선 파견 명군은 중국 내 여러 곳에서 징발·모집된 다양한 구성성분을 가지고 있어 상하 명령계통이나 횡적인 협력관계에서 심각한 전략적인 결함을 가지고 있었다. 그래서 명측에서도 명군의 자질에 대해 "烏合의 衆"에 지나지 않으며,[117] "근본도 모르는 棍徒"가 많이 있어 "모으기는 쉬우나 해산하기는 어려운[聚易散難] 존재"로 인식하고 있었다.[118] 당시 모집한 병사의 이러한 실태에 대해

> 새로 모집한 병사는 대개 무뢰 출신으로, 군대에 이름만 걸어놓고 官給으로 衣食을 해결한다. (이들은) 크게는 요행히 공을 세우기를 바라고 작게는 糊口에 급급하며, 일이 끝나면 병적에서 빠져나가 버린다.[119]

---

115) 明『神宗實錄』권333 만력27년 4월 癸亥, p.6161 ; 同上 권334 만력27년 윤4월 己卯, p.6173.

116) 朝鮮『宣祖實錄』권41 선조26년 8월 14일 乙未.

117) 明『神宗實錄』권310 만력25년 5월 癸巳.

118) 明『神宗實錄』권260, 만력21년 5월 21일 甲戌, p.4827.

119) 邢侗,「東事策」,『來禽館文集』,『明經世文編』권468, 9b, 6-5137.

라는 지적이 있었다. 게다가 명군은 급향 문제를 둘러싸고 초기부터 끊임없는 내부적 갈등을 보여왔다. 家丁, 南兵(주로 浙兵), 北兵간에 봉급의 차등이 심했고, 게다가 지급이 제때 이루어지지 않아 급향을 둘러싸고 병사들의 불만이 끊이지 않았다. 이러한 상황에서 전투에 패배하거나 철병과정에서 군대의 기강이 급속히 무너져, 조선 및 중국에서 여러 가지 문제를 일으키게 된 것이었다. 더구나 명조의 극심한 재정난으로 급향이 부실해지거나 체불이 이어지면 심각한 사태가 야기될 가능성이 상존하였다.

만력21년 5월 전쟁이 소강상태가 되면서 대규모 철병이 시작되었을 때, 명조 내부에서 이미 명군의 자질에 대한 우려와 귀환 도중에서의 소란에 대한 대책이 제기된 바 있었다.[120] 실제 조선에서는 철수하던 명군의 약탈・폭력・난동 등 횡포가 극에 달하여, 조선 민중은 "왜군보다도 명군에 의한 고통이 더 심한" 상황까지 일어나고 있었다.[121] 이런 정황이 철군병사와 함께 중국으로 그대로 이어짐은 당연하였다. 여기에 명조의 극심한 재정난 때문에 파견 명군의 봉급 지급 문제는 "눈썹이 타들어갈 정도로 급박[勢若燃眉]한" 현안이었다.[122] 給餉이 제대로 이루어지지 않으면 곧바로 병란으로 이어지기 때문이다.

실제 만력21년 귀환병사들이 급향 및 포상의 부실을 이유로 소란을 일으켰고,[123] 만력23년에는 산동반도의 해안 요충지인 登州를 방비하던 浙兵이 철군 방침에 반발하여 병란을 일으켰다.[124]

---

120) 明『神宗實錄』권260, 만력21년 5월 21일 甲戌, p.4827.

121) 明『神宗實錄』권311, 만력25년 6월 甲戌, p.5809.

122) 明『神宗實錄』권337, 만력27년 7월 6일 癸丑, p.6241.

123) 明『神宗實錄』권261, 만력21년 6월 16일 己亥, p.4844.

124) 光緒『蓬萊縣續志』권4, 武備 上, 兵事, 2b ; 光緒 增修『登州府志』권13,

浙兵의 소요는 이후 만력말년까지 登州·萊州 일대에서 심각한 문제로 대두되었다.[125] 절병들의 이러한 소란 행위는 그들이 누리던 상대적으로 후한 급향을 삭감당하고, 급기야 철군·해산으로 인해 직업을 상실하게 되자 이에 저항한 것이었다.

명군이 조선에서 철수하는 과정에서 보인 행태는 단순히 급향에 대한 불만으로 일시적·국지적으로 일으킨 소란에 국한되지 않았다. 이들은 원대복귀나 혹은 후속조처가 제대로 이루어지지 못한 채 귀환 경로인 요동, 산동, 천진 일대로 산개한 경우가 많았고, 결국 이들 지역사회에 큰 위협요소가 되었던 것이다. 만력27년 6월, 종전 후 요동을 거쳐 입관·귀환하던 사천출신의 병사들이 通州에서 소란을 일으키다가 대오를 이탈하여 북경에 잠입한 사건은 그 한 예이다.[126] 당시 사천에서 양응룡의 반란이 재발하여 이들 사천병사들을 조속히 본진에 귀환시켜야 할 상황이었는데, 이들이 본진 복귀를 거부하면서 벌인 행동이 이처럼 확대된 것이다. 당시 북경에는 자금성의 궁전조영이 재개되고 있어서, 명조는 이들이 본대를 이탈하여 畿輔 일대에 흩어지거나 북경에 대거 잠입함으로써 야기될 소란에 대해 크게 우려하였다.[127] 그리고 당시는 명조가 재정난 타개를 위해 광감세사를 전국적으로 대거 파견하기 시작하였던 시점이기도 해서, 특히 요동의 광감세사 문제[128]와 이곳

兵事, 10a.

125) 한편 만력35년 旅順의 浙兵들이 같은 이유에서 登州에서 兵亂을 일으켰다. 光緒『蓬萊縣續志』권4, 武備 上, 兵事, 2b ; 光緒『增修登州府志』권13, 兵事, 10a ; 같은 책 권25, 文秩 1, 「閻士選」, 4b.

126) 明『神宗實錄』권336, 만력27년 6월 1일 戊寅, p.6221 ; 同上 만력27년 6월 22일 己亥, p.6234.

127) 明『神宗實錄』권336, 만력27년 6월 22일 己亥, p.6235.

128) 孫文良, 「礦稅監高淮亂遼述略」, 『明史研究論叢』 제1집, 大立出版社, 臺北, 1982.

을 통과하게 될 조선으로부터의 철군이 맞부딪히게 되면 병사들의 불만이 병란으로 연결될 가능성이 제기되기도 했다.[129] 더구나 요동의 군벌 李成梁이 축성공사를 크게 벌여, 요동을 통해 철수하는 병력을 이 일에 많이 동원하고 있었다.[130] 따라서 사천출신 병사를 비롯한 각지에서 조발된 병사들이 요동에 머물지 않고 원활하고 신속하게 본진으로 귀환하게 하는 일이 초미의 관심사였던 것이다.

명조의 원군 파병은 조선측의 절박한 요청에 호응하고 중국 자신의 해안방어책도 실행하며, 나아가 중국적 천하질서 유지(수호)라는 명분까지 구비한 조처였다. 그러나 명은 참전 과정에서 시종 수비적이고 소극적인 태도를 보였고, 조선에 대해서는 기존의 양국 관계를 재확인하면서 영향력을 높이고자 하였다. 한편 倭에 대해서는 군사적 강공·격퇴보다는 초기부터 계속하여 講和에 주력하는 전략을 구사하였다.

명조는 왜란에 파병하면서 군사활동뿐 아니라 이에 부수하여 인적·물적인 부담까지도 함께 졌다. 특히 산동, 천진, 요동 등 전장에 인접한 지역의 백성들은 직접적이고도 과중한 전쟁부담을 졌다. 그것은 파병과 관련한 병력의 동원과 재원의 징발과 함께 파병군·병향 운송과 같은 파병 지원활동, 그리고 국내 해안방비체제의 구축과 관련한 각종 인적·물적 부담을 의미하였다. 이런 부담은 화북민에게 重賦와 役困의 고통을 강요하였다. 그 외에도 조선으로부터의 철병과정에서 귀환병사의 처리문제와 이들이 일으킨 소요와 민심의 동요라는 후유증까지 부가되었다.

129) 明『神宗實錄』권332, 만력27년 3월 丙戌, p.6143.

130) 朝鮮『宣祖實錄』선조32년 윤4월 13일 辛卯 ; 同上 선조32년 6월 20일 丁酉.

임진왜란이 중국 화북사회에 끼친 영향은 여러 가지가 있겠으나, 본 절에서는 주로 한계상황에서 근근이 살아가는 화북민에게 과중한 세·역 부담을 가중시킨 점을 살펴보았다. 만력25년(1597) 형부우시랑 呂坤이 당시 민중반란의 격발을 우려하면서 네 종류의 '幸亂之民'을 분류하기를, ①기아에 몰려 생존책을 구하는 '無聊之民', ②무뢰적 행태를 보이는 '無行之民', ③백련교 등 교도인 '邪說之民', 그리고 ④반란을 꾀하는 불온한 '不軌之民' 등을 들었다.[131] 당시 화북민의 상황 역시 重役과 加徵에 저항하여 "반란을 일으킬 생각을 하는" 데까지 이르렀다고 해도 과언이 아니다. 이러한 민심은 왜란 기간 중에는 표출되지 않다가 전쟁이 끝나자마자 폭발하였으니, 만력27년(1599) 臨清에서 일어난 民變은 그 상징적인 사건인 동시에 명말 화북사회의 제 민중반란의 서곡이라 할 수 있는 것이었다.

2. 滿洲族의 성장과 화북 침공

명말 화북사회의 동요는 명조의 임진왜란 파병과정에서 비롯된 가혹한 세·역부담에도 일부 원인이 있지만, 보다 직접적으로는 만주족(후금)의 요동지배와 화북침공에서 비롯되었다. 17세기에 들어오면서 만주족은 급성장하여 그 세력이 遼東지방에 파상적으로 뻗어가기 시작하였다. 후금은 만력47년(1619) 明과의 사르후(薩爾滸) 전투를 승리로 이끌면서 명 조정에 큰 충격을 주었으며, 이후 군사적 우위를 점차 확보하여 天啓원년(1621)에는 遼河 동쪽지역을 거의 정복할 정도로 위협적인 세력으로 성장하였다.

요동에서의 만주족의 팽창과 명-후금 간의 계속되는 전쟁은 요

131) 呂坤, 『去僞齋集』 권1, 奏疏, 「憂危疏」, 6ab.

동사회를 불안에 빠뜨려 요동한인의 대대적인 이탈을 초래하였다. 더구나 후금은 점령지 요동에 대해 강압책을 시행하여, 天命10년(天啓5년, 1625)에는 점령지 내의 한인을 대량 살륙하는 등 漢人탄압 정책을 강행하였다.[132] 이는 요동한인들의 광범한 저항을 받았고, 수많은 요동한인들이 육·해로로 화북 및 도서지역으로 피난을 갔다. 당시 명조에서는 피난입관민의 규모가 100만이 넘었고 때로 200만에 달하였다는 보고까지 있을 정도였다.[133] 다소 과장이 있겠지만, 이러한 대규모 피난민이 화북으로 쇄도해 들어옴으로써 화북사회에 심각한 치안불안 문제를 야기하였고 명 조정을 긴장시켰다.

당시 요동한인의 '피난입관' 현상은 후금이 요동에서 정복전쟁을 본격적으로 전개하던 천계 초년 이래 계속되었고, 숭정5~6년경에는 심지어 해로로 登·萊지방으로 10만여 명이나 건너와 산동의 반도·연안지역에 사회불안을 불러일으키기도 하였다.[134] 이외에도 요동한인들은 북직예, 산동 등지의 광범위한 지역으로 유입하였으며, 이들 난민의 쇄도로 말미암은 화북사회의 치안불안 상황은 명이 망할 때까지 계속되었다.

---

132) 金斗鉉, 「遼東支配期 누르하치의 對漢人政策」, 『東洋史學硏究』 25, 1987.

133) 천계원년 후금이 심양·요양을 함락시키고 요동침공을 본격화하면서 요동한인이 대거 "避難入關"하였는데, 그 수가 "不下百萬"(『明史』 권275, 列傳 163, 「張愼言」, 中華書局, 北京, 1974 標點本, p.7037) 혹은 "至二百餘萬"(葉向高, 「條陳要務疏」, 『明經世文編』 권462, 12a, 6-5075)이라 할 정도였다.

134) 『明淸史料』 辛編 제1本, 96a(이하 '辛-1-96a'식으로 略함), 「兵部行'關于登萊二屬善後各款'殘稿」에 의하면 숭정초 해로를 통해 登州府, 萊州府로 피난해 온 요동한인은 蓬萊縣, 掖縣등 6개 縣에만 해도 10만여 명이나 되었다고 한다.

후금은 요동을 침공함으로써 간접적으로 화북사회를 불안에 빠뜨리는 한편, 직접 화북을 침공함으로써 화북사회를 극도의 혼란·공포에 빠뜨리고 황폐화시켰다. 후금의 화북 침공 중 대규모이고 폐해가 컸던 5차례의 사례를 살펴보기로 하자.

제1차 대규모 침공은 崇禎2년(천총3년, 1629) 11월에 있었다. 이때 후금 태종 홍타이지(皇太極)가 친히 10만 대군을 지휘하였고, 군사를 세 갈래로 나누어 북직예 동북방의 龍井關을 통하여 遵化로 공략해 들어왔다. 당시 명은 천험의 요새 산해관을 철벽수비하고 있었고, 袁崇煥이 이끄는 정예병이 산해관 바깥 遼東의 寧遠, 錦州에 포진하고 있었다. 따라서 산해관을 우회하여 진격한 후금군은 거의 저항을 받지 않고 북직예 동북부 일대를 유린하였고,[135] 이에 산해관 總兵 趙率敎가 급히 구원병을 이끌고 달려왔지만 역부족이었다.

후금은 준화를 공략한 후 곧바로 북경으로 진격하여 북경일대를 혼란과 공포에 빠뜨렸다. 그러나 북경을 직접 공략하지 않고, 12월 군사를 동쪽으로 돌려 遵化, 永平, 灤州, 遷安 등 네 城을 함락시켰다. 후금군은 이듬해(숭정3년) 5월 요동으로 완전히 철수하였다.[136] 후금군의 화북침공과 京師 압박은 명 조정을 큰 충격에 빠뜨렸고, 여기에 여러 유적반란집단이 섬서의 주요 지역을 석권하고 산서로 진입하는 등 내부적으로도 분열상이 가중되고 있었다. 그 여파로 對후금 방어의 핵심인 총독 袁崇煥이 후금의 反間計, 조정 내부의 당쟁 및 황제의 불신 등에 의해 갑자기 처형되는 등(숭정3년 8월) 명조는 자멸적 자중지란에 빠지게 되었고, 그 이후 계속되는 후금

135) 『遼事述』, 「東兵入口」, 北京圖書館古籍珍本叢刊 11, p.703.

136) 『遼事述』, 「東兵入口」, p.703.

군의 대규모 화북침공에 대해서도 여전히 속수무책일 수밖에 없었다.

후금은 제1차 침공 이후에도 누차 山海關 및 그 일대로 공격해 왔으므로, 명조는 宣府·大同 등 서북방의 병력을 산해관 일대의 방위선에 집결시키는 전략으로 대응하였다. 그러나 이는 오히려 서북방 일대의 방어선에 공백을 초래하였다. 후금이 瀋陽을 출발한 후 이에 관한 정보를 얻은 명조는 西北方의 방비를 단속했지만 파죽지세로 진격해 들어오는 후금군을 저지하지 못했다. 한편 서북방의 군사적 공백은 명말 이 지역에서 각종 유적반란이 일어나는 배경이 되었다. 이자성을 비롯한 각종 유적반란집단은 숭정6년경이 되면 산서 각지를 공략하고 하남 및 畿南 일대로 진격해 오면서 그 세력을 급속히 키워가고 있었다. 산동 연해의 등주·내주 일대에서는 遊擊 孔有德 등이 모문룡 해상세력의 잔당을 결집하여 반란을 일으켜(숭정4년 윤11월), 登州, 萊州 등 산동반도 연안 일대를 큰 혼란에 빠뜨리기도 하였다.[137)]

이처럼 명조 내부가 괴멸적인 자중지란에 빠져있던 시기, 후금의 제2차 침공이 숭정7년(천총8년, 1634)에 있었다. 후금군은 동년 5월에 출발하여 長城에 도달한 후 4로로 나누어 침공하였고, 7월에는 大同의 張家口로 침입하여 8월에 代州를 공략한 후, 동·중·서 3로로 나누어 대동, 선부 등을 공격하였다. 당시 이들이 50여일에 걸쳐 선부·대동 일대를 "헤아릴 수 없이 약탈[殺掠無算]하였다".[138)] 후금군은 이후 윤8월 선부 서북방의 萬全左衛를 함락시킨 후 군대를 돌려 귀환하였다.

137) 鄭炳喆, 「明末 遼東 沿海 일대의 '海上勢力'」, 『明淸史硏究』 23, 2005, pp.164~165.

138) 『遼事述』, 「東兵入口」, p.707.

후금의 제3차 침공은 숭정9년(崇德원년, 1636)에 있었다. 당시 후금은 국호를 淸으로 고치고 崇德으로 改元한 후 이를 과시하려는 듯 대대적인 화북공략에 나섰다.[139] 동년 6월, 淸은 阿濟格 등이 이끄는 10만여 명의 팔기병으로 獨石口(혹은 喜峰口)로 침입하여 延慶을 거쳐 居庸關으로 들어와 京師에 인접한 昌平을 공략하고, 이후 1개월여 동안 京師 주위지역을 철저히 유린하였다. 이 때 청병은 56차례의 전투에서 明軍을 패퇴시킨 결과 12개 주현을 함락시키고, 18만에 가까운 人畜을 노략하였다.[140] 청병은 7월 노략한 인축・재물을 가지고 建昌 冷口를 통해 퇴각하였다.

淸의 제3차 화북침공은 새로이 탄생한 淸朝의 실력을 과시함과 동시에, 원정을 통해 명조의 京師일대 방어력을 탐색하는 의미가 있었다.[141] 淸이 화북에서 퇴각한 후 몇 개월 만에 朝鮮에 대대적인 공격을 감행한(11월, 병자호란) 점도 이와 같은 맥락에서 이해할 수 있을 것이다. 청병은 그들이 "노략질한 子女를 모두 예쁘게 치장하여 말에 태우고 희희낙락하며 승전고를 울리면서 개선하였다"[142]고 하듯 인축・재물의 약탈이라는 실질적 소득도 화북침공의 중요한 동기였다.

청병의 제4차 침공은 2년 뒤인 숭정11년(숭덕3년, 1638)에 있었다. 동년 9월, 청병은 4갈래로 나누어 각기 趨滄・覇縣, 山東 濟南府, 臨淸州, 彰德・衛輝府 등지로 진격하였고,[143] 11월에 북직예

---

139) 1636년 淸朝 성립 이후는 '淸'(淸朝, 淸軍, 淸兵)으로 표기하나, 연대가 확실하지 않을 경우 '후금' 칭호도 병행함.

140) 淸 『太宗實錄』 권31, 崇德원년 9월 乙卯, p.556.

141) 湯綱・南炳文, 『明史』下, 上海人民出版社, 1991, p.1056.

142) 『遼事述』, 「東兵入口」, p.708.

143) 『遼事述』, 「東兵入口」, p.710. 당시 皇弟 多爾袞이 이끄는 大軍이 북직예

일대의 각 주현을 차례로 공략하였다. 이듬해 정월에는 산동의 성도 제남을 함락하였는데, 이때 포정사 張秉文, 부사 鄧謙濟·周之訓, 지부 苟好善 등이 피살되고 德王 朱由樞가 포로로 잡혀 盛京으로 압송되었으며 여러 君王이 살해되는 등 큰 피해를 입었다. 청병은 제남 공략 이후 산동 남부까지 각 주현을 차례로 함락하였고, 天津, 豊潤을 거쳐 북직예 동북방인 青山口를 통해 出塞·귀환하였다.

제4차 침공과정에서 청병은 5개월 간에 2천여 리를 다니며 약탈과 파괴를 하였고, 60여 주현을 함락시키고(북직예 43개, 산동 18개) 33회의 전투에서 모두 승리하였다. 그 결과 462,303명을 포로로 획득하고 금 4,390냥, 은 977,406냥을 약탈해 갔다.[144]

당시 청병은 조선을 군사적으로 굴복시킨 후여서 배후의 위협이 없이 중국 내지까지 깊숙히 마음껏 공략할 수 있었다. 명조는 당시 내부적으로 반란진압에 전력을 쏟을 때였다. 병부상서 楊嗣昌이 소위 '四正六隅十面網' 전략(전술)을 시도하고 추가로 剿餉 280만 냥을 증징하는 등 유적반란의 '腹心之患'을 제거하는 데 총력을 기울이고 있었다. 그러나 그마저도 내분으로 군사전력이 분산되는 등 심각한 자중지란의 양상을 보이고 있었다. 한 예로, 동림파 맹장 盧象昇이 이끄는 관군이 畿南 일대에서 청병과 결사 항전을 벌이면서 군사적 열세로 궤멸적 패배를 당하고 있을 때(숭정11년 12월), 督師宦官 高起潛은 인근의 臨淸에 重兵을 포진하고 있었으면서도 원군을 보내지 않았다. 결국 두 부대는 모두 청병에 의해 각

東北方의 墻子嶺을 통해 침입하여 북직예, 산동의 주현을 공략하고 있을 때, 같이 출발한 淸 太宗 자신은 요동에서 山海關을 정면 공격하였으나 실패하고 숭정12년 3월에 철수하였다.

144) 淸『太宗實錄』권45, 崇德4년 3월 丙寅, pp.773~774.

개격파 당하였다.

청의 제5차 침공은 숭정15년(숭덕7년, 1642)에 있었다. 동년 11월 청병은 경사 동북부의 密雲에 인근한 墻子嶺 등을 통해 대거 入塞하여 遷安, 三河 등지를 공략하였다. 이후 군대를 두 갈래로 나누어 한 부대는 通州로, 다른 한 부대는 천진으로 진격하였고, 이에 京師는 계엄상태에 돌입하였다. 윤11월 청병은 북직예 중부 河間府에 진격한 후 기남~산동 일대의 주현을 차례로 공략하고 잔혹한 약탈을 일삼았다. 이후 12월에는 산동 남부의 兗州 및 남직예 강소까지 진격하여 일대의 주현을 약탈하였다. 연주가 함락되었을 때, 魯王 朱壽鏞이 붙잡혀 자살하고 많은 관료들이 살해되었다. 이듬해(숭정16년) 2월, 청병은 다시 북상하여 3월에는 기남의 順德府를 함락시켜[145] 현지의 관군과 자위군을 궤멸시켰다. 4월에 군사를 북으로 돌려 5월초에 墻子嶺으로 出關·귀환하였다.

청병의 제5차 침공은 8개월여에 걸쳐 진행되었는데, 이 과정에서 淸兵은 3府 18州 67縣을 공략하고 인구 36만 9천 명, 牧畜32만 1천여 마리, 황금 1만 2천여 냥, 백은 220만 5천여 냥, 기타 많은 재화를 노략하였다고 전한다.[146]

이상은 淸의 화북침공 중에서도 기간과 피해 지역, 파괴의 정도 등에서 특히 심했던 5차례의 사례를 정리해 본 것이다. 따라서 이러한 대규모 침공 이외에도 서북방 일대, 산해관 및 그 외곽의 영원·금주 등지로의 침공·공격의 사례는 적지 않으며, 전술한 공유덕 등이 지휘하던 명 水軍이 청에 투항한 이래 해로를 통해 산동 반도부의 登·萊지역으로도 수 차례 침공하였다.

---

145) 『國榷』 권99, 숭정16년 3월 乙未, p.5966 ; 『明通鑑』 권89, 숭정16년 4월.
146) 淸 『太宗實錄』 권64, 崇德8년 5월 癸卯, p.1072.

그러면 만주족은 왜 이토록 여러 차례 대소규모의 화북침공을 단행했을까? 그것도 산해관을 직접 돌파하지 못하고 몽골지역으로 멀리 우회하여 화북으로 진입하는 공격을 수 차례나 되풀이 한 이유는 무엇인가?

우선, 요동사회의 내부의 문제를 들 수 있다. 명 지배하의 요동사회는 명말 피폐와 민심이반을 겪었다. 명조가 임진왜란에 원병을 파견하는 과정에서 요동은 천진·등주·내주와 함께 병참기지가 되어 인력·재물의 징발이 가혹하였다. 당시 "遼人들은 運卒을 선발한다는 말을 듣자마자 황망히 家를 버리고 도망하지 않는 자가 없었다"[147]고 할 정도였다. 이러한 요동사회의 피폐와 민심이반 현상은 결국 만주족의 요동지배를 용이하게 하는 요인으로 작용하였다.

그러나 淸이 요동을 장악한 후에도 민생의 피폐와 노동력 부족현상은 쉽사리 회복되지 못했으며, 특히 누르하치의 한인탄압 정책으로 또 다시 수많은 요동한인이 도망가는 사태가 계속되었다. 이것이 전술한 천계 초년 요동한인의 대대적인 "避難入關"의 현상을 낳았고, 그 결과 요동지역은 空洞化하여 노동인구가 절대적으로 부족한 상태가 되었다. 당시 청은 요동지방의 농업생산력을 높이고 인구·토지를 재편하기 위해 '計口授田', '編丁立莊' 등과 같은 정책을 추진하였는데,[148] 이를 위해서는 한인 노동력이 절대적으로 필요하였다. 바로 여기서 淸이 요동지배를 공고히 하는 시기에 왜 그토록 자주 중국의 화북지방을 침공하였고, 그 과정에서 그렇게 많은 인명을 포로로 잡아갔는가를 이해할 수 있다.

---

147) 『萬曆邸鈔』 만력24년 12월, p.1007.

148) 金斗鉉, 「遼東支配期 누르하치의 對漢人政策」.

다음으로, 한인 농경사회에 대한 침공은 북방민족으로서는 재화(생필품) 획득의 중요한 기회였다는 점을 들 수 있다. 이는 역대 북방 유목민족이 농경사회를 침공하는 일반적인 목적이기도 했다.[149] 명말 만주족[建州]을 관찰한 기록에 의하면, "(建州 군졸은) 출병할 때 기뻐 날뛰지 않는 자가 없고 그 처자 역시 모두 희희낙락하며, 오로지 財物을 많이 얻어 올 것만을 바랐다"[150]고 전하고 있다. 병사 개인뿐만 아니라 황제 역시 그러했으니, 천총8년(숭정7, 1634)의 화북 침공 시에 皇太極이 "이번의 작전[永平之役]이 저번의 두 차례(작전)보다 나은 점은 무엇인가?"라고 묻자 한 신하가 "(붙잡아온) 인간이 이전보다 더 많습니다"고 대답하였다. 이에 皇太極은 "(뺏어온) 재물이 비록 많더라도 족히 기뻐할 만하지 못하고 오직 인간을 많이 잡아온 것이 정말 기뻐할 만하다"[151]라고 하여, 재물획득보다도 한인 俘獲을 더 칭찬하고 있다. 이로써 볼 때 당시 만주족의 화북침공은 여러 목적 중 특히 漢人 납치에 크게 역점을 둔 것이었음을 알 수 있다. 이는 청이 요동을 본격적으로 지배하면서 농업노동력을 확보해야 했던 사정과 밀접한 관련이 있었다.

또 하나 주목할 점은 청의 군사적 성장, 즉 漢軍八旗의 성립·발전과정과의 연관성이다. 청은 천총5년(숭정4, 1631) 大凌河 전투에서 佟養性이 이끄는 '舊한인'[152]으로 구성된 홍이포부대를 처음

149) 金浩東, 「古代 遊牧國家의 構造」, 서울大學校東洋史硏究室 편, 『講座 中國史』2, 지식산업사, 1989, pp.262~263.

150) 李民寏(朝鮮), 『紫巖集』 권6, 「建州聞見錄」, 5b (韓國文集叢刊 제82집, 民族文化推進會, 1992).

151) 王先謙, 『東華錄』 天聰 五, 천총4년 己卯, 4a.

152) 만주족 사회에서 소위 '舊漢人'이라고 불린 층은 天命년간 전반기 누르

동원하였는데, 이 전투에서 청에 항복한 明軍을 정식으로 니루(牛彔)에 편입시켰다.[153] 이후 투항한 명군을 속속 청의 군사조직에 편제시킴으로써 전력을 급속히 증강하였다. 청군의 군비와 전력 증강은 한인·명군 획득과 밀접한 관련이 있으며, 천총7년(숭정6, 1633) 경에 漢軍八旗가 성립되는 배경이 되었다.[154] 산동 登·萊지역에서 반란을 일으켰다 청에 투항한 孔有德·尙可喜·耿仲明 등의 舊명군은 청군에게 화기부대와 水軍을 제공하는 계기가 되었고, 투항 이후 청의 극진한 후대를 받았다.

당초 팔기군은 만주인 旗人에 결액이 생기면 한인노예 중 강건한 자로써 보충시키는 방식을 채택하였다.[155] 그러다가 천총7년(1633) 滿洲戶에서 한인 노예 10丁당 1丁씩 일정하게 차출하여 이들에게 갑옷 등 군장을 지급하고 各旗의 결액을 보충하게 하였고, 결국 石廷柱(漢人)를 固山額眞으로 삼아 따로 漢軍 1旗를 만들었

하치가 실시한 '計丁授田'정책 하에서 병역, 요역 등 알반(Alban)을 부담하였던 한인을 일컫는다. '新漢人'은 이후 정복전을 수행하면서 俘獲한 한인 즉, '新附之衆'을 일컫는다.

153) 張晉藩등저, 『清入關前國家法律制度史』, 遼寧人民出版社, 1988, p.324.

154) 漢軍旗의 성립연대에 관해서는 천총5년(1631)說과 천총7년(1633)說이 있다(張晋藩등저, 『清入關前國家法律制度史』, 遼寧人民出版社, 1988, p.306). ①천총5년說은 『聖武記』를 인용하여 鄭天挺이 주장하였고(『探微集』, 中華書局, 1980) 이에 대해 陳佳華·傅克東, 「八旗漢軍考略」(『民族研究』 1981-5)에서도 동조하였다. ②천총7년說은 『清史列傳』, 「馬光遠傳」에 근거하여 孟森, 「八旗制度考實」(『明清史論著集刊』上, 中華書局, 北京, 1984) ; 蕭一山, 『清代通史』 1(臺灣商務印書館, 1985(1962), p.222) ; 劉家駒, 『清朝初期的八旗圈地』(文史哲出版社, 臺北, 1978(1964)) ; 阿南惟敬, 『清初軍事史論考』(甲陽書房, 1980) 등이 주장하였다. 본고에서는 일단 천총7년說을 따른다.

155) 이들 보충된 한인노예는 '烏珍超哈'이라 불렀다(孟森, 「八旗制度考實」, p.301).

다. 이후 漢軍은 숭덕2년(1637)에 2旗로, 숭덕4년에 4旗로, 숭덕7년(1642)에는 마침내 漢軍八旗가 성립하게 되었다.156)

이러한 한군팔기는 왕실에 예속된 布衣한인, 만주·몽골족의 한인노복, 투항한 명군병사(및 그 가속) 등 淸 지배하에 편입된 거의 모든 한인 중에서 징발하여 구성하였다. 천총7년(1633) 한인을 체계적으로 旗籍에 편입시키기 시작한 시점은 청(후금)의 遼東 점령, 특히 撫順, 開原, 鐵嶺, 大凌河 등지를 함락한 직후 30만 명에 달하는 한인을 포로로 잡았을 때였다. 그리고 한군팔기가 체계적으로 조직되던 시점은 숭덕2년~숭덕7년(1637~1642) 경으로, 이는 청병이 수 차례의 화북침공으로 100만 명이 넘는 화북한인을 포로로 잡아온 시기와 일치한다.157) 청은 노략해온 화북한인들을 그대로 병력으로 활용하지는 않았지만, 상당수를 만주·한군기인 예하의 隨從·노비로 편입시켰다고 볼 때, 이들이 청의 간접적인 兵力源이 되었다고 보아도 큰 무리는 없을 것이다.

청이 한인 지배층의 지지 획득, 명군 및 명군 장수의 투항 유도, 홍이포 등 명군의 화기 획득 및 그 제조기술 확보, 水軍을 얻으려고 노력한 것은 전반적인 군사력의 提高를 위해서였다. 만주족이 화북침공 과정에서 한인 '俘獲'을 중시하였던 것도, 요동지역의 농업생산력 회복을 위한 노동력 확보뿐 아니라 전반적인 군사력의 제고를 위한 것이었다고 할 수 있을 것이다.

제1차 침공 때 청병이 파죽지세로 북직예 일대를 휘젓고 다닐

---

156) 淸『太宗實錄』권61, 崇德 7년 6월 甲辰, p.1012.

157) 사료로 확인되는 숫자만 해도 제3차에 18만, 제4차에 46만 2천, 제5차에 36만 9천으로 합계 101만 1천 명에 달한다. 여기에다 제1, 2차 침공 때나 나머지 소규모의 화북침공에서도 상당한 인명 약탈이 행해졌다고 본다면 그 숫자는 더 늘어날 것이다.

때 장수들이 누차 북경성을 공략하자고 청했으나 皇太極은,

> 城을 취하는 것은 손바닥 뒤집듯 쉬운 일이나 明의 강역 방어는 아직도 강하므로 (명조를) 하루아침에 멸할 수 없다. 얻기는 쉬우나 지키기는 어려운 법이니, 군대를 간소화하고 정예로 훈련시켜 天命을 기다리는 편이 낫다.158)

라며 각하하였다. 청 태종이 "아직은 待天命의 단계"로 판단한 것은, 당장 '말 위에서' 京師를 공략할 기회와 이를 수행할 군사적 능력은 있으되 '말에서 내려' 중국을 지배할 준비는 아직 안되어 있었음을 의미하였다. 동시에 전반적인 군사적 열세도 있었다. 청의 기병이 신속한 기습전에 우위가 있을지라도, 명군은 수나 화기 등에 있어서 아직은 전반적으로 우세하였다. 明의 정예부대는 강력하였으며 특히 山海關은 청의 최정예 군대로 수차 正攻을 가하였으나 결국 돌파하지 못하였을 정도로 철벽수비 체제를 갖추고 있었다. 그 때문에 후금(청)은 시종 산해관의 엄격한 방비를 피해 順天府 동북방, 혹은 서북방의 宣府鎮, 산서의 大同鎮 등 북변으로 우회하는 통로를 침공로로 삼았다.159) 이는 명조의 북방경계의 허를 찌르는 북방 유목기마군단의 전형적인 전술이기도 했다.

청병이 희봉구~거용관 일대 북변지대를 거의 무인지경을 달리듯 공략한 것은 사실이었으나, 산해관의 철벽 수비 때문에 "內外聲勢不接"하여 입관침공군의 퇴로가 쉽게 차단당할 가능성도 상존하였다. 그래서 청병은 화북 각지의 현성을 점령하더라도 守城을

158) 昭槤, 『嘯亭雜錄』 권1, 「太宗伐明」, 『近代中國史料叢刊』 제7輯, p.14.

159) 後金(淸)軍의 공격유형이 게릴라식 유동작전으로 시종하며 明의 "尺寸土"도 얻지 못한 것은 "皆由山海關阻隔 而欲取關 非先取關外四城不可"(魏源, 『聖武記』 권1, 開創, 「開國龍興記」三, 中華書局, 1984, p.29)라고 했듯이, 明朝의 山海關 수비가 강고했기 때문이었다.

고집하지 않고 인명과 재물의 약탈에 열중하며, 곧 퇴각하여 유동작전으로 일관하였다. 명군이 '堅壁淸野'와 같은 전통적 전술을 답습하여 城에 웅거하여 견고한 방비태세를 갖추고 있으면, 만주 기병들은 거의 언제나 이를 우회하여 보다 쉬운 약탈대상으로 말머리를 돌렸다. 明의 정예 大軍을 만나면 항상 "적의 주력을 피하고 약한 곳을 골라서 치는(避寔走虛)"[160] 전형적인 게릴라식 유동전술을 구사하였다.

청병의 수 차례 화북침공은 이 지역의 점령·지배보다는 재물과 인명의 획득이 주된 목적이었으므로 그 파괴상은 더욱 심각하였다. 명말 청병의 침공을 "과거 삼백 년 동안 산동[海岱]에 일찌기 없었던 변란"[161]으로 본 것이라든가, 만주병의 침입으로 인해 "(白)骨이 무덤을 이루고 성곽은 허물어졌으며 길에는 行人이 없는"[162] 상태였다는 것은 그 단적인 표현이었다. 숭정15년 말 황명을 받고 북직예 順德府 일대의 城守상황을 점검한 병과급사중 李永茂는, 기남 대부분 주현이 숭정11년 이래 수 년 동안 청병의 침공, 토적반란·역병·기근의 재해, 差徭의 번중 등으로 인민의 "열에 아홉은 죽었다"[163]고 보고하였다. 숭정15년 말 청병의 대대적 화북침공 이후 산동 임청주에서는 "살아남은 자가 1할도 채 안되었다"[164]고 할 정도로 철저히 파괴되었다.[165]

---

160) 『遼事述』, 「東兵入口」, p.712.

161) 『明淸史料』 甲-10-930a, 「兵科給事中李焻題本」.

162) 丁耀亢, 『出劫紀略』, 「航海出劫始末」, 『明史資料叢刊』 2, 江蘇人民出版社, 1982, p.152.

163) 李永茂, 『邢襄題稿』 제8疏, 「奏報察過沙南平廣四縣疏」, 中華書局, 上海, 1958, p.21.

164) 『明淸史料』 乙-5-479ab, 「兵部行'兵科抄出察辦剿虜事務吳履中題'稿」.

165) 이외에도 淸兵이 유린한 지역의 참상에 대한 보고는 매거하기 어려울

이처럼 명말 화북사회는 청병의 수 차례의 침공으로 참혹한 파괴를 당하여, 당시 여타 지역이 경험하지 못한 극도의 혼란과 황폐한 상황에 빠지게 되었다. 그 피해 지역은 宣府·大同의 서북변방지역, 遵化·薊州의 동북변방뿐만 아니라 京師 주위의 여러 주현, 북직예 남부, 산동의 거의 전 지역(登·萊의 해안지대 포함), 심지어 남직예 북부까지 미칠 정도로 광범위하였다. 이 지역은 본고가 대상으로 삼은 '화북평원'지대와 거의 일치한다. 한편 청병의 화북침공은 미증유의 극심한 황폐상을 낳는데 그치지 않고, 이 지역의 민심을 크게 동요시켜 각종 국지적 반란을 촉발시키는 데에도 큰 역할을 하였다. 예컨대 山東과 畿南에서는 각기,

> 산동 인민은 청병[虜賊]의 침공·파괴 이후 죽거나 도망가서 거의 남아있지 않고, 도적은 곳곳에서 봉기하고 있습니다.[166)]

> 기남의 6부 4關 99주현은 虜賊의 유린 이후 농사의 수확이 없어 민은 곤궁해지고 도적은 (곳곳에서) 일어납니다…(산서의 유적 출몰지에서…산동에 이르기까지)…빈 땅은 많은데 사람은 드물고 한 사람의 장수나 병사조차 보이지 않습니다. 그래서 토적들은 饑民 수백 수천을 끌어내어 무리를 짓고 촌락을 겁탈하고 城을 넘봅니다. 백성들은 그 소문을 듣기만 해도 도망쳐 버릴 지경에 이르렀습니다.[167)]

정도로 많다. 畿南지역의 민심이 흉흉한 상황에 대해서는 鄭天挺등편, 『明末農民起義史料』, 「兵部爲畿南盜賊愈繁等事」, 中華書局, 北京, 1952, 排印本, p.240 참조. 숭정15년 2월 당시 畿南의 6부, 4關 99州縣의 참상에 대해서는 『明末農民起義史料』, 「兵部爲畿南根本當籌等事」, p.340 참조. 그리고 숭정12년 6월의 山東 상황에 대한 목격담은 『明淸史料』 甲-10-960a, 「兵部題'山東巡撫王國賓題'稿」 등 참조.

166) 『明淸史料』 乙-6-539a, 「兵部行'兵科抄出山東巡按余日新題'稿」.

167) 『明淸史料』 壬-5-473b, 「兵部題行'兵科抄出分守倒馬關副總兵劉有實題'稿」.

라는 상황이 일어났다. 숭정14·15년 경 청병이 화북지방을 철저히 유린함으로써 지역사회의 황폐화와 백성의 逃散을 촉발하였고, 이것이 결과적으로 북직예, 산동 곳곳에서 토적반란이 일어나는 배경이 되었음을 알 수 있다.

북방 이민족의 기마병은 보병 위주의 중국 농민군에게 전술면에서 뿐만 아니라 심리적으로도 큰 공포감을 주는 것이 보통이었다. 그 때문에 청병은 대개 '파죽지세'로 진격하고 명군은 "그 낌새만 보고도 멀리서부터 도망치는" 형국이 많았다.[168] 당시 이러한 명군의 행태에 대하여,

> 奴賊이 없는 곳에서만 주둔을 하고, 혹 奴賊이 통과해 가버려도 병사들은 여전히 겁에 질려 꾸물거리면서 나아가지 못합니다…(그 대신 민간에서는 온갖 횡포와 약탈을 자행하여)…그 갖가지 慘禍는 奴賊보다도 더 심합니다.[169]

> 청병은 子女·보물만 탐하고 논밭의 곡식[田禾]에는 피해를 끼치지 않는데 비해, 명 관군은 한 곳에 주둔하면 병향과 말을 마구 징발하여 백성들이 심히 고통을 받는다.[170]

라고 비난하였다. 기율이 극도로 해이해 있던 명군은 청병을 피해 다닐 뿐 아니라 민간에 끼치는 폐해가 청병보다 더 심한 경우도 많았다. 심지어 공 세우기 급급하여 청병 아닌 난민들을 대거 도륙한 일도 있었다.[171]

---

168) 『明末農民起義史料』, 「'兵部'爲彙敍鞏固'營'前後戰功等事」, p.297에 숭정13년 10월 당시 淸兵의 進攻이 "勢如破竹 諸路援兵 望風遠避 絶未聞有抄救堵擊之功者…"하였다는 상황을 전하고 있다.

169) 李永茂, 『邢襄題稿』, 제1疏, 「奏陳應策應催事宜疏」, p.10.

170) 『遼事述』, 「東兵入口」 p.707.

171) 總兵 祖大壽, 張進忠이 寶坻의 楊家場에서 伏兵하여 千餘級을 邀斬했으

이상과 같은 명조의 내부적 혼란상이 모두 청병의 화북침공에서 유래한 것은 아닐지라도, 그 파괴적·약탈적 침공이 지역사회를 철저히 파괴하여 空洞化하고 국가통치를 마비시킨 것은 분명하다. 그리고 이것이 결과적으로 명말 화북일대에 토적·유적 등의 반란이 만연하게 되는 토양을 만든 것 또한 분명하다. 이에 더하여 명말 청병의 파죽지세의 침공과 파괴상에 대한 경험은 만주기병에 대한 본능적 공포감을 심어 주었지 않았을까 추측된다. 1644년 청병의 입관과 화북진공 때, 명 관병이나 화북민이 만주기병에 거의 대적하지 못하고 산산히 흩어지거나 순순히 항복하였던 것은 이 점과 관련이 있다고 생각된다. 이는 만주 기마군단의 위력을 경험하지 못했던 강남 등 화중·화남의 많은 지역에서 배수진을 치고 농성하면서 청병에 끝까지 저항한 예가 많았던 점과 대비된다.

3. 화북의 치안불안과 民의 동태

명말 백성들이 重役·加派 등 납세의 고통상태에 있었던 것은 전 중국적인 현상이었다. 만력24년(1596)부터 시작된 광감세사의 파견과 가혹한 수탈은 전국 각지에서 동시다발적인 저항[민변]을 초래하였다. 여기에 만주세력의 급성장에 따라 요동의 변방 강화를 위해 '遼餉'의 加派라는 비상수단을 쓰지 않을 수 없었다.[172]

나 대부분 逃回難民이었다고 한다(『遼事述』, 「東兵入口」 p.712).

172) 명말 3차례에 걸친 요향 징수는 제1차(만력46, 1618)와 제2차는 田畝 770만여 頃에 각각 畝當 3釐5毫씩 加賦하여 총 400만여 냥을 加派하였고(明『神宗實錄』 권574, 만력46년 9월 辛亥, p.10862 ; 同上 권589, 만력47년 12월 乙丑, p.11288) 제3차(만력48, 1620)는 天下田賦에 畝當 2釐씩 加派해서 120만 냥을 增派하여(『明史』 권220, 列傳 108, 「李汝華」, p.5807 ; 明『神宗實錄』 권592, 만력48년 3월 庚寅, p.11357) 그 총액은 520만여

이러한 무리한 新稅 강요는 당연히 만성적 조세체납, 백성의 도망으로 이어졌고, 이에 대응하여 '剿餉', '練餉'과 같은 새로운 稅目이 추가되는[173] 악순환이 되풀이되었다. 만력년간(1573~1619) 3차례의 요향 부과로 520만여 냥을, 숭정초 추가 요향으로 140만여 냥을 걷었으며, 여기에 초향 280만 냥, 연향 730만 냥 등 三餉[174]의 증징만도 도합 1,670만 냥에 이르렀다. 여기에다 ①田賦의 증액분, ②광감세사로부터 지방의 서리·아역 등 말단에 이르기까지 중간에서 사적으로 착복한 액수, ③징세과정에서 一條鞭法 이외의 추가징수나 일조편법이 제대로 시행되지 않아 중복 징세하는 예[175],

---

냥에 달하였으며, 崇禎初에 다시 140만 냥을 증징하여 總稱하여 遼餉이라 하였다(『明史』 권252, 列傳 140, 「楊嗣昌」, p.6515 ; 明 『熹宗實錄』 권42, 天啓3년 12월條, p.2226). 明末 遼餉의 징수에 대해서는 淸水泰次, 『中國近世社會經濟史』, 西野書店, 東京, 1950, pp.160~186 ; 吳緝華, 「明末遼餉與帶運糧」, 『明代社會經濟史論叢』下, 1970, pp.352~354 (原載, 『大陸雜誌』 21-11, 1960) 참조.

173) 숭정3년 11월에 "田賦를 증액"하였고(畝當 3釐 증액), 숭정10년 兵部尙書 楊嗣昌의 소위 '十面之網' 전략을 위한 財源으로 '剿餉' 280만 냥을 加徵하였으며, 숭정12년 다시 '練餉' 730만 냥을 加徵(『明史』 권252, 列傳 140, 「楊嗣昌」, p.6515.)했다. 剿餉에 관해서는 吉尾寬, 「明末·楊嗣昌の"剿餉"案について」, (『東方學報』(京都) 58, 1985) 참조.

174) 명말 三餉 징수상황에 대해서는 郭松義, 「明末三餉加派」, 『明史硏究論叢』 第2輯, 江蘇古籍出版社, 1983 ; 唐文基, 「'三餉'加派－明末反動的財政政策－」, 『山根幸夫教授退休記念 明代史論叢』下, 汲古書院, 1990 참조.

175) 明 『神宗實錄』 권187, 만력15년 6월 丁亥, pp.3512~3513에 "上曰…各處編審糧差 於條鞭之外 重派里甲 係有司任情壞法擾害小民"이라 하였고, 明 『神宗實錄』 권416, 만력33년 12월 乙卯, p.7842의 諭詔에 "地方有司…分外侵漁…有于條鞭之外 立小條鞭 火耗之外 復加秤頭 任意乾沒者"라 하였다. 一條鞭法의 징수과정 등에서 각종 명목의 加徵이 지방에서 임의로 행해지고 있었으며, 그것이 황제의 諭詔에 거론될 정도로 일반화되었던 것을 알 수 있다.

④늑색의 폐단[176], ⑤耗羨의 폐해[177] 등 매거하기 힘들 정도로 추가부담이 즐비했다. 이런 상황에서, 加徵 위주의 미봉책이 더 큰 화를 부를 수 있음을 우려하는 목소리도 높았다. 숭정4년 10월 어사 姜思睿는,

> 정해진 액수 내의 (징세과정에 만연한) 숙폐를 바로잡지 않고 정액 이외의 추가징수를 능사로 하여 백성의 원망만 사고 있습니다. 이렇게 백성을 착취하여 養兵하는 것은 백성을 몰아붙여 도적이 되게 하는 것입니다. 소위 小利에 연연하다가 大害를 소홀히 한다는 것이 바로 이를 일컫는 것입니다.[178]

라고 상주하였다. 병향조달을 위해 삼향처럼 새로운 명목의 세목을 추가하여 징수하는 것은 결국 더 큰 화를 부르므로, 부패의 예방・척결을 통해 정액 세금을 철저히 걷고 기존의 병향액을 엄격히 사용하는 것이 훨씬 중요하다는 지적이었다. 그러나 이후에도 加徵이 줄기는 커녕 계속 늘어났던 것을 보면 강사예의 주장이 제대로 실행된 것 같지는 않다. 여기서 당시 명조의 재정문제의 핵심은 징세액 자체가 아니라 징수과정과 그 집행과정에 내재한 '숙폐의 청산'에 있음을 알 수 있다.

명말 각종 명목의 추가징세는 전국의 모든 전토에 부과되는 것

---

176) 明『神宗實錄』 권363, 만력29년 9월 丙午, p.6770에 "(廣東巡按 李時華)吏姦法弊 條鞭之後 仍用甲首 均平所編 盡入私囊 上下相蒙 恬不爲怪"라 함.

177) 明『神宗實錄』 권416, 만력33년 12월 乙卯, p.7842에 "(諭詔)火耗之外 復加秤頭 任意乾沒者"라 하였고 明『神宗實錄』 권504. 만력41년 정월 癸未, p.9586에 "(考察朝覲官員)北直隷河南山東等處州縣 糧羨至十取二三者 面質司府各官 亦不爲諱"라 하였다.

178) 姜思睿, 「天下五大弊疏」(숭정4년 10월), 『禎朝奏疏』 奏疏 권2, 숭정16년 序刊本, 23b.

이었지만, 화북지방은 여기에 추가부담이 강요된 점이 문제였다. 명말 요동의 명군에게 공급할 200여만 석의 군향을 淮安, 북직예, 산동 등지에서 召買하였는데[179], 이를 운반하기 위한 우마차·선박 등을 지리적으로 가깝다는 이유로 북직예, 하남, 산동, 산서 등지의 백성에게 부과하였다.[180] 특히 산동의 경우 육로뿐 아니라 해로로도 요동에 쉽게 접근할 수 있는 지리적 위치에 있었기 때문에, 연안의 萊州·登州에 주둔하면서 요동의 청군과 대치하고 있던 明軍에게 갑옷, 무기, 유황·초석 등의 군수물자를 공급하는 의무가 부가되었다.[181]

이처럼 과중한 부담 때문에 산동민은 "差役(은납)에 응하기 위해 자녀를 팔기까지 하였고 (그마저도 안되면) 집을 떠나 (도망)가는 자도 생기는" 심각한 상황을 낳았고, 이에 대한 대대적인 진휼이 불가피할 정도였다.[182] 山東 寧海州의 邑人 常康은,

> 삼가 살피건데 산동성에서는 계속된 재앙과 전란으로 인근이 파탄날 지경에 처해 있습니다. 軍·民이 곤궁하고 上下 원기가 고갈되어 지탱할 힘이 없습니다. 소생하기도 힘든 상황에서 또 수탈이

---

179) 明『光宗實錄』권7, 泰昌 원년(만력48년) 8월 辛未, p.194.

180) 明『神宗實錄』권590, 만력48년 정월 己丑, p.11307 ;『三朝遼事實錄』권2, 만력47년 12월.

181)『平妖奏議』권3,「請免加派疏」(淺井紀,『明淸時代民間宗教結社の研究』, 研文出版, 1990, p.212). 한편 산동성 전체의 매년 稅糧(氣運·存留)은 250만여 냥이었고, 여기에 火耗로 原額의 2, 3할(50만~70만 냥)이 부과되었다. 또 徭役으로서 大戶 5천 호, 貼戶 5천 호에게 할당된 백만 냥이 더 있었다(明『熹宗實錄』권30, 天啓 3년 정월 乙巳, p.1515).

182) 明『熹宗實錄』권9, 天啓 원년 4월 癸未, p.451에 "(刑部右侍郎 鄒元標)臣復覩山東 自四十三年饑荒至今數年 如牛運海運又起遼餉久疲 驛遞馬戶不勝其楚 至有鬻子女應差者 有泥垣走者 若不大爲賑恤大增馬價 卽本處撫按郡縣萬分苦心 亦難回元氣于大病之後"(밑줄은 인용자)라 하고 있다.

> 극에 달했습니다. 옛 세금의 체납분도 아직 다 내지 못했는데 새로운 세목이 또 부가되니…전토는 황폐해져 끝없이 연기만 자욱한게 처연하기만 하고 인민은 천리나 도망가 숨으나 (여전히) 궁색합니다.[183]

라고 탄식하고 있다. 백성의 현실적 담세능력과 관계없이 稅額과 稅目이 자꾸 늘어나, 결국 백성의 流亡을 초래하는 상황을 전하고 있다. 숭정말년 산동 臨邑縣에서는 신임 지현이 민심을 안정시키기 위해 세금 加派分을 모두 혁파한 사례도 있었다.[184] 동란기 상황이었기 때문에 가능하였던 조처였다고 보이는데, 어쨌든 신임 지방관이 중앙에서 강압적으로 신설한 稅目을 혁파하지 않을 수 없는 상황까지 나타날 정도로 당시 화북의 민심은 극도로 이완되고 있었다.

명말 화북민은 과중한 세역 부담으로 인해 "하루 하루 연명하기에 급급한" 극한 상황에 처해 있었다. 여기에 한번 자연재해라도 닥치면 逃散하여 유민이 되거나, 극단적 상황에 처하면 도적떼에 가담함으로써 생존책을 강구할 수밖에 없었다. 황하 등 하천의 범람, 가뭄, 蝗害 등의 자연재해가 많이 일어났던 화북평원지방은 재해의 빈도, 규모 및 그 피해정도가 여타 지역보다 훨씬 심각하였다.[185] 그리고 이러한 자연재해에는 어김없이 심각한 전염병이 동

---

183) 常康, 「上山東軍門李諱長庚揭」, 同治 『寧海州志』 권25, 藝文志, 6a.

184) 同治 『臨邑縣志』 권7, 職官志, 宦績, 「金燦」, 30a.

185) 명말 화북의 자연재해 상황에 대해서는 『明實錄類纂: 自然災異卷』(武漢出版社, 1993) ; 『中國歷代自然災害及歷代盛世農業政策資料』(중국사회과학원역사연구소자료편찬조, 농업출판사, 1988) ; 陳高傭등편, 『中國歷代天災人禍表』(上海書店, 1986) 등 참조. 연구성과로는 淺井紀, 『明淸時代民間宗教結社の硏究』, p.210~ ; 佐藤文俊, 「土賊'李靑山'の亂について－華北農民叛亂の一形態－」, 『明末農民叛亂の硏究』, 1985, p.80 참조.

반되기 마련이어서 인구의 대량 사망과 流散을 낳았다.[186] 명말 각종 자연재해의 빈발은 전국적인 현상이긴 했으나, 특히 화북의 황하 연변지대에서 집중적으로 일어났고 그 피해상이 특히 심각했다. 만력31~33년경 북직예·하남·산동 일대에서 큰 수해가 일어나 대규모의 유민이 발생하자, 각지에서 盜賊이 창궐하는 등 민심의 이완현상이 심각한 지경에 이르렀다.[187]

전술한 임진왜란 파병, 만주족의 급성장과 중국 침공, 각지의 농민(유적·토적·소수민족) 반란의 발발 및 이러한 내우외환에 대처하기 위한 명조의 가혹한 세역징수는, 명말 화북지방의 연속적 자연재해 발생 속에서 진행된 것이었다. 숭정년간이 되면 이 모든 것이 집약적으로 나타나는 소위 '왕조말기적 현상'이 가속화하였다.

숭정12~14년 화북·화중 일대에는 가뭄·蝗害·역병 등 심각한

186) 예컨대 山東 滕縣에서는 嘉靖末 大饑·大疫의 영향으로 "民死亡者十家而九 行境內數十里無炊煙"이라 할 정도였으며(顧炎武, 『天下郡國利病書』 山東 上, 四部叢刊 三編 手稿本, 臺灣 商務印書館, 1976, 160a), 畿南에서는 만력40년경 대홍수로 "流離載道 行路酸辛 又多苦疫癘 竟委溝瘠"이라 하여 水災, 流亡, 疫病이 동시에 전개되었다 (明『神宗實錄』 권493, 만력40년 3월 壬寅, p.9281).

187) 이러한 자연재해 상황에 대한 보고와 그 대응방안에 대해서는 해당 시기 『明實錄』에 매거할 수 없이 많이 나온다. 明『神宗實錄』 권389, 만력31년 10월 丁亥, p.7318(이하 같은 책) ; 권396, 만력32년 5월 丙子, p.7456 ; 권398, 만력32년 7월 癸亥, p.7481 ; 권400, 만력32년 9월 戊申, p.7501 ; 권402, 만력32년 10월 癸丑, pp.7525~7526 ; 권402, 만력32년 10월 己未, p.7528 ; 권402, 만력32년 10월 丁卯, p.7529 ; 권411, 만력33년 7월 甲戌, p.7675 ; 권412, 만력33년 8월 戊申, p.7718 ; 권414, 만력33년 10월 丁卯, p.7775 ; 권415, 만력33년 11월 癸酉, p.7782 ; 권416, 만력33년 12월 丙午, p.7822 ; 권419, 만력34년 3월 丁酉, pp.7941~7942 ; 권423, 만력34년 7월 甲戌, p.7993 ; 권442, 만력36년 1월 丙辰, p.8409 ; 권463, 만력37년 10월 甲子, p.8736 ; 권488, 만력39년 10월 丁卯, p.9193 ; 권493, 만력40년 3월 壬寅, p.9281 등 참조.

재해가 매년 계속되었는데, 특히 북직예·산동·하남의 접경지대를 중심으로 명 일대를 통틀어 제1급의 재난[三百年未有之奇荒][188]이 발생하였다. 당시 이 지역은 청병의 침공·약탈로 인한 피해가 극심한 데다가 이같은 자연재해까지 겹쳐 그 참상이 가중되었다. 당시 북직예 남부의 順德府 沙河縣의 재해상황에 대해 병과급사중 이영무는,

> 戊寅(숭정11년)에서 오늘에 이르기까지 5년 연속 재난이 계속되어, 士民들 중 虜賊, 土賊, 역병, 기근, 차역(의 과중) 때문에 죽은 자가 열에 아홉이나 됩니다.[189]

라고 관찰·보고하였다. 당시 이런 현상은 沙河縣을 비롯한 북직예·산동·하남의 3성 교계지역 일대에서 일반적으로 나타나고 있었다.[190] 중세와 심각한 재해 등으로 관내 인구가 대거 도망간 주현에서는 오히려 해당 지방관이 이를 보고하는 일조차 꺼릴 정도였다.[191] 이런 상황은 연쇄적인 악순환을 낳아 일상적인 세역부과조차 불가능한 지경에 이르렀다. 병과급사중 이영무는,

> 5년 연속 일어난 메뚜기(蝗), 가뭄, 구적, 역병 등의 재해로 백성은 열에 아홉은 도망가 버렸습니다. 지금 남은 1할의 백성에게 책임을 지워 도망자 9할 분의 세량을 납부케 하고, 여기에 채 익지도

188) 『明淸史料』 乙-10-903a, 「兵科抄出山東總兵楊御蕃題本」.

189) 李永茂, 『邢襄題稿』, 제8疏, 「奏報察過沙南平廣四縣疏」, p.21

190) 畿南의 邢襄 일대는 "戊寅被虜之後 繼以旱蝗盜賊瘟疫徵徭 民之死且逃者已十之八九 而沙河唐山爲甚"(李永茂, 『邢襄題稿』 제11疏, 「奏報察理事竣遵旨回奏疏」, p.27)이라 할 정도였다.

191) 『明淸史料』 任-4-351b, 「兵部行'兵科抄出眞保分監陳鎭夷題'稿」에 숭정13년경, 畿輔~黃河에 이르는 지역이 "流離溝壑 煙火幾斷 人皆相食 丁口盡耗 有司不肯告也"라 하였다.

> 않은 1년의 생산물로 4년 동안이나 밀린 체납분을 채우게 하는데, 이는 도저히 불가능합니다.[192)]

라고 보고하고, 남직예 일대에서 재해가 가장 심각한 지역으로 꼽히는 순덕부 沙河·唐山·內丘縣의 세량체납분은 면제해 줄 것을 청하고 있다. 명말 화북평원 일대에 수해, 청병 침공, 역병, 가뭄과 기근, 寇賊창궐 등이 얼마나 집중적으로 발생하고 있었는가는 아래 <표 1>의 몇 가지 사례를 통해서도 잘 드러난다.

〈표 1〉 숭정말년 산동 4개 현의 재해상황

	禹城縣(濟南府)	平原縣(濟南府)	益都縣(青州府)	蒙陰縣(青州府)	郯城縣(兗州府)
崇禎 10년	雨黑水	旱蝗			
11년	北兵陷城	大旱蝗			
12년	大疫. 十死八九		大蝗 大饑 人相食	12~14년: 蝗蝻連災, 民相食 14년: 土賊 史二 10만, 姚三 數萬, 李青山등 20만 劫掠	
13년	大旱饑. 豆米銀一兩餘	賑饑. 大旱蝗	蝗旱 大饑, 羣盜蜂起		大饑饉
14년	土寇 陷城	旱蝗. 父子夫婦相食 村落間杳無人…白日迷人行旅斷絶	大疫		泰安州의 土賊侵入, 傳染病
15년			清兵 略地	土賊 ; 城 陷落	清兵 侵攻
16년				李青山 餘黨 復起, 劫掠	
17년	疫. 土寇掠邑境 民逃散四方 晨絶炊煙				
出 典	嘉慶『禹城縣志』권11, 災祥志	乾隆『平原縣志』권9, 雜志, 災祥11, 災祥志	光緒『益都縣圖志』권6, 大事志	康熙『蒙陰縣志』권8 災異 ; 兵燹	康熙『郯城縣志』권3, 戶部志, 戶口

192) 李永茂,『邢襄題稿』제21疏,「奏報恭陳邢屬等事疏」, p.46.

<표 1>에 따르면, 郯城縣은 숭정13~15년 동안에 대기근, 전염병, 토적과 청병의 침공 등을 집중적으로 겪은 결과 인구가 격감하였는데, 만력13년(1585) 40,002丁이었던 것이 순치3년(1646)에는 9,927丁으로 격감하였다.[193] 재해 등으로 인한 인구격감 현상은 위 <표 1>에 거론된 나머지 현이나 화북의 여타 지역에서도 마찬가지였다. 한 예로, 산동 蒙陰縣은 만력43년의 대기근으로 수천 家가 하남으로 "살 길을 찾아[就食]" 유망한 이래 인구가 격감하기 시작하였고, 숭정12~14년 사이에는 "메뚜기 떼의 재해가 매년 연이어 일어나, 사람들이 서로 잡아먹었다[蝗蝻連災, 民相食]"고 할 정도였다.[194] 그 결과 몽음현의 인구는 강희22년이 되어도 명초의 68%, 만력40년 대비 42% 정도밖에 안되었다. 그 인구변화의 추이는 아래 <표 2>와 같다.

〈표 2〉 明末淸初 山東 蒙陰縣의 호구수 변화

	戶 數	%	口 數	%
洪武 24 (1391)	5,745	100	41,695	100
嘉靖 31 (1552)	5,993	104	56,216	135
萬曆 40 (1612)	6,985	122	66,772	160
順治 10 (1653)	1,983	35	18,075	43
康熙 22 (1683)	2,650	46	28,212	68
出典: 康熙『蒙陰縣志』 권1, 賦役志, 戶口				

이처럼 온갖 천재·인재가 연속적으로 발생하는 절체절명의 위기상황에 처한 화북인민은 목숨을 부지하기 위해 어떤 방도를 취

193) 乾隆『郯城縣志』 권5, 食貨志, 戶口, 18b, p.364.

194) 康熙『蒙陰縣志』 권8, 災異, 24b.

하였는가? 이들의 생존전략은 다음 장에서 살펴볼 지배층의 그것과 어떻게 달랐는가? 지역적 특성과 개별적 상황에 따라 제각기 달랐겠지만, 화북인민의 생존전략은 대체로 다음의 몇 가지로 정리해 볼 수 있을 것이다.

첫째, 유력자층에 투신하여 그 세력을 방패막이로 삼는 길이다. 여기서 유력자층이란 주로 관료·신사 등 사회지배층을 말하지만, 지주·상인과 같이 비특권층으로서 지역사회에서 일정한 재산과 영향력을 가지고 있고 그 예하로 들어가면 최소한의 생존은 보장해줄 수 있는 존재까지도 포괄할 수 있다. 생존의 위기상황에 몰린 백성들은 궤기·투헌 등의 방법을 통해 유력자층의 전호나 노복이 되었으며, 때로는 紀綱의 僕이 되거나 王府나 환관[礦稅使] 등에 投充하여 권력의 주구로 활약한 경우도 적지 않았다.[195]

둘째, 타지로 이주·流亡하여 새로운 삶을 개척하는 길이다. 이는 이갑체제의 전반적 동요, 전국적인 인구유동 현상과 함께 나타났다.[196] 화북평원지대는 명초 국가 주도의 대대적인 이민개간 정책으로 사회와 인구가 재편되고 이를 바탕으로 이갑체제가 형성된 특성이 있었다.[197] 그러나 그 과정에서 토착민[社民]과 이주개간민[屯民] 간에 구조적인 모순이 양성되고 여기에 화북사회에 내재한 이원대립적 요소, 환경적 열악성[198]이 상승작용을 일으켜 이갑체제가 급속히 와해되기 시작하였다. 명대 일반적인 인구이동 방

195) 吳金成, 「明末 湖廣의 社會變化와 承天府民變」, 『東洋史學硏究』 47, 1994, pp.94~111. 吳金成, 『國法과 社會慣行』, 제3편 「都市와 無賴」 참조.

196) 吳金成, 『中國近世社會經濟史硏究』, 제2편 1장 참조.

197) 鄭炳喆, 「明 前·中期 山東의 人口移動과 社會變化」.

198) 鄭炳喆, 「明代國家權力與地方社會－以華北地區爲中心－」, 中國社會科學院歷史硏究室 明史硏究室, 『明史硏究論叢』, 제7집, 2007.

향은 ①先開發地域 → 落後地域, ②農村 → 都市·手工業地域, ③都市·農村 → 禁山·鑛山區 등으로 정리될 수 있는데[199], 이러한 방향은 화북지방도 대체로 비슷하였다.[200]

이들 이주·유망민들은 도시로 흘러들어 일용잡부, 행상에서 도시 룸펜층까지 다양한 도시 빈민층을 형성하였고[201], 인근 농촌에 들어가 전호·雇農이 되거나 無主荒田을 개간하기도 하였다. 좀 더 멀리 갈 경우는 省間 경계지나 禁山區, 예컨대 남북직예·하남·산동의 4성 경계지역, 하남·호광·섬서 접경의 금산구로 대거 이동해 갔다.[202]

셋째, 각종 무장·폭력조직에 가담하는 것이다. 군대에 들어가거나 軍將領의 家丁으로 투충하거나 혹은 신사·지주층의 무장 자위세력에 가담하는 것이 이 경우에 해당된다. 환관이나 胥吏·衙役의 手下로 들어가거나 無賴집단에 투신하는 경우[203]도 이 범주에

199) 吳金成, 『中國近世社會經濟史研究』, 제2편 1장, pp.109~118 ; 吳金成, 「明中期의 人口移動과 그 影響-湖廣地方의 人口流入을 中心으로-」, 『歷史學報』 137, 1993, p.180.

200) 鄭炳喆, 「明 前·中期 山東의 人口移動과 社會變化」, pp.79~80.

201) 何良俊은 『四友齋叢說』에서, 明 正德년간 이후 稅役이 날로 가중된 결과 농민의 6~7할이 離農하여 奴僕·胥吏·衙役·商工業者·游手無賴로 되었다고 보고 있다.(권13, 史九, 中華書局, 北京, 1983, 排印本, p.112), 이는 강남지역에 대한 것이나, 위의 인구이동 패턴 중 ②의 農村 → 都市·手工業地域으로 이동한 경우에 해당하며, 그 상황은 화북에서도 비슷하게 전개되었을 것이다. 吳金成, 『國法과 社會慣行』, 제3편 제2장 참조.

202) 이런 인구이동의 유형과 그 방향에 대해서는 曹樹基, 「明代初年長江流域的人口遷移」(『中華文史論叢』 47, 1991) ; 吳金成, 「明中期의 人口移動과 그 影響」 ; 鄭炳喆, 「明 前·中期 山東의 人口移動과 社會變化」 등 참조.

203) 無賴는 "土着하면서 正常的인 職業에 종사하지 않고, 大小의 집단을 조직하여 사회의 裏面에서 非合法的 行動(주로 暴力)을 수단으로 생활하는 자"이다. 吳金成, 「明淸時代의 無賴: 研究의 現況과 課題」(『東洋史學研

들 수 있다. 관군이나 무장자위세력에 들어가거나, 환관·서리 등의 수하로 투신하는 경우를 편의상 '권력·半권력'에 가담한 것으로 볼 수 있다면[204], 토적·유적·教軍 등 각종 반란집단에 가담하는 것은 '反권력' 조직에 발을 디딘 것으로 볼 수 있을 것이다.[205]

극한상황에 몰린 백성은 이들 여러 종류의 무장·폭력조직에 가담함으로써 그 보호를 받으며 생존을 도모하거나 생업을 유지하고자 하였다. 토적집단의 세력범위 내에서 군수물을 제공하는 대신 생업을 보장받는 소위 '賊麥地帶'하의 농민[206]은 말하자면 소극적인 참여라 할 수 있을 것이다. 유적집단의 강요에 의해 어쩔 수 없이 반란집단에 가담하게 되는 俘獲·징발, '脅從' 혹은 '從賊' 행위는 반란군의 일원이 된다는 의미에서 좀 더 적극적 참가일 수 있겠다. 어떻든 백성으로서는 이러한 反권력집단으로의 투신이 '최소

究』 50, 1995), p.61 ; 吳金成, 『國法과 社會慣行』, 제3편 제2·3장 참조.

204) 명말의 官軍은 皇明을 받는 精鋭 군대에서부터 유력 장수의 私兵집단에 이르기까지 매우 다양했다. 따라서 그 중에는 土賊집단보다 더한 폐해를 끼치고 流賊와 별로 다를 바 없는 행동양태를 보인 경우도 많았다. 유력자층의 自衛勢力 또한 '武斷鄕曲'하는 횡포는 물론 반란집단화 한 경우도 있었으므로, 결국 權力·半權力·反權力의 속성을 구별짓는 것이 무의미할 수도 있으며 인민으로서는 어느 쪽이나 마찬가지였다. 한편 無賴集團의 경우 권력측에 무력을 제공하는 역할을 할 뿐 아니라, 教軍 등 종교집단을 '조직'하고 군사로 '훈련'시키는 역할을 하거나 반란집단의 중추적 戰力을 행사한 경우도 있었으므로(淺井紀, 『明清時代民間宗教結社の研究』, pp.276~279) 이들을 편의상 '半權力'적 존재로 보고자 한다.

205) 이외에도 명말 당시 抗租, 奴變, 兵變, 民變 등 다양한 인민투쟁이 있었으나 反權力性, 파급 範圍 및 持續性이라는 측면에서 일단 土賊, 流賊, 教軍만을 분석의 대상으로 한다.

206) 佐藤文俊, 『明末農民叛亂の研究』, 研文出版, 1985, pp.99~107.

한의 생존은 보장된다'는 의미에서 '유력자로의 투신'과 마찬가지로 넓은 의미의 '선택'의 결과일 수 있었다. 이러한 反권력적인 무장・폭력집단으로의 가담은 왕조말기적인 절대절명의 상황에서 더욱 급격하게 진행되었다.

이하 이러한 여러 무장집단이 구체적으로 백성과 어떤 관계를 가지는가를 살펴보기로 하자. 만력25년(1597) 刑部右侍郎 呂坤이 민중반란의 격발을 우려하면서 네 종류의 "幸亂之民"을 분류하였는데, 그것은 ①'無聊之民'으로서 기아에 몰려 생존책을 구하는 농민, ②'無行之民'으로서 무뢰집단, ③'邪說之民'으로서 白蓮教 등의 教徒, ④'不軌之民'으로서 반란을 꾀하고 이를 지도하는 무리 등이었다.[207] 결국 이들 네 종류의 무리들이 명말 여러 반란집단[208]의 주된 구성원이 되었는데, 이들은 대부분 이갑체제에서 이탈한 농민이었다. 일반 백성들이 반란집단과 맺는 관계는 일반적으로 '從賊' 혹은 '作賊' 등의 표현으로 포괄하는 경우가 많으나, 그 실제 모습은 다양하였다. 李青山 반란을 진압한 이후 숭정제는 論詔에서,

207) 呂坤, 『去僞齋集』 권1, 奏疏, 「憂危疏」, 6ab.

208) 명말 민중반란에 대해서는 많은 논저가 있으나 대표적인 저서만 거론하면 아래와 같다. 李文治, 『晚明民變』, 中華書局, 上海, 1948 ; 洪煥椿, 『明末農民戰爭史略論』, 江蘇人民, 1962 ; James B. Parsons, *The Peasant Rebellions of the Late Ming Dynasty*, University of Arisona Press, 1970 ; 谷川道雄・森正夫編, 『中國民衆叛亂史』 제3권, 平凡社, 東京, 1978~1983 ; 孫祚民, 『中國農民戰爭問題論叢』, 人民出版社, 1982 ; 顧誠, 『明末農民戰爭史』, 中國社會科學出版社, 北京, 1984 ; 王興亞, 『李自成起義史事研究』, 中州古籍出版社, 1984 ; 佐藤文俊, 『明末農民反亂の研究』, 研文出版, 東京, 1985 ; 野口鐵郎, 『明代白蓮教史の研究』, 雄山閣, 東京, 1986 ; 袁良義, 『明末農民戰爭』, 中華書局, 北京, 1987 ; 淺井紀, 『明清時代民間宗教結社の研究』.

> 조정의 대법으로 반역 무리들을 소탕하고 招撫하였다. 너희들 초무에 응한 民들은 원래 양순한 백성으로, 도적떼의 위협을 받거나 혹은 배고픔과 추위에 쫓겨 분별없이 무기를 들었으니 (이는) 부득이해서이다.[209]

라고 하여 '從賊'의 무리들에 대한 관용의 태도를 보였다. 그러나 이는 단순히 '恩詔'의 관용적 표현만은 아니었으니, 숭정13·14년경 산동의 濟南·兗州·東昌 三府의 상황에 대하여 總理河道 張國維는,

> 土寇는 춥고 배고픔 때문에 일어나는데, 온 천지가 재해를 입었으니 '從賊'을 원하지 않는 자가 없습니다. 대개 濟·兗·東의 주현은 성 바깥에 賊 아닌 자가 없습니다.[210]

라고 보고하였다. 성 외곽의 농촌지역은 온통 토적의 영향권 아래에 있었으며, 백성들이 토적에 가담[從賊]하는 것은 災害·饑寒 때문이라고 파악하였다. 같은 시기에,

> 오늘날 제남, 연주, 東昌府 일대에서 백성 중에 寇賊 아닌 자가 없고 구적 중에 백성 아닌 자가 없다. 이들은 모두 催徵의 고통 때문에 도망한 자들이다.[211]

라고 하듯, 인민의 도망·從賊은 정부의 가혹한 징세 재촉에 그 원인이 있었다. 만력년간에도, 산동 靑州府 蒙陰縣 知縣 杜洽은 "유망·이주한 자들을 초무할 필요"를 역설하면서, 백성의 도망

---

209) "朝廷大法 勦逆撫順 汝等就撫之民 原係醇良百姓 向爲臣寇所脅 或迫饑寒 冒昧鋒刀 出不得已…"(「賑山東就撫百姓詔」(숭정15년경), 『禎朝奏疏』 詔諭 권1, 45a).

210) 『明淸史料』 乙-10-933a, 「兵部題行'御前發下總理河道張國維題'稿」.

211) 『明淸史料』 乙-10-910a, 「兵部題行'兵科抄出山西道御史郝晋題'稿」.

원인을 "이갑의 가혹한 징세, 豪强의 겸병에 고통을 겪기 때문"이라고 보았다.[212] 요컨대 명말 화북민의 반란무리 가담은 재해로 인한 춥고 배고픔, 정부의 가혹한 징세, 호강의 횡포 등에 그 원인이 있었다. 백성의 '종적' 목적은 정부측의 표현을 빌면, "경각에 처한 목숨을 요행으로 부지하려는 것[幸偸旦夕之生]"[213]이었다. 말하자면 극한상황에 처한 백성이 그들의 생존을 최소한도 보장해 줄 수 있는 세력이라면 어디든 투신하는 것이 당시의 현실이었던 것이다.

한편 '從賊'에는 토적·유적의 침공이나 약탈을 피하기 위한 측면도 있었다.[214] '종적' 행위에는 賊에게 인적·물적 지원을 하는 경우까지 포함한다고 볼 때, 여기에는 "경각에 처한 목숨을 구하고"자 하는 절박한 궁민은 물론 빼앗길 인명과 재산이 있는 중·상류층도 상당수 포함되었을 것으로 생각된다.[215] 특히 종교집단[教軍]의 경우 有産者의 참여가 많았으며,[216] 生員 등 하층 독서

212) 杜洽, 「蒙陰縣地方利弊詳文」, 康熙 『蒙陰縣志』 권7, 藝文志, 詳文, 12a.

213) 『明清史料』 乙-10-910a, 「兵部題行'兵科抄出山西都御史郝晋題'稿」.

214) 清初의 사례이긴 하나 山東 夏津縣에서는 도적들이 가는 곳마다 표략을 하니 "鄕人欲從之免害"하였다 한다(乾隆 『夏津縣志』 권8, 人物志, 忠義, 「徐超」, 17a).

215) 『明清史料』 任-1-35a, 「兵部題行'兵科抄出江西道御史周昌晋'稿」에 의하면 숭정원년 당시 산동 沿海民은 "貧窮한 자들은 가난에 쫓겨 從賊하고 富者들은 禍를 입을까 두려워 奸徒에게 賄賂하거나 그들을 嚮導하는 등 부역을 하여, 결국 貧富를 물론하고 적에게 이용되지 않는 사람이 없다"고 하였다.

216) 『平妖奏議』 권1, 「報賊陷鄒滕二縣疏」에 "使白蓮而出于異類 也亦可預防 彼皆有房屋 有田土 版籍之赤子也"(淺井紀, 『明清時代民間宗教結社の研究』, p.273)라 하였다. 특히 명말 화북의 聞香教徒의 경우 위로는 外戚, 宦官에서 아래로 奴僕, 家丁에 이르기까지 거의 전 계층을 포괄하고 있었고, 教主 王氏 자신도 외척의 族人으로 北直隷를 중심으로 각지에 다수

인이 종교집단을 비롯한 명말의 여러 반란에 주도적으로 참가한 사례도 적지 않다.[217] 이들 신사・유력자층이 반란집단에 가담한 동기는 다양하겠지만, 약육강식의 혼란한 시대에서 일신의 생명과 재산을 지키기 위한 '保身家'적 행동의 일환으로 스스로 무장력을 갖추거나 각종 무장집단에 의탁하였던 것이 아니었을까. "토적집단은 半은 窮民이요 半은 良民"[218]이라고 했을 때의 '양민'에는 바로 이처럼 약탈을 모면하기 위해 賊에 협조하거나 가담한 신사・유력자층이 상당수 포함되었다고 생각되는 것이다.

그외 "망명한 자들을 모아 무리를 이루어 賊을 따르는데, (이들은) 겉으로는 향병행세를 하면서 몰래 賊黨의 불법을 저지르는"[219] 경우도 적지 않았다. 급향이 제대로 이루어지지 않은 점에 불만인 병사들의 종적 또한 심각한 사안이었다.[220] 그래서 盧象昇은,

> 병사와 백성들이 잇달아 從賊・作賊하는 것은 모두 살길을 찾기 위한 것입니다. 대개 생사의 문제는 전적으로 거주할 곳과 먹을 것 두 가지에 달려 있습니다.…賊 하나를 죽여도 종적하는 백성이 백 명이요 賊 백 명을 죽여도 종적자는 천 명입니다. (그러니) 죽은 자는 모두 賊이요 民이나, 賊의 두목과 교활한 자는 여전히 살아 있습니다.…듣건데 근래 섬서의 도적떼(李自成軍: 인용자) 속에

의 莊田을 두고 많은 佃租수입을 얻고 있던 대지주였다(同上, pp.273~275).

217) 淺井紀, 『明清時代民間宗教結社の硏究』, pp.281~282.

218) 『明清史料』 乙-6-599a, 「兵部題'兵科抄出山東巡撫王永吉題'稿」.

219) "羣亡命之徒聚衆從賊 陽爲鄕兵 陰爲賊黨" (『明清史料』 任-2-175b, 「兵部題'兵科抄出湖廣巡按余應桂題'殘稿」(숭정8년)).

220) 盧象昇, 『盧象昇疏牘』, 「剿寇第一要策疏」(浙江古籍出版社, 1984), p.86에 "民從賊多起於饑寒 兵從賊多緣於缺餉…臣思寇患如此猖獗 聖天子之憂也 士大夫之恥也"라고 함(밑줄은 인용자).

> 는 도망한 병사와 饑民이 많이 섞여 있다고 합니다.[221]

라고 하여 구적 소탕의 어려움을 토로하였다. 반란군에서 진정한 賊을 가려내기도 힘들 뿐 아니라, 가담한 농민이 귀농하더라도 기근이나 수탈 등 이들이 종적하는 근본적 원인이 해결되지 않는 한 언제든지 이들이 다시 반란에 가담할 가능성은 상존하였다.[222]

한편 '궁민'을 핍박하거나 '양민'을 약탈하는 점에서 관군의 행태는 때로 토적·유적보다 심하였다. 전술하였듯이 명 관군 중에는 명말 청병이 화북에 침공하였을 때 청 기병의 위세를 피해 "奴賊이 없는 곳에서만 주둔하고" 청병 기마군에 직면해서는 "두려워 떨며 앞으로 나가지 못하는" 소극적 태도를 보인 경우가 많았다. 반면 민간에서는 거의 예외없이 "奴賊보다도 더 심한 횡포"를 일삼았다.[223] 관군의 이런 행태는 流賊집단의 행태와 비교해서도 명료하다.

> 寇賊은 마치 성긴 빗[梳]과 같아서 지나가고 나면 그래도 남는 것이 있지만, 관병은 참빗[篦]과 같아서 한 번 지나가고 나면 남는 것이 없습니다.[224]

라고 할 정도였다. 청병의 침공에 대한 관군의 소극적 태도는 팔기 기마병의 파죽지세의 위세에 대한 두려움에 일부 연유한다고

---

221) 『盧象昇疏牘』, 「立寨併郇清野設伏增兵籌餉疏」, p.35.

222) 明末 華北의 反亂 발생 狀況에 대해서는 본서 말미에 첨부한 <부록: 표 1> 「明末 華北의 叛亂·兵事 발생상황」 참조.

223) "但悍兵避賊 偏駐無奴之地 或奴過即去 兵仍逗怯不前 焚人門戶器用 掠人金帛贏馬 抉人窖藏 淫人婦女 種種慘禍 視奴爲甚" (李永茂, 『邢襄題稿』, 「奏陳應策應催事宜疏」, p.10).

224) 孫承澤, 『山書』 권8, 「皇陵震動」, 浙江古籍出版社, 1989, 排印本, p.174, 숭정5년 9월 工科給事中 王家彦의 上奏.

할 수 있을 것이다. 그러나 유적집단에 대한 관군의 전투태세 또한 이에 못지 않았고, 더구나 민간에 대한 수탈·횡포가 청병이나 유적보다도 더 심하였다는 것은 결국 관군의 기강해이 문제로 귀결될 수밖에 없을 것이다.

사방에 도적떼가 횡행하고 어디서나 전쟁이 만연한 상황에서 화북의 백성들은 賊에게 당하고 官兵에게도 당할 수밖에 없는 처지에 있었다. 官兵의 횡포가 도적떼를 능가하였고 청병의 괴멸적 파괴와 약탈이 이어졌으며 천재와 인재까지 가세하는 상황이라면, 결국 백성들이 선택할 길은 스스로 도적이 되는 길밖에는 없었던 것이다.[225] 심지어 관군이 현지의 무장자위세력의 저항을 받는 상황까지 일어났다. 1644년 정월 大學士 李建泰가 이끄는 관군이 이자성군을 추격하던 중 북직예 順德府 廣宗縣에 도착했을 때, 현지 신사층이 "성을 굳건히 지키며 관군이 못들어오게[城守不納]" 저항하자 관군이 결국 무력을 써서 입성하였다. 북직예 東光縣에 도착했을 때에도 현지의 士民들이 "성문을 닫아걸고 막아지키는[閉城拒守]" 통에, 결국 사흘 동안이나 성을 공격하여 함락시키는 일까지 벌어졌다.[226] 하층민뿐 아니라 유력자층까지도 이처럼 '권력' 측의 횡포에 저항하는 상황이 도래한 것이다. 이러한 전반적인 치안의 위기 상황에서 국가나 지배층은 보다 근본적인 자구책을 모색하지 않으면 안되었다.

---

225) 『盧象昇疏牘』, p.49에 "今天下遍地是賊矣 到處用兵矣 而民且相繼死於賊死於兵 究之兵亦賊也 民亦不得不爲賊也"라 하여 이런 상황을 함축적으로 전하고 있다.

226) 計六奇, 『明季北略』 권20, 「李建泰督師」, 中華書局, 北京, 1984, 排印本, p.421.

제2장

明末 화북 지배층의 自衛活動

1. 향촌질서 유지의 방안

명말 화북사회의 동요와 치안의 위기상황에서, 국가는 국가대로 지방의 신사·유력자는 또 그들대로 각기 치안대책 마련에 골몰하였다. 국가적 차원의 치안대책으로는 중앙부서 특히 兵部 등에서 입안·실시한 여러 정책에서 찾을 수도 있지만, 당시 국가적 입장에서 질서유지·향병육성안 등 구체적인 치안대책을 제시한 영향력 있는 인물의 방안에서도 구할 수 있다. 본절에서는 1590년대~1640년대까지 화북지방을 대상으로 향촌질서 유지를 위한 제 방안을 제시한 呂坤, 徐光啓, 盧象昇, 楊嗣昌, 李永茂 5인의 방책을 순차적으로 살펴보고 그 속에 흐르는 일정한 경향 및 공통점을 도출해 봄으로써, 국가적 입장에서 명말의 관료·지식인들이 당시 위기상황을 어떻게 극복하려 했으며 그 의미는 무엇이었는가를 밝혀보고자 한다.

〈呂坤〉

명조의 전반적인 통치체제의 이완 상황이 표면화하기 시작한 것은 萬曆년간(1573~1619) 후반기부터였다. 당시 明朝는 소위 '萬曆三大征'을 비롯한 각종 전쟁, 자연재해, 중앙 재정의 파탄, 중앙·지방의 관료기강의 해이 등이 겹치면서 왕조말기적 현상이 나타나고 있었다. 산서순무 呂坤의 경세치용적 각종 개혁안 및 치안유지책은 이런 상황에서 제기되었는데[227], 여기서는 치안유지책 중에서도 향병육성책을 중심으로 살펴보고자 한다.

呂坤의 치안질서 유지책, 향병육성안은 산서순무 재임 중인 만력21년(1593)경에 제기되었던 것으로 추정된다.[228] 그의 향병육성안은 기존의 "10家를 甲으로 하고 10甲을 保로 하는" 보갑조직을 활용하여, 인민에게 무기를 공급하고 保正의 통솔하에 향병으로 훈련시켜 비상시에 대비하고자 한 것이었다.[229] 그 편성과 훈련은 지방관 감독하에 두되 군사경험이 있는 비번의 民壯을 훈련교관으

227) 呂坤의 각종 개혁안에 대한 연구성과는 아래와 같다. 日高一宇, 「明末の一官僚呂坤の體制批判と'實政錄'」(1)(2), 『北九州工業高等專門學校研究報告』 8, 1975 ; 谷口規矩雄, 「明末華北農村の危機と一鄕紳－呂坤の場合を中心として－」, 名古屋大學文學部東洋史學硏究室편, 『地域社會の視點－地域社會とリ-ダ-』, 1982 ; 谷口規矩雄, 「呂坤の土地丈量策と鄕村改革について」, 『明淸時代の政治と社會』, 1983 ; 谷口規矩雄, 「呂坤の鄕甲法について」, 『佐久間重男教授退休記念中國陶磁史論集』, 燎原, 1983 ; Joanna F. Handlin, Action in Late Ming Thought: The Reorientation of Lü K'un and Other Scholar-Officials, University of California Press, 1983 ; 王家儉, 「呂坤的憂患意識與經濟思想」, 國立臺灣師範大學, 『歷史學報』, 1985-13.

228) 呂坤, 「摘陳邊計民難疏」, 『明經世文編』 권416, 1a~23b, 5-4504~4515. 呂坤이 이 글을 상주한 시기는 그가 山西巡撫로 재임하던 시기(만력20~21년)의 말기로 추정되고 있다 (鄭涵, 『呂坤年譜』, 中州古籍出版社, 1985, p.65).

229) 呂坤, 「摘陳邊計民難疏」, 『明經世文編』 권416, 11a~14a, 5-4509~4510.

로 삼았다. 편성·훈련의 강제성, 나아가 훈련성과에 따른 상벌규정, 이러한 치안방비책을 준행하지 않는 지방관에 대한 처벌까지 제시한 점에서, 여곤의 방안은 상당한 구체성과 강제성을 구비한 것이었다. 이렇게 하여 조직된 향병은 "도적의 잠입을 감시하는 규찰조직, 구적의 공격을 막는 자위군, 황제를 근위하는 충의군, 그리고 변란을 막고 관군의 횡포를 막는 민간군으로서의 역할"이 기대되었다.[230]

여곤의 향병조직은 그 편성 및 감독을 형식상 지방관의 통제하에 두었다. 그것은 그가 "천 명의 良民을 얻는 것보다 한 사람의 현명한 守令을 얻는 것이 더 중요하다"[231]라고 하여 향촌통제에 있어 지방관의 위상을 매우 중시했기 때문이다. 그러나 그는 동시에 "오늘날의 관료 중에 현명한 자는 열에 하나 정도이다"[232]라 한 것처럼 믿을 만한 지방관이 드문 '비관적 현실' 또한 직시하고 있었다. 따라서 향병조직의 실질적인 운용은 지역의 유력자에 의존할 수밖에 없었다.

여곤은 기존의 향약, 보갑제를 합친 형태로 '鄕甲法'[233]의 시행을 주장하였는데, 그 중 향촌자위조직의 편성·훈련에 관한 조항을 보면, 향갑의 지도자인 保正, 保副는 "재력과 영향력이 있고[殷實力量]" "강건하고 행동거지가 사람들을 설복시킬 수 있는[强壯

230) 呂坤, 「摘陳邊計民難疏」, 『明經世文編』 권416, 13a, 5-4510.

231) 呂坤, 『實政錄』 권5, 鄕甲約 권2, 18a.

232) 呂坤, 「摘陳邊計民難疏」, 『明經世文編』 권416, 13b, 5-4510.

233) 呂坤의 鄕甲法은 저서 『實政錄』 권5, 鄕甲約 권1~6에서 그 목적과 구체적 실시방안을 상술하고 있다. 이에 대해서는 谷口規矩雄, 「呂坤の土地丈量策と鄕村改革について」; Handlin, *Action in Late Ming Thought: The Reorientation of Lü K'un and Other Scholar-Officials* 참조.

行止服人]" 자를 선발하되, 무뢰가 임명되지 않도록 하고 관리의 정실개입은 철저히 배제하여야 한다고 하였다.[234] 즉, 재력, 영향력, 강건한 능력, 지도력 등을 갖춘 현지 유력자로서 향촌의 통제·방위의 요체인 '鄕甲'과 '鄕兵'을 운용하게 한 것이다. 여곤은 당시 화북사회의 '신사우면 문제'의 심각성에 대해 지적하고 그것이 일조편법 시행의 효과를 무산시킨 근본 원인이라고까지 지적한 점 등으로 보아,[235] 일방적으로 신사의 입장만을 옹호한 것은 아니었다. 그러나 위와 같은 현지 유력자 속에는 신사층이 포함되는 것을 배제하는 것은 아니었다. "천하 민심이 조정을 떠나 반란을 일으킬 징조"가 만연하고 "관료 중 賢者가 1할밖에 안되는" 현실에서, 향촌질서의 안정을 위해서는 신사·유력자의 역할이 절대적으로 필요했던 것이다.

여곤의 향병육성안은 기존의 보갑제와 民壯制를 근거로 한 것인 만큼 제도적인 연속성이 있었고, 鄕甲法이라는 그의 독특한 향촌통제책과의 연관 속에서 제시된 것이었다. 그것이 비록 산서지방의 사회불안 대책으로 제시된 것이고 그의 고향 하남지방에서의 경험에 바탕한 것이긴 하지만, 비슷한 상황에 처해 있었던 화북일대에서 널리 시행될 수 있는 방안이었다. 그리고 그의 방안은 이후 명말 향촌질서의 안정을 위한 여러 방책에 기본적인 방향을 제시하는 전거이자 모범이 되었다.

〈徐光啓〉

서학파 실학자이자 중국근대과학의 선구자로 꼽히는 徐光啓는

234) 呂坤, 『實政錄』 권5, 鄕甲約 권2, 17a.

235) 呂坤, 『去僞齋集』 권1, 奏疏, 「摘陳邊計民艱疏」, 22a~24a ; 同上, 「論錢糧疏」, 49a~50a.

군사전문가이기도 했다.[236] 만력47년(1619) 소위 사르후 전투에서 요동경략 楊鎬가 이끄는 40만 명군이 후금군에게 참패하면서 명 조정은 큰 충격에 빠졌다. 이에 서광계는 楊鎬군의 패인을 분석한 「遼左阽危已甚疏」를 올리고[237], 여기서 인재 발굴, 무기 구비, 精兵의 선발·훈련, 도성방어시설 건설, 외국(조선)과 연계 등 5가지 방략을 제시하였다. 그가 평시 "强國이 되려면 반드시 正兵을 갖추어야 한다"[238]라고 하였듯이, 강국은 正兵(精兵)에 있고, 정병은 眞才 선발이 관건이었다. 즉, 인재 선발이야말로 그의 군사전략의 최우선 과제였으니, 무기 제조건 병사 훈련이건 모두 제대로 된 인재가 있어야 가능한 일이라고 보았기 때문이다.

서광계의 강병책이 큰 호응을 얻어, 이부상서 趙湙, 공과급사중 祝耀祖 등의 관료들이 잇달아 서광계를 중용하라는 상소가 주효하여, 만력47년(1619) 8월 詹事府少詹事兼河南道監察御使의 직책을 얻어 練兵업무를 맡게 되었다. 당시 서광계가 명군의 군사조직을 정비하고 전투력을 높이기 위해 제시한 방책을 살펴보면,[239] 병사의 훈련여건의 개선과 유능한 장령의 등용(「駐箚」, 「副貳」, 「將領」항목. 이하 같음), 병사·장령에 대한 후한 대우(「待士」), 최신 군장비의 보급(「軍資」), 교관·工匠 등 각종 인원의 모집·징발과 정예 전투병

---

236) 施宣圓, 「徐光啓的軍事活動」, 『社會科學』 1983-11. 이하 서광계의 군사활동에 대해서는 이 논문과 盧鍔, 「徐光啓的軍事改革思想」(『軍事歷史』 1987-6) ; 金亨錫, 「明末 徐光啓의 救國運動」(『慶熙史學』 16·17, 1991) 등을 참조함.

237) 徐光啓, 『徐光啓集』 권3, 練兵疏稿1, 「遼左阽危已甚疏」, 上海古籍出版社, 1984.

238) 徐光啓, 『徐光啓集』 권10, 書牘1, 「復太史焦座師」.

239) 徐光啓, 『徐光啓集』 권3, 練兵疏稿 1, 「恭承新命謹陳急切事宜疏」 ; 同上 권4, 「練兵疏稿」 ; 同上 권6, 「守城製器疏稿」 등 참조.

의 선발(「近募」, 「徵求」, 「揀選」), 그리고 이러한 여러 군사업무 수행을 위해 민간의 역량을 적극 활용하는 방안(「勸義」) 등으로 분류할 수 있다. 서광계가 경세치용가이자 군사전문가였던만큼 그 내용은 구체적이고 실용적이며, 전술적 유용성까지 갖춘 매우 정치한 것이었다.

서광계의 여러 군사방안 중에서도 특히 주목을 끄는 것은 「議勸義」로, 민간의 역량을 이용하고자 하는 내용이 주를 이루고 있다. 그 한 방안인 「三義激勸之法」[240]에는 군사모집과 비용조달 등에 공이 있는 民을 '義募', '義餉', '義薦'의 세 부류의 義人으로 칭송하고 이들을 우대할 것을 주장하였다. 그 구체적 내용은 다음과 같다.

①義募: 재력있는 자가 官에 보고한 후에 스스로 壯士를 선발하고, 이들 집안의 생계비[安家銀兩], 여비 등을 부담하여 이들을 수도로 보내면, 그 선발자에게 '義募'의 호칭을 내린다. 중앙에서 장사들을 부대로 편성하여 무기와 식량을 지급한다. 이들 중에서 臣[서광계]이 우수한 자를 선발하여 '協忠營'이라는 부대를 편성하였다. 이후 그 병사가 공을 세우면 '義募'를 표창하였는데, 도적 20명을 벨 때마다 1급씩 서훈하였다.

②義餉: 재력있는 자가 스스로 장정을 선발하고 식량을 조달하며, 이들 집안의 생계비, 무기, 여비, 월급 등을 모두 부담하여 해당 지방관에게 보고하면 '義餉'의 호칭을 내린다. 신이 장사 중에서 우수한 자를 뽑아 '大義營'을 편성하였다. 그 병사가 도적 1명을 벨 때마다 '의향'에게 1급씩을 서훈하였다.

③義薦: 낼 돈은 없으나 호걸을 불러모을 수 있는 자에게 '義薦'

240) 徐光啓, 『徐光啓集』 권3, 練兵疏稿1, 「恭承新命謹陳急切事宜疏」, p.126.

의 칭호를 부여하고, 뽑혀온 자는 모두 兵籍에 올린다. 이들이 도적 10명 이상을 베는 공을 세울 때마다 '義薦'에게 1급씩을 서훈한다.

이와같은 세 종류의 "義人"은 무관으로는 指揮僉事 이상까지 승급할 수 있으며 문관직을 원하면 그에 상응하는 품급을 준다. "공훈으로써 죄를 면하기[以功贖罪]"를 원할 경우에는 형평에 따라 죄의 경중을 매긴다. 문·무의 관직 경험자일 경우는 공에 상응하여 기용한다.

서광계가 말한 '義募', '義餉', '義薦'의 세 義人은, 관부에서 해야 할 병력충원·급향을 대신할 만한 현지 유력자층을 상정한 것이었다. 재력과 영향력이 있는 民이 일정 수 이상의 장사를 모집·추천하고 이들에게 병향을 공급하는 등의 공로가 있으면 정부에서 이들에게 위 세가지 '義人' 명칭의 편액을 내려주는 방안이었다. 여기에 그치지 않고 그렇게 선발된 장사가 군공을 세우면 그 전공에 따라 천거·모집한 의인에게도 표창하여 일정 등급의 文武官으로 입사할 수 있도록 한 것이다.

여기서 주목되는 점은 서광계가 '義餉' 즉 軍餉조달의 공을 가장 높이 샀다는 점인데, 이는 그가 "병사를 선발하여 군대에 편제하는 일은 별로 어렵지 않으나 (진짜) 어려움은 군향 조달에 있다"[241]고 한 지적과 같은 맥락이었다. 당시 명조로서는 계속되는 내우외환에 따른 과중한 군사비 지출, 각종 재해에 의한 손실, 減稅·구휼의 비용, 각종 재정지출의 증가, 중앙정치의 문란과 왕실의 사치 등의 여러 요인으로 재정상태가 갈수록 악화되고 있었다. 전란과 자연재해가 연이어 발생하고 민의 담세 능력을 훨씬 상회

---

241) "但選取招致 尙不爲難 難在軍需"(『徐光啓集』 권6, 守城製器疏稿, 「欽奉明旨敷陳愚見疏」, p.311).

하는 三餉 등 추가징세가 계속 누적되어, 세금징수의 기반 자체가 붕괴해가는 상황이었다. 그만큼 軍餉 문제가 用兵에 가장 큰 걸림돌이었고, 서광계의 練兵案은 이를 그대로 반영하고 있었던 것이다.

서광계는 만력47년(1619) 9월 詹事府少詹事로 임명되어 練兵업무를 총괄하게 되었지만, 조정 중신들의 소극적 태도 혹은 견제, 병사・군향・무기의 부족 등 여러 사정으로 실무를 추진하지 못하였다. 이듬해 4월에야 겨우 북경 교외의 군사요충지 通州, 昌平에서 병사의 선발・훈련에 착수할 수 있었다.[242] 하남에서 응모해온 民兵 총 1,906명 중에서 건장한 남아로 훈련하고자 원하는 자 1,305명을 선발하여 본격적으로 훈련하고, 그 중 부적격자 654명을 원적으로 돌려보냈다. 산서・섬서의 3개 병영의 민병 7,825명 중에서 3,170명을 솎아내고 남은 4,655명에다 兵部指揮 宋純臣의 家丁 100명을 합쳐 도합 4,755명을 훈련시켰다. 이들 선발된 인원에게는 매월 은 4錢이라는 파격적 우대를 하여 훈련 의욕을 돋우도록 했다.

각지에서 신병은 계속 도착했으나 捐金으로 겨우 충당했던 병향이 바닥나고 중앙의 지원도 어렵게 되자, 당초의 훈련계획에 차질이 생겼다. 그 와중에 延綏유격이 이끌고 온 3천 병사들이 급향부족을 이유로 경사로 군향을 청구하러 간다는 소란을 일으켜 일촉즉발의 상황이 발생하기도 했다. 결국 서광계는 練兵이 원활치 않고 급기야 과로로 인한 발병까지 겹쳐, 결국 70여 일만에 병사훈련 직무를 사직하고 귀향하였다.

"徐詹事(光啓)가 훈련시켜 파병한 군사들의 (요동의 전장에서) 활약이 두드러졌다"는 평가가 있었고[243], 서광계가 병가를 받고 쉰

242) 『徐光啓集』 권4, 練兵疏稿 2, 「簡兵事竣疏」, p.165.

이후 재기용 될 때 "이전의 練兵案이 뛰어나고 효과가 있으니 따로 상주해 올려라"[244]는 황명을 받은 점 등으로 볼 때, 서광계의 練兵案은 어느 정도 성과를 얻은 것도 사실이었다. 그러나 萬曆말~天啓년간의 중앙정치의 혼란과 급향의 부실로 말미암아, 당초의 계획대로 練兵案을 지속하지 못하였다. 이런 상황에서 민간 유력자의 역량을 동원하려 한 '義募', '義餉', '義薦' 등의 義人발굴안 또한 제대로 실현되지 못하였다.[245]

〈盧象昇〉

盧象昇은 명말 농민반란 진압에 진력하고 공을 많이 세운 고관으로, 숭정7년(1634) 경에 鄖陽·湖廣순무, 숭정8년에 總理江北·河南·山東·湖廣·四川等處軍務(이후 山西·陝西軍務 추가), 그리고 숭정9년경에 宣大·山西총독을 역임하였다. 그는 직무수행상 농민반란 진압이 주된 임무요 공적이었지만, 그 내실을 얻기 위해 지역사회의 치안회복과 향촌방위문제에도 상당한 노력을 기울였다.[246]

노상승은 본격적인 반란진압의 총책을 맡기 이전, 北直隸 大明道 兵備按察使로서 畿南지방에서 十家牌法, "山寨를 세우고 촌락을 합병하는[立寨併村]"정책을 추진하는 등 隣保·자위조직 수립

---

243) 徐驥, 「文定公行實」, 『徐光啓集』 부록 1, 傳記, p.554.

244) 이에 徐는 자신의 군사전략·練兵의 계책을 총괄한 「申明初意錄呈原疏」(天啓元年 5월 9일, 『徐光啓集』 권4, 練兵疏稿, p.183)를 제출하였다.

245) 이후 요동의 상황이 급박해지면서 서광계가 다시 중용되어, 마카오에서 서양식 대포를 구매하고, 청병의 화북침공에 대응하여 京城방어 전략을 마련하며, 산동 登萊순무 孫元化가 이끄는 登萊軍를 기계화 정예부대로 육성하는 일을 추진하였다(施宣圓, 「徐光啓的軍事活動」, 『社會科學』 1983-11, p.49).

246) 『盧象昇疏牘』 참조.

에도 상당한 성과를 얻었다.[247] 그는 이런 경험을 바탕으로 향촌방위안을 다수 제시하였던 바, 각지의 인문·지리적 환경의 차이를 고려하기만 한다면 그의 향촌방위안은 화북 전역에서 실시가능한 것이었다.

노상승의 향촌방위안은 지역 방위, 향병 육성, 그리고 이를 수행하기 위한 재원 확보라는 세 가지 측면으로 나누어 살펴볼 수 있다. 그의 지역 방위안의 핵심적 전술은 ①산간에는 산채를 건설하고[立寨], ②평지에는 촌락을 합병하며[倂村], ③산간·평지 모두 들판의 곡식을 불태우며[淸野], ④요처에 火器부대를 매복시킨다는 등의 네 가지로 요약할 수 있다.[248] 이 안은 운양지역을 대상으로 한 것이지만, 그가 기남지방에서 직접 실시한 바 있는 '立寨倂村'의 경험을 바탕으로 한 것이므로 화북지방이 오히려 그 원형이었다. 그 중에서 ①, ②는 지형상황에 따른 선택적인 방어의 전략으로, 산간지역에서는 산채를 구축하여 인근 촌락민들을 이곳으로 피신·결집시키고, 평지에서는 중소촌락을 방어체제가 상대적으로 더 잘 갖춰진 큰 촌락에 합병시켜 방어역량을 키우고자 한 방안이었다. ③, ④는 산간·평지에 공히 적용되는 것으로, 들판의 곡식을 모두 태워 없애고 매복전술을 구사하며 화기를 갖추는 등 구체적 전술에 해당되는 것이었다.

노상승의 향병육성 방안은 기본적으로 "향토를 지키는 것은 지역주민이요 도적을 소탕하는 것은 관군이다"[249]라는 입장에 바탕을 두고 있다. 향토방위는 원칙적으로 현지 주민의 책무이며, 自衛

247) 『盧象昇疏牘』, 「立寨倂村七款」, pp.49~50.

248) 『盧象昇疏牘』, 「立寨倂邨淸野設伏增兵籌餉疏」, p.35 ; 同上, 「立寨倂村七款」, pp.49~50.

249) 『盧象昇疏牘』, 「立寨倂村七款」, pp.49~50.

를 위해서는 향병의 육성·활용이 가장 효율적이라 보았다.[250] 노상승은

> 온 천지가 賊이고…백성은 줄줄이 賊에게 죽고 官兵에 죽으니, 결국 관병 역시 賊(과 마찬가지)이다. 이러니 백성이 도적을 따라가지[從賊] 않을 수 없다.[251]

라고 하여, 관병이 구적을 소탕하는 것이 본연의 임무임에도 불구하고, 실제로는 민간에서 부리는 횡포가 심각한 상황임을 잘 인지하고 있었다. 따라서 지역민의 생명·재산은 스스로 지키지 않을 수 없으니, 이런 상황은 행정력이 미치기 힘든 곳일수록 더욱 절실했을 것이다. 더구나 "백성이 도적을 따라가는 것은 춥고 배고픔 때문이고, 관병이 (도망하여) 도적을 따라가는 것은 병향 부족 때문이다"[252]라 한 것처럼, 병향 부족으로 인해 관병까지도 離叛하는 현상이 적지 않았다. 기존의 지역사회 질서체계가 붕괴해서 백성들이 유망·종적하고, 관병까지 평소 도적보다 더한 횡포를 부리는 것은 물론 반란세력화하는 현상이 만연하였다.

이런 상황에 대처하여 노상승이 제시한 향촌방위 방안은 지역사회의 신사·유력자의 적극적 협조를 상정하는 것이었다. 노상승이 "구적의 환란이 이토록 심한 것은 聖天子의 근심이요 사대부의 치욕입니다"[253]라고 한 것은, 향촌방위 등 치안문제에 대한 사대부의 분발을 독려하기 위한 것으로 이해될 수 있다. 여기서 말하는 '사대부'는 '천하사를 걱정하는' 신사층을 지칭하는 것이겠지만, 노

250) 『盧象昇疏牘』, 「立寨併邨淸野設伏增兵籌餉疏」, p.36.

251) 『盧象昇疏牘』, 「立寨併村七款」, p.49.

252) 『盧象昇疏牘』, 「剿賊第一要務疏」, p.86.

253) 『盧象昇疏牘』, 「剿賊第一要務疏」, p.86.

상승이 향촌치안회복의 지도자로 상정한 인물은 지역의 유력자층까지도 포함하고 있었다.

노상승은 향촌방위의 총책임자인 團長과 훈련책임자인 練長의 선발을 중시했다. 團長으로는 "경험많고 숙련되며 집안이 괜찮은 자[老成練達 有身家者]"를 뽑고, 練長으로는 "건장하고 용감하며 기술과 무예가 있는 자[壯健勇敢 有技藝者]"를 선발하도록 하였다.[254] 이들은 실질적으로 향촌방어조직을 총괄하는 핵심지위를 맡은 지역사회의 유력자였고, 지방관은 이들을 '公擧'하여 공인해 주어 그들의 권위를 뒷받침해 주도록 하였다.

평지촌락일 경우는 산촌보다 인구가 많고 인구왕래가 많으므로, 단장・연장을 公擧하는 외에 따로 十家牌法을 살려 향촌사회를 규제하고자 하였으며, 기존의 鄕約, 地方, 保長 등과 같은 민간조직・지도자층을 활용하는 보완책을 제시하였다.[255] 주목을 끄는 것은, 향병의 실질적 군사지도자인 향병장에게 '練兵', '把總', '鄕兵教頭'와 같은 準官的 지위를 부여하고[256] 각종 잡역[雜泛差役]을 면제하여 우대하는 방안을 마련한 점이다.[257] 이는 지역의 유력자층을 적극 향촌방위활동에 참여시키기 위한 것이었는데, 그만큼 그들의 역할이 중요하고 기대되었음을 알 수 있다.

물론 유력자층을 향촌방위의 지도자로 선발하여 일정한 직책을

---

254) 『盧象昇疏牘』, 「立寨併村七款」, p.50.

255) 『盧象昇疏牘』, 「立寨併村七款」, p.51.

256) 『盧象昇疏牘』, 「敲練鄕勇」, p.64. 아마도 위의 團長에 준하는 것이 '練兵', '把總'이고, 위의 練長에 준하는 것이 '鄕兵教頭'였던 것 같다. 후술하듯이 이 방안은 숭정10년경 병부상서 楊嗣昌의 '練總案'과 비슷하다. 이처럼 향병두목에게 準官的 지위를 부여하는 방안은 당시 흔히 보인다.

257) 『盧象昇疏牘』, 「敲練鄕勇」, p.64.

부여하고 방위체제를 운용함에 있어 官이 시종 개입한 것은 사실이다. 노상승의 향병육성안에 따르면, 지방관이 향병의 조직, 향병장의 임명뿐 아니라 향병지도자의 각종 차역의 면제, 향병 중 유공자에 대한 포상, 향병과 의용의 조직 관리 등의 책무를 맡도록 하고 있다.[258] 또 지방관이 地方·鄕城·保甲人戶의 정확한 인원을 단속·파악하는 등의 업무를 책임지도록 하며[259], 따로 전임관을 설치하여 예속하의 城守, 保甲, 鄕兵 등을 감독하도록 하였다.[260] 관병과 향병 등 무장세력이 민가에 횡포를 부릴 경우에 대한 상세한 벌칙규정을 마련하여, 전임관이 책임지고 이를 단속하도록 하고 있다.[261] 그러나 노상승이 민간의 향촌자위활동에 대해 이러한 관의 지도·감독을 설정한 것은, 다분히 지역의 치안·방위·군사활동을 총괄하는 순무라는 고위관료의 입장이 반영된 '大원칙'의 차원에서 보아야 할 것이다. 향촌방위활동의 '현실', 즉 향병을 모집하고 그들의 급향을 담당하고 훈련·통솔하는 실무차원에서는 역시 현지 유력자의 영향력과 조력이 절대적으로 필요하였음은 전술한 바와 같다.

이제 남은 것은 노상승이 가장 중요하게 생각하였으나 현실적으로 가장 어려운 문제였던 재원조달의 방법이었다. 노상승은 향병의 조직·운영과정에서와 마찬가지로 이 문제도 지역유력자의 역량에 크게 의존하는 방안을 제시하였다. 盧는 일률적인 추가징세[加派]에 의한 재원조달은 빈민만 더 고통스럽게 할 뿐이라고 판단하여 이에 반대하고,[262] 대신 財力에 상응한 재원조달 방법을 강구하여

258) 『盧象昇疏牘』, 「鼓練鄕勇」, p.64.

259) 『盧象昇疏牘』, 「淸伏戎除土寇」, p.61.

260) 『盧象昇疏牘』, 「査飭守禦」, p.56.

261) 『盧象昇疏牘』, 「申明軍律」, pp.62~63.

"납세량에 따라 돈을 내는[因糧輸助]" 원칙을 제시하였다.[263]

노상승은 군향조달을 위해 돈을 낼 대상으로 세 부류를 꼽았다. 즉, ①향신[문무향관], ②하층신사[거인·공생·감생·생원·무거인·무생원], 서리·아역[衣冠職役者: 快壯, 皂隷 등], ③향민백성의 세 등급이었다. 이들에게는 연납액을 차등적으로 할당했는데, 예컨대 향관은 관직에 있건 귀향해 있건 불문하고 납세액의 1/10을, 하층신사와 서리·아역은 향관의 절반 수준에 해당하는 1/20을 내도록 하였다. 세 번째인 '향민백성'에게는 당초 납세량 10냥 이상의 재력을 가지면 연납하도록 했으나, 나중에 전액 면제해 주는 쪽으로 방침을 바꾸었다.[264] 군향을 낼 대상자에서 향민백성은 당초 하층신사와 동격이었으나 이후 분리·차등화되었고, 대신 서리·아역이 새로 들어가 하층신사와 동급의 연납대상자로 거론되게 되었다. 서리·아역을 새로 연납대상자로 넣고 거·감·생원과 동급의 助餉銀을 부과한 점에 대해 노상승은 다음과 같은 이유를 들었다.

> 토호·부호는 대부분 아역에 취역하여 신분을 보호하고 있으므로, 만약 이들을 연납부과의 대상에서 뺀다면 부정부패가 백출할 것이기 때문이다.[265]

그러나 이상과 같은 노상승의 지역 방위안·향병 육성안·재원조달안 등은 황제가 지지를 보냈음에도 불구하고 큰 성과를 얻지 못한 듯하다. 노상승은 "강북·하남·호광지역에서 구적 토벌에

---

262) "蓋加派累民 恐累貧民耳 田多者 自是不貧 何累之有"(『盧象昇疏牘』, 「剿寇第一要務疏」, p.87).

263) 『盧象昇疏牘』, 「剿蕩三大機宜疏」, pp.104~105.

264) 『盧象昇疏牘』, 「剿寇第一要策疏」, p.87 ; 同上, 「剿蕩三大機宜疏」, p.104.

265) 『盧象昇疏牘』, 「剿蕩三大機宜疏」, p.105.

종사하면서 100여 개 주현을 돌아보니, '연납'[輸助]이 분명한 데도 '추가세 징수'[加徵]로 오인되고 있다"[266]고 토로하였다. 연납 징수가 실무 차원에서 遼餉과 같은 강제적인 추가세 징수로 둔갑하고 있는 폐단이 있었던 것이다. 이에 노상승은 '輸助'가 '加徵'과 다른 점은 1회성에 있다는 점을 천명하면서, 다음과 같은 수정안을 제시하였다. 즉, "향신은 토지세 1냥 당 2전(2/10), 士民 중 토지세 5냥 이상은 1전(1/10), 5냥 미만이거나 전화를 입은 지역은 면제한다"고 규정하고 이를 단 1회만 걷을 것을 강조하였다. 종래의 방안보다 연납율을 2배로 올린 대신 1회임을 강조하고, 아마도 성과가 거의 없었기 때문이겠지만 종전의 서리·아역에 대해 부과하려고 한 내용은 제외되었다. 결국 盧의 향촌방위안은, 향병의 조직뿐 아니라 그 성패 여부를 결정짓는 재원조달에서도 결정적으로 현지의 신사·유력자층에 의존하는 것이었다.

〈楊嗣昌〉

楊嗣昌은 숭정10년경 병부상서로서, 당시 화북 일대를 유린하던 유적집단을 효과적으로 진압하고 향촌질서를 회복시키기 위해 여러 방안을 입안·추진하였다. 그의 군사작전은 크게 ①광범위한 유적 포위작전, ②재원조달을 위한 剿餉 징수안, ③지역방위 및 練總육성 방안 등으로 대별해 볼 수 있다.

숭정9년 7월경 화북의 유적반란군은 지도자 高迎祥을 잃고난 후, 張獻忠을 중심으로 한 하남·호북세력과 李自成을 중심으로 한 섬서·감숙세력으로 양분되었다. 숭정10년 3월에 병부상서로 임명된 楊嗣昌은 약화된 유적세력을 일거에 섬멸하기 위해 소위

266) 『盧象昇疏牘』, 「定止輸餉疏」, p.106.

'열 방면의 그물작전[十面之網]'을 계획하고[267], 이러한 유적 포위작전을 수행하기 위한 재원으로 '剿餉'안을 제기하였다.[268] 양사창은 이 방안을 실현시키기 위한 구체적 방안으로, 병사 12만 명을 증원하고 초향으로 280만 냥을 추가로 징수하기로 계획하였다.

특히 병향 추가징수의 방법으로 '因糧', '溢地', '事例', '驛遞'의 네 가지 안을 세웠다. '因糧'은 납세액에 비례해서 추가징세하는 방법으로, 畝當 6합(銀 8전)씩을 부가하여 도합 190여만 냥을 징수하기로 계획하였다. '溢地'는 징세원액에 누락된 전토에 과세하는 것으로서 40여만 냥을 상정하였다. '事例'는 富民이 연납을 통해 監生[예감생]의 지위를 얻을 수 있게 한 것이며, '驛遞'는 역졸을 삭감함으로써 銀 20만 냥을 절감하기로 한 안이었다.[269]

'十面之網'책과 같은 광역의 유적포위작전이 효과를 보기 위해서는 지역사회에서 횡행하는 토적집단을 제압해야 하고, 이들 토적을 제압하기 위해서는 주현 단위로 방어체제를 정비하여야 하였다. 즉, 십면지망의 군사작전은 지역방위의 기초가 튼튼해야 하는 것이므로, 향촌방위의 군사활동뿐 아니라 민심을 수습하고 향촌사회를 통제하는 전반적인 향촌사회 안정책도 동시에 제시하였다. 바꾸어 말하면, 양사창의 지역방위안은 중앙이 추진하는 국가적

---

267) '十面之網'의 작전은 陝西·河南·湖廣·江北을 '四正'으로 삼아 네 巡撫가 토벌작전을 분담하되 독자적인 방어를 하고[分剿而專防], 延綏·山西·山東·江南·江西·四川을 '六隅'로 삼아 여섯 巡撫가 방어를 분담하되 토벌작전은 협력해서 하는[分防而協剿] 광역 군사전략이었다(『明史』 권252, 列傳 140, 「楊嗣昌」, p.6510 ; 楊嗣昌, 『楊文弱先生集』 권9, 「敬陳安內第一要務疏」, 子山松等輯抄本(康熙年刊), 12b).

268) 吉尾寬, 「明末·楊嗣昌の地域防衛案について」, 『東洋史研究』 45-4, 1987, p.3.

269) 吉尾寬, 「明末·楊嗣昌の'剿餉'案について」, p.2.

규모의 방위계획과 연동하는 것이었다.270) 이를 위해 양사창이 제시한 네 가지 방안을 요약하면 다음과 같다.271)

①백성의 생업을 보장함으로써 근본을 공고히 한다. 이를 위해서는 鄕約을 설치・운영해야 하는데, 존경과 신뢰를 받고 있는 나이 많은 유덕자를 約正・副・贊・木鐸 등으로 삼고, 매월 삭망에 지방관은 향신・士民을 모아 聖諭六條 및 大明律例 등을 講解한다. 이로써 "사농공상이 각기 한 가지 업에 안거하며, 할 일 없이 놀고 먹거나 간사하고 사치하는 일이 없도록"하는 풍속의 교정을 꾀한다.

②행동거지를 신중히 함으로써 백성의 마음을 안정시킨다. 이를 위해 지방관은 수시로 농촌을 순시하여 민정을 잘 살피고 민의 어려움과 고통을 해소하며, 頑民・豪右・衙役 등의 각종 횡포를 막는다.

③범법자는 엄벌에 처함으로써 반란의 싹을 근절시킨다. 이를 위해 十家牌에 근거하여 각 가정의 남자의 생업 등을 파악하고, 신사・유력자가 保長・甲長과 함께 인민의 동태를 수시로 파악하며, 외래인의 동태를 감시하는 등 保甲制를 엄밀히 시행한다.

④유능한 인재를 발탁해 향병지도자로 삼음으로써 頑民을 분산시킨다. 인재 선발의 구체적 방법으로서 사농공상을 가리지 않고 "재주가 출중하고 책모와 용맹을 겸비한 뛰어난 인물"을 조사하여 순무・안찰사에 보내 추천한다. 그 능력 정도에 따라 병부에서 필요하면 쓰거나 本鄕의 향병 지도자로 삼도록 한다.

이러한 방책은 요컨대, 민심을 안정시키고 풍속을 순화시키기 위해 향약・보갑 등의 교화・통제기구를 활용하되 여기에 현지의

---

270) 吉尾寬, 『明末の流賊反亂と地域社會』, 汲古書院, 2001, p.237.

271) 『楊文弱先生集』 권13, 「覆兵科汝宛盜竊悉平疏」(崇禎10년 윤4월 16일), 14a~17a. 楊의 이 안은 구체적으로는 당시 河南의 南陽・汝寧府의 토적을 완전히 제압하기 위한 것이었다.

신사·유력자의 역할을 크게 기대하는 것이었다. 특히 유능한 인재를 찾아 추천하는 일을 "평소에 민이 존경하고 복종하는 청렴·공정한 향신"에게 전적으로 위임하고자 했다. 이러한 인재선발 임무는 (그의 표현에 따르면) "지방관이 전적으로 책임을 져야 하지만 관료의 능력이 미치지 못하므로…명망있고 영향력 있는 향신에게 맡겨야 한다"는 것이다.[272)]

양사창은 "주현 지방관이 吏治에 성공하기 위해서는 반드시 신사의 긴밀한 협조가 필요하며, 민병을 통솔함에는 반드시 부자들이 큰 돈을 내어 물자를 비축해 두어야 한다"[273)]고 하여, 현지 신사·유력자의 지도력과 경제적 협조에 크게 의존하고자 하였다. 그 때문에 양사창은 향촌방위활동을 방기하고 앞장서 도망가는 신사는 재산을 몰수하는 등 엄벌에 처하고, 반대로 의연금 모집을 주도하거나 향병을 양성하여 성의 방어에 공이 있으면 鄕紳·擧人·士人·民·商賈 등의 등급에 따라 표창[優敍]하자고 주장하였던 것이다.[274)]

양사창이 기대한 신사상은 "民의 여망을 받고 성읍과 安危를 함

272) 황제는 楊嗣昌의 상주에 대해, 傑才의 선발·추천을 특정 신사에게 위탁하는 방안을 제외한 나머지 사항은 모두 재가하여, 해당 撫按이 道府州縣에 엄칙하여 '恪實遵行'하도록 명을 내렸다. 행정능력이 마비되어 가고 있어 그 공백을 신사층에게 상당 정도 의존하지 않을 수 없는 것이 현실이었지만, 이처럼 현지 자위집단 지도자 등의 선발을 전적으로 향신에게 맡기자는 안은 당시 받아들여지지 않았다.

273) 『楊文弱先生集』 권28, 「特申城守疏」, 11b.

274) 『楊文弱先生集』 권28, 「特申城守疏」, 12a. 향촌방위 공로에 대한 표창의 내용을 보면, 관료·향신의 경우 재임자면 봉급을 올리고, 재적자면 進級시키며, 자격을 잃은 자는 官銜을 회복시킨다. 擧人은 '특별선발'하고, 貢士는 '監吏의 직책'을 부여하며, 백성·상인은 관청의 하급직을 부여하자는 案이었다.

께 하는 자"[275]였으나, "평소 횡포가 심하여 향곡에 원한을 사고 있는 자"는 단련·향용의 우두머리로 선발되거나 그 운용에 간여하지 못하게 함을 빠뜨리지 않았다. 신사·유력자층에 의한 무단향곡, 특히 무장자위세력과 결부된 횡포는 경계의 대상이 되기에 충분하였던 것이다. 전술한 것처럼 '紳士 주도의 향병세력 구축' 案을 황제가 불허한 것도 이와 무관하지 않을 것이다.

양사창은 지역방위안을 추진하면서 주현 단위의 민병조직 부활에 큰 관심을 보였다. 이를 위해 通判, 判官, 主簿 등 부관급 지방관직을 폐지·삭감하고 대신 練備, 練總 등 武官을 새로 설치하여 이들로 하여금 민병의 조직·훈련에 전념토록 하였다. 일종의 전시체제 구축을 위한 방안이라고 할 수 있을 것이다. 구체적으로 府에서 1천 명, 주에서 7백 명, 현에서 5백 명 정도의 민병을 양성하되, 향토방위만 하고 딴 곳에는 파견되지 않는 자위세력으로 육성시킨다는 원칙을 세웠다. 우선 시급한 북직예, 산동, 하남, 산서지방에서 실시하고자 청원하여 황제의 재가를 얻었다.[276]

양사창이 상정한 부주현의 민병 숫자는 嘉靖22년 증설된 주현의 民壯 액수(大: 1천 명, 中: 6~700명, 小: 500명)[277]를 거의 그대로 원용한 것이다. 役의 일종이었던 기존의 民壯제도는 명 후기 요역의 銀納化 및 募役化의 변화를 거치면서 거의 유명무실해졌다가, 양

275) 『明淸史料』 辛-4-382a, 「兵部題'滇保分監陳鎮夷題'」.

276) 『明史』에 의하면, 副將 楊德政의 議를 통해 추진한 楊嗣昌의 '練總'策은 "(崇禎12년) 帝又採副將楊德政義 府汰通判 設練備 秩次守備 州汰判官 縣汰主簿 設練總 秩次把總 竝受轄於正官 專練民兵 府千 州七百 縣五百 捍鄉土 不他調. 嗣昌以勢有緩急 請先行畿輔·山東·河南·山西 從之"의 내용이었다(『明史』 권252, 列傳 140, 「楊嗣昌」, p.6515).

277) 『明史』 권91, 兵志 3, 民壯, p.2250.

사창의 제안을 계기로 ①토착인을 민병으로 훈련시켜 관병에 준하는 병력으로 활용하고, ②신설된 州縣의 무관(練備, 練總)이 이들의 훈련과 통제를 전담하는 방식으로 부활하게 되었던 것이다.

그러나 양사창의 '十面之網' 전략 및 그에 근거한 지역방위안은 본 궤도에 오르지 못한 채 그 실행이 연기되었고, 이에 하남의 신사들이 직접 중앙에 올라가 그 속행을 청원한 일까지 있었다.278) 양사창의 군사전략이 제대로 실행되지 못한 것은 우선 만주족의 세력팽창과 대대적인 화북침공이라는 새로운 국면을 맞아, 종전의 유적대책용의 군사전략을 대폭 수정해야 할 필요성 때문이었다. 또한 당시 환관파[閹黨] 계열에 속한 양사창이 동림파를 비롯한 일군의 관료들로부터 거센 반발을 받았던 점도 작용하였다.279) 결국 숭정14년 楊嗣昌이 죽은 후280) 그가 제시한 군사전략 방안은 유명무실하게 되었다.

民兵을 准관병화하고 민병(향병) 지도자에 대해 練總, 把總, 敎頭

---

278) 숭정10년 8월, 河南의 紳士들이 京師에 올라가 지역사회의 窮狀을 호소하고 정책의 시행을 촉구하였다. 이에 楊嗣昌은 河南만을 위해서 官兵·兵餉을 따로 할당할 수 없는 점을 이들에게 설명하고, "合練鄕兵 實圖戰守"하는 것에 대한 협력을 구했다(『楊文弱先生集』 권18, 「覆豫省宗紳流寇三路犯豫疏」, 12b).

279) 閹黨계보에 속한 楊嗣昌은 東林계열의 盧象昇과 대비된 존재로 회자되었다. 楊의 제 방책에 대해서는 특히 工部侍郎 張愼言, 御史 米壽圖 등의 반대가 특필되고 있는데(『明史』 권91, 兵志 3, 民壯, p.2251), 반대론은 유적토벌 계획·練兵案의 무모함과 그 재원을 마련키 위해 신설된 剿餉(숭정10년 十面之網으로 280만 냥 증징), 練餉(숭정12년 練兵案으로 730만 냥 증징)의 과중한 세부담에 집중되었다.

280) 楊嗣昌은, 李自成軍이 河南, 湖廣지역을 유린한 결과 襄陽을 함락하고 福王 常洵을 살해했다는 보고를 받고 처벌이 두려워 숭정14년 3월 자살하였다(『明史』 권252, 列傳 140, 「楊嗣昌」, p.6520).

직 등 무관의 지위를 주는 등의 방안은 盧象昇 등 당시 군사전략가들도 제기하고 있던 것이었다. 이처럼 널리 제기되고 있던 방안이 병부상서 양사창에 의해 중앙의 힘과 추진력을 얻어 구체적 실현의 가능성을 열었던 것이다. 비록 양사창의 군사방략에 대해 당시 조야의 비난이 거셌고 그의 사후 상당수 무산·사장되기는 했지만, 그 중에서도 기존 민병조직의 부활과 이에 대한 준관적 대우라는 방향성은 이후 명말 동란기~南明政權까지 계속 명맥을 이어갔다.

〈李永茂〉

명말의 향촌질서 유지책 중 마지막으로 살펴볼 것은 兵科給事中 李永茂가 건의·시행한 제 방책이다. 이영무는 숭정15년 11월 북직예 남부 順德府 일대에 파견되어, 당시 淸兵의 화북침공, 토적의 반란, 각종 재해 등으로 참혹하게 파괴된 이 지역의 지역방위상황을 점검하고 지방관·무관·향신사민의 城守활동을 독려하여 청병 침공에 대비하는 임무를 수행하였다.[281] 이 임무를 수행하면서 이영무가 올린 각종 보고서[282]를 통해 그의 향촌방어 방안을 살펴보고자 한다.

李永茂의 주장은 한마디로 "鄕兵은 마땅히 복원해야 한다"[283]는 것이었다. 병부상서 楊嗣昌의 練兵·練總案이 어사 米壽圖 등의

281) 당시 李永茂에게 부여된 임무는 畿南의 順德府 일대에서 修城, 濬濠, 募兵, 繕器, 扼險, 設伏, 勸捐, 懸賞, 및 "지방관·將弁·鄕紳士民을 責成하는 일"이었다(李永茂, 『邢襄題稿』 제21疏, 「奏報恭陳邢屬等事疏」, p.44).

282) 이영무의 畿南에서의 視察·督戰의 보고인 『邢襄題稿』의 성격과 그 내용에 대한 소개는 中山八郎, 「李永茂"邢襄題稿·樞垣初刻"について」(『岩井博士古稀紀念典籍論集』, 1963) 참조.

283) 李永茂, 『邢襄題稿』 제3疏, 「奏報鄕兵當復等事疏」, p.12.

극렬한 반대에 부딪혀 결국 시행되지 못했던 점에 대해서는 전술한 바와 같다. 그런데 李에 의하면 당초 어사 미수도 등이 반대한 것은 練總 등 무관직의 신설안에 대한 것이었지 鄕兵 조직에 대한 것이 아니었음에도, 米 등의 반대안이 윤허를 받으면서 鄕兵案까지도 같이 없어지게 되었다는 것이다. 이러니 관병이 허약한데다 향병 또한 유명무실하게 되어 지역사회의 방어는 거의 불가능하게 되었다고 본 것이다.

이영무가 '복원해야 한다'고 주장한 향병은 말하자면 전통적인 '寓兵于農'의 이념에 입각한 병농일치의 군대인 동시에 官兵[經制兵]의 부족을 보충해 주는 민병적 성격의 자위조직이었다.[284] 이러한 성격의 군사집단은 명 태조때 民兵萬戶府를 설치하여 丁壯을 선발·훈련시켰던 '鄕曲舊有之兵'이기도 했고, 관군의 기강 해이와 폐단이 노골화하는 정통년간에 관군을 보조하고 지역방위를 수행하기 위해 제도화한 民壯[285]의 뜻을 계승한 것이기도 했다. 이영무에 의하면 이러한 향병은,

> 군량·군복·갑옷 등의 군수품을 정부에 의존하지 않고 자급하며, 장수의 지휘나 법령의 강제 없이도 오직 현명한 守令 한 사람의 힘만으로도 인민 스스로 전투하고 방어할 수 있는 점이 장점이다.[286]

---

284) 李永茂, 『邢襄題稿』 제3疏, 「奏報鄕兵當復等事疏」, pp.12~13.

285) 明代의 民兵, 民壯에 대해 참고할 만한 연구성과는 아래와 같다. 梁方仲, 「明代的民兵」, 『中國社會經濟史集刊』 5-2, 1937 ; 佐伯富, 「明淸時代の民壯について」, 『東洋史硏究』 15-4, 1957 ; 岩見宏, 「明代の民壯と北兵防衛」, 『東洋史硏究』 19-2, 1960 ; 川越泰博, 「創行期の民壯制について－明代軍制史硏究の一齣－」, 『社會文化史學』 13, 1976 ; 元廷植, 「江西에서의 王陽明의 民兵 組織과 運用」, 『서울大東洋史學科論集』 14, 1990 ; 宋正洙, 『中國近世鄕村社會史硏究』, 혜안, 1997.

286) 李永茂, 『邢襄題稿』 第3疏, 「奏報鄕兵當復等事疏」, p.13.

이영무가 구체적으로 제시한 향병조직의 계통은 '推官(縣) - 統領(10~20개 村) - 練長(村) - 鄕兵'으로 되어있다. 이를 府의 同知·兵備道가 계절마다 순시하고 巡按御史가 해마다 사찰하여 성과를 점검하도록 함으로써, 상급 단계에서는 관리가 전반적으로 통제하도록 하였다. 그러나 동시에 '해당 촌락의 殷實한 武擧人·武生員'을 練長, 統領직에 충당토록 함으로써 철저히 신사층이 지도하는 향촌 자위세력을 상정한 점, 그리고 재정면에서 "해당 촌락의 紳士·富民의 기부[捐輸]를 적극 권고하되 부족하면 주현의 공금으로 보조한다"는 안을 세운 점을 볼 때, 기초단계로 갈수록 민간자치를 중시하였다. 결국 되도록 관에 의존하지 않고 自衛·自守하도록 하는 향촌방위조직을 결성하는 것이 목표였다. 이전의 '練總案'에 대해서는 재가하지 않았던 황제는 이와 같은 李永茂의 향병 부활·조직안에 대해서는 "옳은 말이다[說得是]"라고 칭송하고, 撫按에 확실히 영을 내려 그 실행을 솔선하여 감독하도록 하였다.[287)]

이영무는 이러한 향병육성안을 바탕으로 하여 順德府 방위의 중추인 邢臺縣에서 향병조직에 착수하였다. 이영무는 형대현의 향신 傅梅, 推官 馮九思의 도움을 받아, 기존의 수비병력 이외에 새로 향병 4천 명을 모집·훈련하여 수비체제를 강화하고 대대적인 연납을 적극 권장하여 재정적 기초를 보강하고자 하였다.[288)]

향병조직이 비록 관료나 지역의 신사·유력자층의 통제와 지도를 받더라도, 내부 구성원에 대한 결속이나 단속이 느슨하다면 그 효과를 발휘할 수 없는 것은 당연하였다. 특히 이영무가 파견될

287) 李永茂, 『邢襄題稿』 第3疏, 「奏報鄕兵當復等事疏」, pp.12~13 참조.

288) 형대현의 향병 모집과 구체적 운용상황에 대해서는 본서 제2장 3절, 「동란기 화북의 향병조직과 지식인의 행적」 참조.

당시의 畿南지역은 淸兵의 유린과 각종 재해의 연속으로 말미암아 폐허나 다름없는 상태였고[289], 지방관의 공석[290]이나 직무유기 등으로 전반적인 통치체계가 붕괴되어 가고 있었다. 이런 상황에서 지역사회 및 향병조직의 내부결속 문제는 향병운영의 효율화라는 차원을 넘어 지역사회의 생존과 직결된 문제이기도 했다.

지역사회・향병조직의 결속과 관련하여 이영무가 특히 주목한 것은 신사・유력자 등 지도층 인사의 도망문제였다. 그가 皇命을 받고 북경을 떠나 임지로 출발하면서 올린 제1疏의 첫머리가 바로 "신사・유력자[紳衿豪右]가 앞장서서 도망가는 것을 엄금"하는 문제였다.[291] 당시 畿南지역은 이르는 곳마다 신사・유력자의 離叛・倡逃 문제가 매우 심각하였고, 南和縣에서는 窮民 100여 명이 李永茂에게 이런 현실을 바로잡아 주기를 호소한 일까지 있었다.

이러한 상황에 대해 이영무는,

> 紳衿・商民은 300년 간 朝廷의 크나큰 은혜를 입은 존재인데도, 일단 변란이 일어나면 죽기를 무릅쓰고 성을 지켜야할 道理는 생각지도 않고, 앞다투어 다 도망가 버리고 뒤도 돌아다 보지 않습니다.…의리를 배반하고 군주를 저버림이 이 지경에 이르렀습니다.…(이런 행동은) 武夫가 文士보다 더 심하고 鄕紳이 齊民보다도

---

289) 順德府 沙河縣 등 일부 縣은 숭정11년 이래 각종 災荒이 연발하여 奴賊, 土賊, 疫病, 饑饉 등으로 죽은 자가 전 주민의 9할에 달하였다고 할 정도였다(李永茂, 『邢襄題稿』 제8疏, 「奏報察過沙南平廣四縣疏」, p.21).

290) 숭정15년 말 당시 順德府 소속 9縣 知縣의 과반수가 缺官상태였다(李永茂, 『邢襄題稿』 제7疏, 「奏報道臣聞報丁憂等事疏」, p.19). 그것은 부임길에 청병의 침공소식을 듣고 그대로 도망가 버리거나(平鄕縣 知縣 袁夢吉, 沙河縣 知縣 項易: 李永茂, 『邢襄題稿』 제8疏, pp.22~23), 城의 함락으로 지방관이 전사하는 등의 이유 때문이었다.

291) 李永茂, 『邢襄題稿』 제1疏, 「奏陳應責應催事宜疏」, p.9.

더 심합니다.[292]

라고 크게 비난하고 있다. 이처럼 신사의 倡逃를 "의리를 배반하고 군주를 저버리는" 범죄로 본 이영무는, 그 명단을 밝히고 이들을 일벌백계로 처벌함으로써 민심을 안정시켜 내부적 통제의 실질을 얻고자 하였다. 남화현의 "앞장서 도망간 신사·부민"으로, 原任戶部郎中(1명), 貢生(1), 생원(8), 守備(2), 富民(2), 염상(3) 등이 적발되었다.[293] 任縣에서는 거만의 재산을 가지고 도망한 士人 趙遂明, 가속을 거느리고 도망친 토호 趙鍾英 및 이를 사주한 자 등을 처벌하기도 하였다. 특히 趙鍾英의 경우는 "앞장서 城守해야 할 향신·商民으로서의 직분"을 저버린 행위 때문만이 아니라, 粟 300石을 수확도 않고 버려둠으로써 (堅壁)淸野 정책에 위배되었다든가 그 곡식을 거두어 관군에 助餉하라는 官의 요청도 불응하는 등, 그냥 두면 "법을 어지럽히는 자를 징계하지 않는 것으로 여기게 될까 염려되어" 처벌하게 되었다고 하였다.[294]

한편 李永茂는 내부 결속을 위한 향촌민의 편제방법으로서, 당시 상당히 보편화하였던 保甲制를 강조하고 있다.[295] 그는 북경을 떠나 임지로 출발하면서 제1성으로 올린 상소에서 지역사회 내부의 통제, 특히 구적에 대한 인민의 내응을 막기 위해 보갑제를 시행해야 한다고 주청하였다. 이영무는 병과급사중이 되기 직전 濬縣지현을 역임할 때, 인민의 출입명부를 작성하여 그 이동상황을 단속하는 등 보갑제를 엄격히 시행한 결과 상당한 실효를 거두었

292) 李永茂, 『邢襄題稿』 제9疏, 「奏報飛參倡逃等事疏」, p.24.

293) 李永茂, 『邢襄題稿』 제9疏, 「奏報飛參倡逃等事疏」, p.24.

294) 李永茂, 『邢襄題稿』 제10疏, 「奏報察過鉅鹿唐任三縣疏」, p.26.

295) 李永茂, 『邢襄題稿』 제1疏, 「奏陳應責應催事宜疏」, p.10 ; 同上 제10疏, 「奏報察過鉅鹿唐任三縣疏」, p.25.

다고 밝히고 있다. 그러나 그가 상정한 보갑제 시행 양상은 자세하지 않으며, 그가 제안·추진한 향병조직과 어떤 관련이 있는가도 명확하지 않다.

한편 당시 화북사회에서는 방위활동의 효과를 높이기 위한 방편으로 촌락합병안이 활발히 제기되고 있었다.[296] 盧象昇의 방안에서는 주로 소촌을 대촌으로 합병시켜 인적·물적 자원을 결집시키는 형태가 많았으나, 李永茂가 관리한 畿南 일대에서는 縣城 간의 광역의 합병이 성행했다. 順德府에서 상대적으로 방어체계가 잘 갖추어진 府城 邢臺縣이나 唐山縣, 內丘縣을 제외한 나머지 6현에서는 현지 향신사민들의 현 합병청원이 끊이지 않았다.[297] 황제도 당시 "각 성의 歸併문제는…파견된 科臣과 해당 지방관이 서로 의논하여 집행하라"는 명을 내린 바 있고, 이에 따라 이영무는 현지 안찰사 衛楨固와 의논하여 沙河縣, 平鄕縣을 각기 邢臺縣, 鷄澤縣으로 합병시킨 바 있다.[298] 사하·평향현의 경우 지방관의 공석상태가 계속되었고 향신·유력자 이하 인민의 逃散이 극심한 '어찌할 도리가 없는 상황'에서 여건이 좀 나은 타현에 합병시킨 것이다.

그러나 이러한 합병은 전시·동란기라는 비상사태에 처하여 효과적인 城守를 위한 일시적·방편적인 縣의 합병이었음을 유의할 필요가 있다. 당시 향촌방위에 관한 조정의 기본원칙은 '修·練·儲·備'의 네 가지, 즉 성곽의 수축, 병사의 훈련, 병향의 저축, 군

---

296) 李永茂, 『邢襄題稿』 제10疏, 「奏報察過鉅鹿唐任三縣疏」, p.25 ; 同上 제11疏, 「奏報察理事竣遵旨回奏疏」, p.27 ; 同上 제14疏, 「奏報增理邢屬城守等事疏」, p.34 ; 제19疏, 「奏報敬陳膚議六條疏」, pp.42~43.

297) 李永茂, 『邢襄題稿』 제19疏, 「奏報敬陳膚議六條疏」, p.43.

298) 李永茂, 『邢襄題稿』 제19疏, 「奏報敬陳膚議六條疏」, p.42.

사장비의 준비라는 네 가지 핵심사안을 여전히 중시하고 있었고, 이영무 스스로도 각 현성의 자위체제를 구축하고 이를 독려·감독하는 임무를 띄고 파견되었기 때문에, 불가피한 경우를 제외하고는 기본적으로 縣끼리의 합병을 반대하는 입장이었다.[299] 지역에 따라 唐山縣과 같이 "孑孑하게 自主한다"는 입장을 고수하고 땅과 백성을 나누어 타현과 합병하는 것을 강력 반대한 경우도 있었다.[300]

이상으로 呂坤, 徐光啓, 盧象昇, 楊嗣昌, 李永茂 등 명 관료들의 향촌질서 유지책을 구체적으로 살펴보았다. 이들은 병부상서, 순무에서 감찰어사, 병과급사중에 이르기까지 다양한 직책을 수행하는 과정에서 명말 위기상황을 극복하기 위한 다양한 의견을 제시하였다. 이들이 제기한 향촌질서 유지책 혹은 향촌방어 방법론상에서 다음 몇 가지 공통점을 찾을 수 있다. ①향촌질서 안정에는 향병세력의 육성(부활)이 긴요하다. ②향병은 국가 감독하에 현지의 신사·유력자층이 주도하게 한다. ③이들 지도자는 경제력이 있고[殷實] 향촌민의 존경을 받는[敬服] 신사·유력자로 선발한다. ④향병지도자에게 준관적인 권능을 부여하고 향병 또한 준관병화한다. ⑤재정난이 심하고 정상적인 군향보급이 어려운 상황에서 지역사회 유력자층의 재원기부를 적극 유도한다. ⑥지역유력자층, 특히 신사·유력자의 사회적 책무를 강조하여, 守土임무를 저버리고 앞장서 도망간 지도층을 처벌한다.

2. 신사·유력자의 자위활동

명말 동란기 화북의 신사·유력자들은 절체절명의 위기상황에

299) 李永茂,『邢襄題稿』제19疏,「奏報敬陳膚議六條疏」, p.42.

300) 李永茂,『邢襄題稿』제10疏,「奏報察過鉅鹿唐任三縣疏」, p.25.

처하여 산중이나 해상, 남방 등 타처로 피난을 가기도 했지만, 무장자위활동이라는 보다 적극적 대응을 선택하기도 했다. 무장자위활동은 피난이라는 최후수단을 택하기 전에 '어쩔 수 없이 취하는 방어활동'의 일환이었지만, 이는 향촌사회의 질서유지에 신사·유력자의 역할이 중요하다는 사회적 여망에 부응하는 측면도 있었다. 신사·지주층의 자위활동은 토적, 유적, 청병, 그리고 때로는 "토적 못지않는 횡포를 부리는" 관군에 대항한 것이었으니, 말하자면 당시의 거의 모든 무력집단의 위협에 대항하여 身家의 생명·재산을 지키기 위한 무장대응이었던 것이다.

그러나 '치안부재의 혼란기에 각종 무장집단이 횡행하면서 생명·재산의 침탈위협을 가하고 이에 대해 무장자위활동으로 대처한다'는 도식은, 명말청초 화북사회가 처한 특수한 치안상황을 일단 논외로 한다면, '通시대적'이고 '汎지역적'인 보편적 현상이라고 할 수 있다. 본 절에서는 이러한 보편적 현상인 무장자위활동이 '명말청초 화북사회에서 신사·지주층에 의해 어떻게 수행되었는가'라는 '歷史性'의 문제를 살펴보기로 하자.[301)]

종래 명말 신사·지주의 무장자위활동에 관한 연구가 적지 않으나[302)], 대개 신사·지주의 자위활동을 단지 그들의 생명·재산의

---

301) 이하, 명말청초 화북에서의 신사·지주층의 무장자위활동의 사례는 상당 부분 鄭炳喆, 「明末·淸初 華北에서의 自衛活動과 紳士－山東·北直隷를 중심으로－」, 『東洋史學研究』 43, 1993에서 취함.

302) 吳景賢, 「金正希之地方自衛－金正希評傳之二－」, 『學風』 5-6, 1935 ; 李文治, 「明末的寨堡與義軍」, 『文史雜誌』 3-7·8, 1943 ; 何若, 「明末的山寨義兵－爲明朝甲申之變三百周年記念而作－」, 『大衆』 1944-5 ; 趙儷生, 「李自成地方政權所遭地主武裝的破壞－"明末的農民大起義"專題研究之一－」, 『文史哲』 1955-11 ; 李光濤, 「記明季的鄕兵」, 『大陸雜誌』 29-10·11, 1964 ; 李光濤, 『明季流寇始末』, 中央研究院歷史語言研究所專刊 51, 商務印書館, 臺灣, 1965, 제

보호라는 군사적 측면에만 초점을 맞춘 결과, 자위활동과 향촌지배의 상관관계에 대한 고려가 부족하였다.[303] 吏治가 무너지고 治安이 마비된 상황에서 신사·지주가 취할 수 있는 대응의 하나가 무장 자위활동이었고, 그것이 때로 동란기에 유명무실하게 된 국가권력을 대행하는 역할도 하였다. 즉, 신사·지주층의 무장자위활동을 통해 이들의 향촌지배의 일면을 살펴볼 수 있다.

명말 향촌의 무장자위조직은 흔히 '鄕兵', '鄕勇', '義軍', '義勇' 등으로 불렸는데, 그 조직과 규모, 활동의 내용과 그 영역은 다양하였다. 자신과 가족의 생명·재산을 지키기 위한 사병적 성격의 자위조직[304]이 있는가 하면 지방관을 중심으로 현지의 신사·地

4章, 「鄕兵」; 谷口規矩雄, 「明末の鄕兵·義軍について－明末政局の一齣－」, 『硏究』 43, 1969 ; 谷口規矩雄, 「明末淸初の堡寨について」, 『東海史學』 9, 1973 ; 佐藤文俊, 「土賊'李青山'の亂について」; 王賢德, 「明末動亂期に於ける鄕村防衛」, 『明代史硏究』 2, 1975 ; 李成珪, 「淸初 地方統治의 確立過程과 鄕紳－順治年間의 山東地方을 중심으로－」, 『서울大東洋史學科論集』 1, 1977 ; 李文治, 「明末的寨堡與義軍」, 『明史硏究論叢』2, 大立出版社, 臺北, 1985 (1943) ; 鄭炳喆, 「明末·淸初 華北에서의 自衛活動과 紳士」; 陳寶良, 「明代的民兵與鄕兵」, 『中國史硏究』 1994-1 ; 宋正洙, 『中國近世鄕村社會史硏究』; 馮賢亮, 「明末淸初江南的地方防護」, 『雲南社會科學』 2001-3 ; 吳金成, 『國法과 社會慣行』; 吳金成, 『矛·盾의 共存』.

303) 谷口規矩雄은 주현의 공식적 鄕兵모집에 신사의 私兵집단이 핵심세력으로 참여함으로써 결국 주현 전체의 향병집단이 신사 개인의 사병화해가는 점을 지적하고 있으나, 이를 통한 '신사의 향촌지배'라는 측면은 별로 고려하고 있지 않다(谷口規矩雄, 「明末の鄕兵·義軍について」). 한편 王賢德은 향약·보갑을 통한 향촌방위체제의 내부 안정이라는 측면을 고려하고 있기는 하지만, 신사층의 향촌방위활동에 대해 '그들의 道義的 責任을 완수하기 위한 목적'을 지나치게 강조하고 있다(王賢德, 「明末動亂期に於ける鄕村防衛」, p.28).

304) 산동 諸城縣의 생원 丁耀亢은 숭정5년 孔有德의 반란 때 "集壯士 羅弓矢于庭 爲自守計"하는 개별적인 自救策을 마련하였다(丁耀亢, 『出劫紀略』,

主・상인들이 인적・물적 지원을 하여 구성한 공적인 방어조직도 있었다.[305] 활동의 내용과 영역면에서도 개별적인 자기방어 차원에서부터 城市・촌락의 공동방위, 관군을 보조하여 구적을 공격하거나[306] 나아가서는 省의 경계를 넘는 원정활동[307]에 이르기까지 다양하였다. 때로는 주현관 지휘하에 향병이 兵餉호송의 임무를 맡기도 하였다.[308] 이처럼 향병의 역할은 다양하였지만, 주된 활동은 어디까지나 각종 폭력적 무장집단의 위협에 대해 자신과 지역사회를 방어하는 것이었다.

이러한 지역사회의 각종 무장자위활동에서 신사의 역할이 매우 중요하였다. 숭정13년 刑部郎中 張若麒는,

> 무릇 城을 지키는 일은 진실로 주현관[城守官]이 주도하는 것이지

「山鬼談」, p.144). 당시 화북에서는 "大姓多擁兵自衛"(丁耀亢, 『出劫紀略』, 「從軍錄事」, p.154)라고 하듯, 土豪・大姓들이 대체로 사병조직, 무장병력을 갖추고 개별적 자위활동을 하고 있는 경우가 많았다.

305) 嘉靖 말년 山東 蒙陰縣에서 饑民 천여 명이 향촌을 겁략하자 知縣이 "率鄕兵迎擊"한 예, 天啓년간 山東 濟寧州에서 徐鴻儒 반군의 공략에 직면하여 總河 등의 관리와 城內의 紳士, 商人들이 협력하여 견고한 守城태세를 갖춘 例 (鄭與僑, 「守禦記」, 咸豐 『濟寧直隸州志』 권4의 5, 兵革志, 5b~9b) 등을 들 수 있다.

306) 숭정13년 北直隸, 山東, 河南의 접경지대의 土賊을 토벌하기 위해 官軍이 출동하였을 때 知縣이 이끄는 鄕兵・衙役兵과 紳士가 이끄는 家丁집단이 동원되고 있다(『明淸史料』 乙-10-903ab, 「兵科抄出山東總兵楊御蕃題本」). 鄕兵이 官軍과 합동작전을 할 때에는 "旣有鄕兵 以助官軍之羽翼 又有官兵 以壯鄕兵之膽力"(『明淸史料』 壬-4-306a, 「兵部行'兵科抄眞保太監方正化題'稿」)이라고 하듯 상호보완적 역할을 하는 경우가 많았다.

307) 숭정10년, 流賊의 渡河를 막기위해 北直隸 大名府의 鄕兵 2,000여 명을 河南 開封府의 黃河연안으로 파견한 例(『明末農民起義史料』, 「兵部爲防河飭備已周等事」, pp.188~189)를 들 수 있다.

308) 『明淸史料』 辛-5-485b, 「兵部題行'兵科抄出山東總兵楊御蕃題'稿」.

> 만 또한 鄕紳의 고취와 솔선에도 의존하는 것입니다. 매번 보면 오랑캐[虜寇]의 침입이 있을 때마다 어떤 향신은 앞장서서 士·民과 동심협력하여 많은 무리를 城으로 모으는가 하면, 어떤 鄕紳은 자신이 먼저 도망가거나 재물에 인색하여 창고를 닫아버립니다. (그래서) 오히려 궁민에게만 세금을 부과하여 軍丁에 공급하게 되니, 이로써 인심이 흉흉해지고 불온한 생각이 만연하여 賊이 오면 곧 城이 함락되어 버립니다. 이러니 지역사회 지키는 일[守土]은 곧 그 지역 향신의 책임인 것입니다.[309]

라고 하였다. 여기서 향촌방어활동에서 紳士의 역할이 얼마나 중요하고 이에 대한 사회적 여망이 어느 정도였는가를 엿볼 수 있다. 앞에서 살펴본 대로 병부상서 楊嗣昌의 지역방위안은 신사의 경제적 조력과 지도력에 크게 의존하는 정책이었으며, 병과급사중 李永茂가 조직하고자 하였던 향병조직 역시 신사층이 지휘하고 현지 신사·富民이 자금동원 등을 주도하는 형태였다. 이는 呂坤, 徐光啓, 盧象昇의 방안 또한 거의 같은 맥락이었다. 李永茂의 경우는 이러한 책무를 저버리고 도망간 紳士의 행동을 "의리를 배반하고 군주를 저버린[背義後君]" 행위로 처벌을 상신하기까지 하였다. 요컨대 향촌사회에서 紳士는 "민의 여망을 받고 城과 安危를 같이 하는 자"[310]로 인식되고 또 그렇게 기대되었던 것이다.

실제 지역의 향촌방위활동에서 신사·유력자의 역할은 중요하였고 그에 대한 기대 또한 컸다. 숭정년간 말 濟寧州에서는 "城中의 紳衿이 모두 적과 내통하고 있다"는 말이 떠돌고 있었지만 당시 兵河道按察司副使는 이를 간첩[奸細]이 퍼뜨린 단순한 소문으로 규정하고, 오히려 성 내의 신사층을 규합하여 이들의 협조하에 출

---

309) 『明淸史料』 乙-3-267b, 「兵部請旨優卹吳阿衡盧象昇等情殘稿」.

310) 『明淸史料』 辛-4-382a, 「兵部題'眞保分監陳鎭夷題'」.

입통제를 엄격히 하고 保甲을 단속하는 조치를 취하였다.[311] 숭정 15년 산동 濰縣에서는 지방관이 신사층과 의논하여 성 수비태세를 조야하게나마 갖출 수 있었고,[312] 산동 寧陽縣에서는 촌락에서 성공적으로 방위활동을 벌이던 生員 朱克配를 주현관이 上賓으로 대우하여 성으로 불러들였고, 그의 무장조직에 의존하여 성을 방비하였다.[313]

신사층이 사병(예속인)과 물자를 제공하고 향촌자위활동을 주도 혹은 이에 적극 참여한 것은 국가의 향촌지배노력에 부응하여 국가의 이해와 자신의 이해를 일치시키려는 행동, 즉 송대 이래의 '士大夫의 公意識'의 發露[314]였다고 할 수 있다. 지방지에는 명 조정과 운명을 같이한다든가 공익을 위해 개인을 희생한 사례가 많이 거론된다. 예컨대 명조가 망하자 자신도 따라 죽으려 하다가 "아직도 수만 명이 당신이 구원해 줄 것을 기다리고 있다[尙有數萬人 待汝救命]"는 주위의 설득에 자살을 그만두고, 이후 향촌방위활동에 투신하였던 산동 博平縣의 생원 劉楷의 행동[315], 土兵을 결집・훈련시켜 향촌방위활동에 진력하다가 결국 과로로 숨졌다는 산동 寧陽縣의 생원 孫嗣奇의 행동[316], 그리고 향촌에 환란이 있으면 몸을 던져 해결에 나서고 향촌의 이해관계에 관련된 일이면 읍의 신사들에 호소하여 함께 해결하려 노력하였다는 산동 新城縣의 생원 于振翼의 행동[317] 등을 들 수 있다. 이러한 기록은, 이상

311) 咸豐『濟寧直隸州志』권4의 5, 兵革志, 「遺事記」, 10b.

312) 『明清史料』乙-5-485ab, 「兵部題行'山東巡按陳昌言塘報'稿」.

313) 光緒『寧陽續志』권12, 列傳, 人物, 「朱克配」, 55a~59b.

314) 吳金成, 『中國近世社會經濟史研究』, pp.160, 221, 262~264.

315) 道光『博平縣志』권4, 人物傳, 「劉楷」, 19a.

316) 光緒『寧陽續志』권13, 列傳, 忠義傳, 「孫嗣奇」, 63ab.

적인 '士大夫 의식'의 발로를 극명하게 보여주는 사례인 동시에, 이러한 행동을 현창하고 널리 고취시키려는 지방지 간행자의 의도를 잘 보여주는 예이기도 하다.

그러나 신사층의 행동양식에는 흔히 公·私의 양면성이 함께 존재하듯이[318], 자위활동과 관련된 위의 여러 사례와 같은 신사의 행동을 단지 신사의 공의식만으로 설명할 수는 없다. 숭정14년 산동총병 楊御蕃이 거느린 관군이 토적진압을 위해 曹州에 출동하였을 때 지역 신사층이 500냥을 모금하여 당시 兵餉부족으로 고전하고 있던 관군에게 바쳤다.[319] 이로써 관군의 사기가 크게 진작되었고, 조주 신사들은 "義를 숭상하고 公을 우선하는[尙義急公]" 행동으로 칭송을 받고 優敍되었다.

그런데 앞서 살펴본 것처럼 명말 동란기 관군이 보인 행태, 특히 병향을 거의 현지에서 조달하면서 지방사회에 끼친 각종 해악이나 횡포·약탈행위가 심각했던 점을 생각하면, 曹州 신사층이 관군을 위해 모금한 행동을 '尙義急公'한 공의식만으로 설명할 수는 없을 것이다. 산동 『蒙陰縣志』에 소개된 아래 사례는 하나의 실마리를 제공해 준다.

> 辛巳(숭정14, 1641)에 산동순무 王公弼, 총병 劉澤淸이 병사 3만 명을 이끌고 巨寇 李靑山을 추격하여 몽음현에 이르렀다. 軍餉이 다 떨어지자 관병은 지나는 곳마다 겁략하여 (그 폐해가) 도적보다도 더 심하였다. 이에 (鄕官) 公甸이 분개하여 곡식 1천 석을 마련하여 군대에 바치니 지방이 이로써 안도할 수 있었다.[320]

---

317) 康熙『新城縣志』 권7, 人物志, 善行, 「于振翼」, 50a.

318) 吳金成, 『中國近世社會經濟史硏究』, p.278.

319) 『明末農民起義史料』, 「山東總兵楊御蕃題爲塘報畿省會兵合剿等事」, p.321.

320) 康熙『蒙陰縣志』 권4, 名獻, 「公甸」, 8a.

몽음현의 사례에서 알 수 있듯이, 돈(곡식)을 모아 관군에 군향을 공급하였던, 일견 국가권력에 협조적인 태도로 보이는 행동의 이면에는 당시 일상화 하였던 관군의 약탈과 횡포를 미리 방지하고 그들 자신의 생명과 재산을 보호하기 위한 '保身家'의 절박한 이유가 있었던 것이다. 원임 남경호부낭중이었던 鄕官 公鼐은 숭정13년에도 "재산을 풀어 진휼한 결과 살아남게 된 饑民이 매우 많았다"(同上)라고 할 정도로 지역사회의 일에 적극 나섰던 영향력 있는 향신이었다. 향신의 이러한 '保身家의 행동'은 자신만을 위한 이기적 행동이라기 보다는 향촌민 진휼, 나아가 향촌보전과도 연결되는 문제이기도 했다.

관군의 횡포와 약탈에 대해서 보다 적극적인 저항을 보인 예도 있었다. 숭정말 북직예 廣宗縣, 東光縣에서는 군향수탈과 약탈을 일삼던 관군이 현성으로 진입하려 하자 "紳衿이 城을 지키며 이들을 받아들이지 않았다"라거나, "士民이 성문을 굳게 닫고 저항하여 막았다"321)고 한 것이다.

이상과 같은 여러 예를 통해 볼 때 향촌의 자위활동과 관련된 신사의 행동이 반드시 국가권력의 향촌지배 노력에 협조한 것만은 아니었으며, 때로는 국가권력을 배경으로 하여 무자비한 수탈과 횡포를 자행하던 관군에 저항하기도 하였음을 알 수 있다. 그러면 명말 화북의 신사층이 행한 무장자위활동의 양상은 어떠하였으며, 이것이 '신사의 평상시 향촌지배'와 어떻게 연결되어 나타나고 있었던가?

우선 신사의 개별적인 자위활동에 대해 살펴보자. 명말 동란기 화북사회에서 개별적인 자위활동은 보편적으로 행해졌다. 앞서 언

---

321) 『明季北略』 권20, 「李建泰督師」, p.421.

급한 산동 諸城縣의 생원 丁耀亢이 "壯士를 모으고 집안에 무기[弓矢]를 갖추어 스스로 지키는 계책으로 삼은" 예[322], 金鄕縣의 생원 李振都가 "곡식을 풀어 시혜하고 壯丁을 모아 구적을 방어했던" 사례[323], 그리고 寧陽縣의 공생 韓芝芳이 "가재를 털어 빈궁한 자에게 나누어 주고 장사를 불러모아 土兵으로 훈련시킨"[324] 것 등, 신사층의 개별적인 방위활동 사례는 이루 다 거론하기 힘들 정도이다. 뿐만 아니라 촌락의 지주·유력자들도 일반적으로 "병력을 동원하여 스스로 지키는[擁兵自衛]" 무장력을 갖추고 있는 것이 보통이었다.[325] 숭정11년 總監眞保太監 方正化는 보고서[題本]에서,

> (향병을 조직하는 데는) 牌甲, 火夫는 쓸 수 없으니 이들이 반란에 편승해서 간민이 될까 두렵기 때문이요, 먼 지방의 향촌민도 쓸 수 없으니 이들이 기회를 보아 거리낌 없이 활개를 칠까 두렵기 때문입니다. (따라서 城의 향병에는) 반드시 성 안의 紳衿·士庶·大戶·富商들의 자제나 (그들의) 소작인·가족으로, 인정으로 서로 연결되어 있고 뜻이 굳은 자를 골라 편성해야 합니다.[326]

라고 하였다. 즉, 城의 향병을 모집할 때, 지역 유력자인 신사와 대지주·富商의 가족이나 그 영향력하에 있는 자들을 골라 선발함으로써, 이들의 '사적인 유대와 관계'를 바탕으로 한 강한 결속력을 이용하고자 하였다.[327] 이처럼 사적 결속관계로 맺어진 향병조직

---

322) 丁耀亢, 『出劫紀略』, 「山鬼談」, p.144.

323) 同治 『金鄕縣志』 권9 中, 列傳, 「李振都」, 1b.

324) 光緒 『寧陽續志』 권13, 武功傳, 「韓芝芳」, 56a.

325) 丁耀亢, 『出劫紀略』, 「從軍錄事」, p.154.

326) 『明淸史料』 甲-10-901a, 「兵部等部題'總監眞保太監方正化題'行稿」.

327) 明末 官軍의 將帥들도 이러한 私兵集團을 보유하고 있는 것이 보통이었

은 명말 화북사회에 널리 존재했으며, 이들은 州縣 단위로 편성된 공적인 향병조직의 주 구성원이 되었다. 그 한 예를 아래 <표 3>과 같은 숭정11년경 북직예 眞定府, 保定府에서 결성한 향병의 구성에서 확인해 볼 수 있다. 당시 각 현에서 동원한 병사는 다양한 명칭으로 불렸던 바, 그 중 '鄕兵', '鄕勇', '練兵', '民兵'은 공적으로 편제된 '鄕兵'으로, '紳衿義兵', '紳衿富商人等名下出兵'이라 한 것은 신사·지주층이 예하인을 거느리고 참가한 '私兵'으로 분류하여 보았다. 이 때 전체 병력 중에서 후자는 약 18%에 이른다.

〈표 3〉 숭정11년 경 北直隸 眞定府, 保定府의 향병 구성

주현	향병	사병	주현	향병	사병
欒城縣	1,000	750	衡水縣	400	
元氏縣	2,000		武邑縣	400	60
贊皇縣	900		武强縣		312
臨城縣	500		藁城縣	1,000	
隆平縣	600	110	無極縣	1,000	
栢鄕縣	600	110	趙州	1,000	
高邑縣	170	240	冀州	200	400
寧晉縣	750		晉州	800	
新河縣		400	深州	600	
南宮縣	2,012	600			
전체	향병: 13,932명 (82%) 사병: 2,982명 (18%)				
<出典>:『明淸史料』辛-4-381a, 「兵部題'眞保分監陳鎭夷題'殘稿」					

다. 한 예로 숭정12년 楊御蕃은 山東總兵으로 부임하면서 이전부터 그가 私的으로 양성한 家丁 등으로 구성된 私兵 수백명을 그대로 데리고 오고 있다(『明淸史料』辛-5-438b, 「兵科抄出鎭守山東地方楊御蕃題本」). 明末 官軍의 私兵集團的 성격에 대해서는 鈴木正, 「明代家丁考」(『史觀』37, 1952) 참조.

이러한 사례는 이전 天啓년간에도 확인되는 바, 천계2년 徐鴻儒의 반란이 일어났을 때 산동 歷城縣에서 知縣의 鄕兵 모집에 순식간에 13만 명이나 동원되었다.[328] 이는 신사나 유력자가 각기 사병세력을 대거 참여시켰기 때문에 가능한 일이었을 것이다.

다음으로 촌락 중심의 자위활동을 살펴보자. 대표적인 경우로 산동 兗州府 寧陽縣의 예[329]를 들 수 있다. 영양현 북부 강성둔(堽城屯)에 거주하던 생원 朱克配는 향촌민들에 의해 향약의 장[約長]으로 추대되었고, 그 자격으로 향병을 조직·훈련하여 인근에서 횡행하던 토적을 격퇴하는 등 큰 전과를 올렸다. 그러자 지금까지 토적의 횡포에 대해 속수무책이던 영양현의 관리들이 주극배에게 각종 예물을 보내고 上賓으로 대접하면서 그가 지휘하던 촌락의 무장자위병력에 의존하여 현성을 방비하고자 하였다.

여기서 주목되는 것은 일개 생원신분에 불과한 주극배가 촌 父老의 지지와 향촌민들의 추대를 바탕으로 강력한 지도력을 행사하였던 점이다. 朱는 전토와 人丁 수에 따라 세량과 장정을 징발하였다. 징집된 장정에게는 정기적으로 군사훈련을 시키고, 기율을 엄히 적용하여 만약 훈련을 태만히 하거나 군율을 어기는 자에 대해서는 군법으로 다스렸다. 촌민들이 이러한 조치에 순응할 것을 맹세한 것을 보면 그 지도력이 상당히 강했음을 알 수 있다.

생원 주극배가 이러한 권력을 발휘할 수 있었던 것은, 朱 자신이 "賊이 밤낮없이 쳐들어 오는데 號令을 하나로 하지 않으면 어떻게 무리를 통솔하고 군대를 지휘할 수 있겠는가"[330]라고 강조했

328) 乾隆『歷城縣志』권34, 宦蹟錄,「吳阿衡」, 6b.

329) 光緖『寧陽續志』권12, 列傳, 人物,「朱克配」, 55a~62b.

330) 光緖『寧陽續志』권12, 列傳, 人物,「朱克配」, 56a.

듯이 동란기의 급박한 군사적 필요에서 부여된 권위였음은 물론이다. 또한 縣의 지방관들이 그를 上賓으로 우대하지 않을 수 없었던 것은 그가 통솔하는 무장력에 의존하여 성을 방비하지 않을 수 없는 현실 때문이었다.

특히 주목되는 점은 朱가 約長의 자격으로 강력한 지도력을 행사했다는 것이다. 명말 자위집단의 편성과정에서 향약·보갑조직이 큰 역할을 하였던 점에 대해서는 이미 거론된 바 있는데[331], 영양현의 경우 향촌사회의 군사적 자위활동을 보완하는 내부통제 기능에 鄕約이 큰 역할을 하였던 것이다.

향촌자위활동은 아무래도 군사활동이 중심이 되므로, 전통적인 향촌치안조직인 보갑제 기능을 활용하는 경우가 많았다. "보갑이 편성되면 집집마다 모두 병사이고 향병을 훈련시키면 사람마다 모두 병사이다"[332]라고 하듯, 보갑조직을 군사적 편제의 기초조직으로 활용하는 경우가 많았다. 천계년간 내각대학사였던 葉向高는 보갑제를 시행하면, "병력을 강하게 하고, 간첩을 방지하고, 도적을 막으며, 풍속을 바르게 하는 이점(强兵之利, 弭奸之利, 禁盜之利 正俗之利)이 있다"고 하였다.[333] 이는 보갑조직을 통해 향촌민들이 서로 규찰함으로써 불온한 무리가 들어오는 것이나 향촌민의 이탈을 막고, 내부적으로 풍속의 교화 등의 통제기능을 할 수 있음을 의미하는 것이었다.

한편 향촌방위활동에는 향촌을 이탈하여 도망가거나 "적을 따라 나서는[從賊]" 등의 향촌민의 이탈을 막고 내부적인 갈등요인을

331) 宋正洙, 『中國近世鄕村社會史硏究』, 제5장 제2절 참조.

332) 吳世濟, 『太和縣禦寇始末』, 「復査鄕勇奇捷」, 浙江人民出版社, 1983, 排印本, p.62.

333) 葉向高, 「保甲議」, 『明經世文編』 권461, 31b~32a, 6-5064.

해소하는 방편으로 구휼사업을 병행하는 일이 많았다. 산동 濟寧州에서 紳士·유력자가 향병을 조직하고 이와 동시에 대대적인 구휼활동을 전개하였는데,[334] 이는 지역주민의 생계를 보장함으로써 공동체에서의 이탈을 막고 내부결속을 강화하여 군사적 방어능력을 높이기 위한 것이었다. 이와 함께 내부결속을 강화하기 위하여 지역민의 향촌의식을 고양시키는 방법도 활용되었다. 산동 東平州의 향신 李朝賓은 향병을 훈련시키면서 士卒들에게,

> 너희들은 여기서 태어나서 여기서 자랐다. 함부로 민가에 침입하거나 처녀를 겁탈해서는 안되며, 민간에서 한 올의 실, 한 톨의 곡식도 가져와서는 안된다. 만약 어기는 자는 군법으로 다스릴 것이다.[335]

라고 훈계하여 향병의 규율과 공동체 의식을 강조하였다. 이러한 '의식고양'을 중시한 것은 향병의 기강을 확립하여 전투력을 높이기 위한 것이 일차적 목적이었지만, 그 이면에는 향촌방어활동을 성공적으로 수행하기 위해서는 군사적 방어활동 못지 않게 지역사회의 민심을 수람하는 것이 중요하다는 인식이 깔려 있었다. 안휘의 예이긴 하지만 金聖의 「友助事宜」[336]는 향약조직을 통하여 향촌민에게 정기적으로 聖訓을 강독하고 지연적인 연대조직을 강화함으로써 일종의 '운명공동체적인 향촌방위 의식'을 주입시키려 했던 모습을 볼 수 있다. 당시 신사층이 어떻게 향촌민을 교화하고 단결시켜 지역방위를 성공적으로 이끌려고 노력했던가를 보여주는 한 예라고 할 수 있을 것이다.

---

334) 鄭與僑, 「守禦記」, 咸豊 『濟寧直隷州志』 권4의 5, 兵革志, 9a.

335) 廖元發, 「李將軍德垂百世碑記」, 光緒 『東平州志』 권19, 藝文 7, 43b.

336) 吳景賢, 「金正希之地方自衛」 參조.

신사 · 유력자의 향촌방위활동은 일차적으로 身家의 생명과 재산을 지키는 데 있었지만, 그 속에는 군사행동을 수행하는 과정에서 혹은 무장집단의 힘을 통해 사적 이익을 증대시키고 나아가 향촌지배를 관철시키려는 의도가 내재해 있었다. 앞서 살펴본 것처럼, 명말 화북의 신사는 군사적인 향촌방위활동과 더불어 향약 · 보갑조직을 통한 향촌의 내부통제, 구휼사업과 공동체의식의 고양을 통한 인심수람에 노력하였다. 신사층의 이러한 여러 방면의 활동은 향촌방위라는 군사활동과 연계되어 지역사회의 내부통제 기능을 하고[337], 나아가 이를 통해 신사의 향촌지배를 보다 포괄적이고 합리적으로 구현할 수 있는 가능성을 열어 주었다.[338]

그러나 향촌자위활동과 관련된 신사의 행동이 자위활동의 범주를 넘어 무단향곡의 횡포를 부리거나 자위세력 자체가 강력한 무력집단으로 부상하게 되면, 국가권력과 갈등을 일으키고 그 견제를 받는 대상이 되었다. 숭정16년 산동 招遠縣의 생원 楊威의 향병세력이 知縣의 탄압을 받아 해산되었던 사건[339]은 그 한 예이다.

---

337) 필립 큔(Philp Kuhn)은, 청말의 단련 · 향용의 활동에는 외부적 방어(External Defence)와 내부적 통제(Internal Control)의 양측면이 있다고 하였는데(Philp Kuhn, "The T'uan-Lien Local Defence-System at the time of the Taiping Rebellion", *H.J.A.S.* 27, 1967), 이러한 측면은 신사의 사회적 · 군사적 활동이 활발하였던 명말부터 이미 존재하였다고 생각된다.

338) 이와 관련하여, 명말 보갑제의 시행을 둘러싸고 국가권력은 보갑제를 통해 향촌사회 안으로 지배력을 침투시키려 한 반면 신사층은 보갑제에 적극 참여하고 여기서 지도적 역할을 담당함으로써 향촌사회에서의 그들의 지배력을 확보 · 강화하는 場으로 이용하려 하였다는 지적(三木聰, 「明末福建における保甲制」, 『東洋學報』 61-1 · 2, 1979)은 시사를 준다.

339) 『明淸史料』 乙-6-540a~541a, 「兵部行'兵科抄出山東總兵劉澤淸奏'稿」.

양위가 모집한 천여 명 규모의 향병은 만주병의 침입을 격퇴한 '강력한 군대[勁旅]'였는데, 양위가 구체적으로 어떻게 전횡하였는지는 분명하지 않지만, 그가 招遠縣의 지현을 무시하고 독자적으로 다른 현을 원조하는 군사행동을 하는 등 상당한 활약과 그에 따른 위세를 떨친 것 같다. 결국 張 지현은 楊과 소송관계로 평소 불화했던 監生 溫臺와 모의하여 楊에게 역모혐의를 씌우고 그의 세력을 분쇄하게 되었다. 당시 장 지현은 양위가 "뛰어난 재략과 원대한 계략이 있으며[雄才大略]" 그 휘하에 모인 자들 또한 "용감하고 의협심이 있으며 큰 뜻을 품고 있다[豪俠壯懷]"고 상부에 보고하고 있다. 楊의 무력집단이 국가통치에 도전할 수도 있는 '큰 뜻'을 가지고 있다는 것이며, 결국 이런 점이 이유가 되어 국가권력은 양위의 향병을 강제로 해산시키게 되었다.

앞서 살펴본 병부상서 楊嗣昌의 지역방위안에서, 양사창은 "평소 民이 존경하고 복종하는 청렴·공정한 향신"에게 향병지휘자의 선발 및 지방관 직무를 보조하는 여러 역할을 맡겨야 한다고 주장하였으나, 이처럼 특정 향신에게 지역방위의 중요업무를 위임하자는 안건은 당시 각하되었다. 이는 향촌사회에서 신사의 영향력이 지나치게 커지는 것, 특히 무장집단 통솔과 관련된 업무에 대해서는 중앙이 여전히 견제하는 태도를 보인 것으로 해석될 수 있다.

楊威의 향병세력을 분쇄하는 과정에서 보이듯 일부 개별 사안에 대해서는 국가의 통제력이 관철되고 있었으나, 반란세력의 창궐과 청병의 침공이 끊임없이 전개되고 여기에 지방관의 결원상태까지 심각한 상황에서, 지역사회에 대한 국가·중앙의 통제력은 거의 유명무실해졌다. 李自成의 반란집단이 화북을 석권하고 점차 京師를 위협해 오고 있는 상황에 처한 明 조정은 급기야,

> 현직 관리나 士·民을 불구하고 변란(국면)을 처리할 능력이 있으면 즉시 (지방관 결원이 있는 곳에) 보임하라. 능히 의병을 모집하여 주현을 수복할 수 있는 자에게는 즉시 지주·지현직을 제수하라.[340]

는 命을 내려, 지역사회를 통제할 수 있는 인물이면 玉石을 가릴 겨를도 없이 그대로 지방관에 임명하였다. 숭정말년 화북의 주현에서는 지방관의 缺員이 심각하였는데[341], 지방관의 공석은 그대로 국가통치의 공백을 의미하는 것이어서 이를 틈타서 향촌자위세력이 무력을 배경으로 자의적 행동을 하거나 나아가 '無所不爲'의 횡포를 부리는 경우가 적지 않았다.

숭정15년(1642) 말 북직예 순덕부 平鄕縣에서는 부임 중이던 신임지현 袁夢吉이 만주족의 침공 소식을 듣고 그대로 도망가 버려, 지현의 자리가 계속 공석 상태로 남게 되었다. 이 상황에서 현의 의병집단 우두머리 魏國은 "일이 없을 때에는 (지현을 대신하여) 마음대로 징세하여 백성에게 해를 끼치더니 (막상) 일이 생기자 서슴없이 도망쳐 버리는[無事則擅派殃民 有事則悍然逃避]"[342] 행태를 보였다. 즉, 200여 명의 義兵에 군향을 조달한다는 명목으로 현의 서리 등과 공모하여 2천여 냥을 불법적으로 징수·착복하였다가, 막상 일이 생기자 도망가 버렸던 것이다.[343] 의병두목 위국의 행

340) 『明季北略』 권20, 「堪任督撫諸臣」, p.432.

341) 숭정15년 당시 북직예 順德府에서는 예하 9개 縣 지방관의 과반수가 缺官인 상태였으며(李永茂, 『邢襄題稿』 제7疏, 「奏報道臣聞報丁憂等事疏」, p.19) 이러한 상황은 明末·淸初의 화북사회에서 드물지 않았다.

342) 李永茂, 『邢襄題稿』 제8疏, 「奏報察過沙南平廣四縣疏」, p.23.

343) 李永茂, 『邢襄題稿』 제8疏, 「奏報察過沙南平廣四縣疏」, pp.22~23. 그 때문에 정작 李永茂가 현에 도착했을 때 노약자 15명만이 義兵이라고 하면서 이영무를 맞이하였다.(同上, p.22).

태는 국가권력 공백기에 무장집단이 행한 횡포의 한 사례라고 할 수 있을 것이다.

국가권력 공백을 틈타 향병의 무장집단이 자위의 단계를 넘어 지역사회에서 횡포·무단하는 데까지 이른 예는 산동 濟寧直隸州에서도 발견할 수 있다. 제녕주는 漕運의 요충지였던 만큼 각종 반란집단이나 청병의 주된 공격 목표였고, 이에 대응한 자위활동도 비교적 활발하였다. 天啓 2년(1622) 徐鴻儒 반란군의 침공에 직면하여 總河大司空 이하 관료들이 신사·상인들과 함께 방비책을 세운 결과 "네 關에서 장정 수만 명을 선발하여" 이를 아홉 진영으로 조직하였고 결국 성공적인 방어를 할 수 있었다.[344] 이후 이자성의 대순군이 이곳을 점령하고 大順 '僞官'이 "고문을 하고 銀을 추징하는" 강압통치를 하자 지역사회에서 이에 반발하였다. 원임시랑 潘士良 등 제녕의 신사들은 성 밖의 향병세력 및 성 안의 사민을 규합하여 대순정권 관료와 장수를 체포·처형하였고(숭정17년 5월, 1644),[345] 제녕을 탈환한 이후에는 네 관문과 성내의 방위를 분담하여 재정비하는 데 앞장섰다.

그러나 대순세력 축출에서 선봉에 섰던 향병우두머리 楊樸이 권력을 장악하여 신사층을 압박하였다. 그는 濟寧 탈환 후 신사들이 總河로 추대한 潘士良을 무시하고 대순관료로부터 탈환한 돈의 분배를 요구하였고, 결국 潘士良 등을 위협하여 굴복시켰다. 이 사건을 계기로 濟寧에서 鄕兵두목의 횡포가 노골화하기 시작하였으며 한달 뒤에는 향병세력 내부에서 내분까지 일어났다. 그 과정에서 米繼宗이란 인물이 楊樸을 살해한 후 무력을 장악하였고, 이어 신

344) 鄭與僑, 「守禦記」, 咸豊 『濟寧直隸州志』 권4의 5, 兵革志, 6a.

345) 鄭與僑, 「倡義記」, 咸豊 『濟寧直隸州志』 권4의 5, 兵革志, 12a ; 楊士聰, 『甲申核眞略』, 浙江古籍出版社, 杭州, 1985, 排印本, pp.46~47.

사층을 무시하고 박해하기까지 하였다. 그 결과 鄭與僑 등 성내의 많은 신사들이 피신하게 되었는데, 당시 성을 나서던 신사들이 향병두목에게 배례하며 눈치를 살핀 것이나, 總河로 추대되어 명목상 최고의 지위에 있었던 潘士良조차도 이들의 전횡에 대하여 "사안은 이미 내 손 안에 있지 않다"[346]고 운운하며 탄식하였던 데서 이들 향병세력이 정치권력의 공백기에 횡포를 부리던 상황을 엿볼 수 있다. 양박, 미계종 등 향병두목들의 신분은 확실하지 않으나 양박에 대해서는 "큰 도끼를 휘두르는 거칠고 경박한 자[莽人]"[347]라 표현한 것으로 보아 무뢰의 일종이 아닌가 한다.

이러한 향병두목들의 횡포사실에 비추어 볼 때, 향촌사회에서 보다 큰 영향력을 행사할 수 있었던 신사가 무장집단을 장악한 경우라면 신사의 영향력과 무력을 바탕으로 더욱 강력한 향촌지배를 관철할 가능성이 컸을 것이다. 그 한 예로서 북직예 長垣縣의 李如琮을 들 수 있다. "대대로 내려온 관료집안의 후예[累世宦裔]"였던 이여종은 집안의 영향력을 이용하여 무뢰·망명을 불러모아 이들을 사병으로 삼은 다음, 그 무력을 통해 향촌사회에서 횡포를 부렸다.[348] 그는 대순정권이 파견한 관료와 결탁하여 "생사를 같이하는 관계"를 맺고, 3,000여 명에 달하는 향용을 불러모아 훈련시키며 자신은 통령이 되었다. 그는 전 현의 장정과 나귀·말을 장악하고, "상인들에게 강제로 추징하고 관료들을 살륙했다"고 할 정도로 대단한 위세와 횡포를 부렸다.

한편 산동 諸城縣의 王遵坦은 "儒業을 버리고 장수가 된 名家출

346) 楊士聰, 『甲申核眞略』, p.47.

347) 鄭與僑, 「倡義記」, 咸豊 『濟寧直隷州志』 권4의 5, 兵革志, 12a.

348) 『明淸史料』 丙-5-452a, 「掌錦衣衛事王鵬沖奏本」.

신"으로, 동란기에 200여 기병으로 구성된 정예 무장자위세력을 이끌고 있던 인물이었다.349) 왕준탄은 이후 같은 현 출신의 생원 丁耀亢의 제의를 받아들여, 촌락에서 고립분산적으로 자위하고 있던 '토착의 巨族'들을 회유하여 이들로부터 사병 3,000여 명을 초집하여 세력을 확대하였다.350)

이처럼 '累世宦裔', '棄儒而將'한 名家출신, '宦族' 등으로 기록되는 자들은 그들 자신이 신사의 '신분'을 가졌다기 보다는 그대로 관료·신사 가문에 속하는 존재로 볼 수 있다. 그러나 이들이 세력을 결집하는 데에는 그 '집안 배경'이 큰 역할을 하였다. 李如琮의 경우 "대대로 내려온 관료집안의 후예라는 것에 의존하여 무뢰·망명을 불러모았다[恃累世宦裔 招納亡命]"라고 한 것처럼 그 집안 배경이 큰 역할을 하였다. 당시 남명정권에 끈을 대고 있던 王遵坦이 토착 거족들의 사병집단을 초집할 때 (남명정권의) 虛札을 준다는 명분을 내세울 수 있었던 것도, 그 자신이 명가출신이었기 때문에 가능한 일이었을 것이다. 산동의 莒賊 莊調之의 경우도 생원 丁耀亢과 시국을 논하고 '大義'에 관한 丁의 충고도 받아들이고 있다.351) 요컨대 이들은 자신이 신사 '신분'을 가진 것 같지는 않지만, 적어도 신사와 교감을 가지고 어느 정도의 동류의식도 가졌던, 즉 신사 '계층'에 속한 인물로 보아도 무방하리라고 본다.

---

349) 丁耀亢, 『出劫紀略』, 「從軍錄事」, p.154. 王遵坦은 明 太僕少卿 王瀠의 아들이다. 청 입관 이후 청조에 歸降하여 肅王을 따라 사천 정벌에 참가하였고, 그 공로로 사천 순무가 되었다.(王士禛, 『池北偶談』 권5, 談獻 1, 「王劉二奇士」, 中華書局, 1982, p.116 ; 『山東歷史人物辭典』, 山東人民出版社, 1990, p.376).

350) 丁耀亢, 『出劫紀略』, 「從軍錄事」, p.154.

351) 丁耀亢, 『出劫紀略』, 「從軍錄事」, p.155.

이상에서 살펴본 것처럼 명말 화북의 신사·지주층은 주현의 공식적 향병조직에 참여하거나 사적인 무장자위조직을 결성하여 지역사회의 치안유지에 노력하였으며, 군사적 무장자위활동과 병행하여 향약·보갑의 시행, 구휼활동, 향촌공동체 의식의 고양 등을 통해 자위활동을 보완하는 내부통제 기능을 적극 수행하였다. 이러한 신사·지주층의 여러 활동은 지역사회의 치안유지와 향촌수호라는 대의명분하에서 수행되는 것이 보통이었다. 특히 신사층의 경우 사대부의 公의식 및 이와 본질적으로 공존하는 사리추구의 '保身家'적 행동도 함께 나타났다. 즉 향촌자위활동을 중심으로 한 신사·지주의 이러한 여러 활동은 평상시 '향촌지배'의 연장이었던 것이다.

국가권력이 보다 직접적이고 강하게 행사되던 화북사회에서 권력공백 상태는 더욱 큰 혼란상을 초래했고, 그런만큼 무장자위활동은 더욱 절실하고 강력할 수 있었다. 화북의 신사·지주층이 행한 무장자위활동이 국가 권력을 대행하는 질서유지의 역할을 수행할 수 있었던 것은 이런 배경에서 이해할 수 있다. 제녕의 신사 鄭與僑는 신사·유력자층이 향병세력을 결집하여 大順정권을 몰아낸 일에 대해, "온 천지가 군주없는 때를 당하여, 앞에도 의지할 곳 없고 뒤에도 기댈 데 없는[當四海無主之日 前無所依 後無所憑]" 상황에서 오로지 "紳衿의 충절과 鄕勇의 진심의 정성[血誠]"으로 이룬 성과라고 자찬하고 있다.[352] 황제도 관료도 관군도 없는 동란기의 혼란상에서, 지역사회의 질서를 유지한 것은 바로 신사가 앞장서서 창도하여 결성하고 이에 향촌민들이 충심으로 단결하여 결집한 무장자위세력이었던 것이다.

---

352) 鄭與僑, 「倡義記」, 咸豐『濟寧直隸州志』 권4의 5, 兵革志, 14a.

공권력 공백기의 치안부재 상황은, 신사·유력자층이 향촌지배를 강화하거나 무장자위조직을 통해 전횡을 할 수 있는 '절호의 기회'였다기 보다는, 토적의 발호 및 여러 무장집단의 횡포 속에서 자신의 지위와 생명·재산을 지키기조차 어려운 '위기의 상황'이었다고 보는 편이 더 자연스러울 것이다. 따라서 신사·유력층이 사적 무장조직의 무력을 바탕으로 武斷鄕曲하거나 때로 토적과 유사한 행동을 보이더라도, 이는 궁극적으로 절대절명의 위기상황에서 살아남기 위한 자구책의 일환이기도 하였다. 이는 본질적으로 사적 이익을 지키고 확보하려는 평상시 그들의 '보신가'적 행동의 연장이었으나, 권력 공백의 동란기라는 상황에서 간혹 독자적인 권력의 구심점이 되는 경우도 있었다. 이들 여러 형태의 자위집단은 淸朝의 지배라는 새로운 상황을 맞아 종래와는 다른 환경에서 다른 방향으로 대처해 나가지 않으면 안되었다.

3. 동란기 화북의 향병조직과 지식인의 행적

1) 북직예 邢臺縣의 향병조직

향촌방위체제의 정비, 향병의 편성과 그 활동의 사례를 順德府의 여러 현 중에서, 순덕부 치소가 있는 邢臺縣을 중심으로 살펴보기로 하자.

전술한 것처럼 청병은 명말 숭정년간 다섯 차례의 대규모 화북 침공을 감행하였고, 그 중 숭정15년(1642) 11월에는 북직예 동북부로 들어와 畿南, 산동 남부까지 휩쓸고 다니며 80여 城을 함락하면서 현지의 관군과 향촌방위세력을 궤멸시키다시피 하였다. 이때 청병은 이듬해 5월 퇴각할 때까지 36만여 명을 포로로 잡아가는 등 재물·인민의 약탈·노략이 극심하였다.[353] 산동 兗州가 함락되었을 때에는 魯王이 포로로 붙잡혀 자살하였고 수많은 관료·신사들이 살해당하였다. 청병의 침공으로 북경은 계엄상태에 돌입하였으며, 명조는 비상국면에 대처하기 위해 近畿 각지에 六科給事中 등 관료를 파견하여 각 주현의 방어실태를 점검하고 城守를 독려하도록 하였다.

兵科給事中 李永茂는 이때 畿南 順德府로 파견되어 휘하 여러 현의 城守를 독려하는 임무를 맡게 되었다. 숭정15년 11월에서 윤11월을 거쳐 이듬해 정월까지 순덕부·형대현의 城守업무와 관련한 각종 시책 및 건의 내용을 上奏로 보고한 원고(初鈔本)가 『邢襄題稿』란 책명으로 출간되었다.[354] 이하 형대현을 비롯한 순덕부 예하 9개 현의 향촌방위활동에 대해서는 주로 이 자료에 의거하여 소개하고 분석하기로 한다.

숭정15년(1642) 11월 19일 칙명을 받은 이영무는 곧바로 순덕부로 출발하여 30일 순덕부 관할의 內丘縣에 도착하였고, 이어 이튿날인 윤11월 1일 부의 치소가 있는 邢臺縣에 도착하였다. 이어 6일 沙河, 8일 南和, 9일 平鄉, 10일 廣宗, 12일 鉅鹿, 13일 唐山, 14일 任縣을 시찰하는 등 초인적 일정으로 순덕부 예하 현의 城守상황을 죽 둘러보았다.[355] 이때 이영무가 목도한 상황은,

> (內丘縣은) 보이는 것은 온통 가시덤불이고 사방이 기와부스러기이며, 60리의 荒草寒林 속에 다만 도로 흔적만 희미하고 사람이 다니는 흔적조차 없습니다.[356]

---

353) 淸『太宗實錄』권64, 崇德 8년 5월 癸卯, p.1072.

354) 李永茂,『邢襄題稿』, 中華書局, 上海, 1958. 출간 당시 책명은『邢襄題稿·樞垣初刻』이나, 본서에서는 편의상『邢襄題稿』로 표기함.

355) 李永茂,『邢襄題稿』제11疏,「奏報察理事竣遵旨回奏疏」, p.27.

(平鄕縣은) 피해가 극도로 비참하여, 지금 성내에는 단지 타다 남은 담장과 무너져 쌓인 기왓장 뿐입니다.[357]

라고 보고하였다. 화북의 다른 지역도 상황은 비슷했겠지만, 북직예 남부 순덕부 예하 주현이 이러한 비참한 상황에 빠진 것은 "숭정11년에서 현재에 이르기까지 5년 동안 청병의 침공, 토적의 발호, 역병의 창궐, 기근, 세역의 과중한 부과 등이 연이어 집중적으로 일어났기 때문"[358]이었다. 말하자면 천재와 인재, 내우와 외환이 동시에 발생하는 '天崩地裂'의 상황이었던 것이다.

이러한 국면에 대처해야 할 지방정부는 거의 붕괴상태나 다름없었다. 이영무의 보고에 의하면, 숭정15년 말 당시 순덕부 소속 9개 현 중에서 5개 현의 지현이 공석이었다.[359] 형대현과 남화현은 지현의 공석상태가 오래되었으며, 사하현에 새로 보임된 지현 項易은 사태를 관망하며 부임을 꺼리고 있었다.[360] 평향현의 신임 지현 袁夢吉은 청병의 침공소식을 듣고 임지에 부임하지 않고 도망쳐, 천여 리나 떨어진 남직예까지 가 있는 것이 확인되기도 하였다.[361] 거록현은 지현 黃大本이 "기회만 엿보고 근근이 목숨만 부지하려는" 존재에 불과하여, 거의 '無官'이나 마찬가지 상태였다.[362] "전투와 수비의 임무는 지방관[印官]에 맡겨야 한다"[363]는 주장

356) 李永茂, 『邢襄題稿』 제4疏, 「奏報入境日期等事疏」, p.14
357) 李永茂, 『邢襄題稿』 제8疏, 「奏報察過沙南平廣四縣疏」, p.22.
358) 李永茂, 『邢襄題稿』 제8疏, 「奏報察過沙南平廣四縣疏」, p.21.
359) 李永茂, 『邢襄題稿』 제7疏, 「奏報道臣聞報丁憂等事疏」, p.19.
360) 李永茂, 『邢襄題稿』 제4疏, 「奏報入境日期等事疏」, p.15.
361) 李永茂, 『邢襄題稿』 제8疏, 「奏報察過沙南平廣四縣疏」, p.20.
362) 李永茂, 『邢襄題稿』 제11疏, 「奏報察理事竣遵旨回奏疏」, p.28.
363) 李永茂, 『邢襄題稿』 제1疏, 「奏陳應責應催事宜疏」, p.10.

을 견지했던 이영무로서는 이러한 지방관 부재상태는 시급히 해결해야 할 급무였다. 따라서 결관 상태인 주현에 시급히 지현을 보임할 것과 이들이 속히 임지에 부임하도록 재촉할 것을 요청하는 상주문을 올렸다.[364)]

그런데 지방관이 재임 중인 곳에서도 문제가 적지 않았던 것 같다. 형대현에 주재하고 있던 順德府 관료에 대한 이영무의 평가를 보면, 지부 吉孔嘉는 "걸음걸이가 불편하여 딴 사람의 부축을 받아야 하는 형편"이었고, 통판 孔貞來는 "나이 어리고 약골이며", 同知 陳嘉胤은 "노련하고 신중한 일면이 있으나 나머지 사무처리는 잡다하고 무질서"하였다.[365)] 지방의 城守조직을 점검·재편하는 과정에서 이영무는 도망가거나 부임을 회피하고 있는 지현들과 함께 속히 처벌해야 할 지방관으로서 지부 길공가를 꼽았다.[366)] 이영무의 눈에 길 지부는 "탐욕하고 잔혹하며 제멋대로 방자하여(貪殘縱肆), 단순히 직무태만에만 그치지 않을 뿐 아니라…늙고 비루한" 탐관의 전형이었다. 그의 심복인 守備 鄧人和는 시정무뢰 출신으로 "백성의 고혈을 갈취하여 길 지부에게 아첨하고 군향을 착복하여 사복을 채우는" 존재였다. 심지어 守城의 군졸[垜夫]들에게 돈을 뜯는 등 수탈이 심하자 네 개 성 他府 천여 명이 이영무가 주재한 관청에 몰려와 그 잔학상을 고발하는 일까지 있었다.[367)]

그러나 이영무가 순덕부 지방관들을 일방적으로 혹평만 한 것은 아니었다. 이영무는 지역사회 향병조직의 시급한 재편·보강을 위

364) 李永茂, 『邢襄題稿』 제7疏, 「奏報道臣聞報丁憂等事疏」, p.19.
365) 李永茂, 『邢襄題稿』 제4疏, 「奏報入境日期等事疏」, p.15.
366) 李永茂, 『邢襄題稿』 제17疏, 「奏報仰遵勅諭等事疏」, p.40
367) 李永茂, 『邢襄題稿』 제18疏, 「奏報仰遵勅諭疏」, p.41.

해 일부 지방관과 신사층에 전폭적인 신뢰를 보이며 이들의 보좌와 협조를 적극 이끌어내었다. 이영무가 가장 신뢰한 지방관은 推官 馮九思였다. 이영무는 풍구사를 "주도면밀하고 책임감 있는 通才요 침착하고 식견있는 推官"이요,[368] 심지어 "난세를 구할 진정한 인격자요 변란을 구제할 재능을 가진 인물"로 극찬하고 있다.[369] 여기에 "담력과 지혜가 깊고 크며 진심으로 직무를 수행하는" 道臣 李呈祥이 보좌를 하였다. 형대현 및 순덕부를 아우르는 향촌방어체계의 재건과 운영에는 병과급사중 이영무 주도하에 推官 馮九思와 道臣 李呈祥이 보좌하고, 여기에 민간에서는 台州府知府를 역임한 향신 傅梅, 생원 孟仲曾이 적극 협조하는 체제가 되었다.

지역사회의 방어조직 구축의 핵심은 순덕부의 치소가 소재한 형대현이었다. 형대현은 지현이 결원상태이긴 했으나 府 관료가 주재하고, 府 내에서 가장 크고 성 방어체계까지 어느 정도 갖추어진 현이었다. 형대현 외에 內丘縣 또한 무기와 성곽 등의 방비체계가 부족하기는 하지만 어느 정도 갖추어져 있었고, 무엇보다도 지현 徐中彦이 인심을 얻고 있었다. 그리고 任縣은 무기와 城池는 내구현보다 한층 낫고, 지현 許瓚도 청렴・강직(廉幹)하여, 스스로 방어가 가능할 뿐 아니라 형대현 동쪽을 막는 울타리가 될 만하였다.[370]

그러나 순덕부의 여타 현은 현관의 결원 상태여서 '중심'이 없거나(사하・남화・평향・거록현 등), 최근 수 년 동안 각종 재해가 연이

368) 李永茂, 『邢襄題稿』 제4疏, 「奏報入境日期等事疏」, p.15.

369) 李永茂, 『邢襄題稿』 제7疏, 「奏報道臣聞報丁憂等事疏」, p.19.

370) 李永茂, 『邢襄題稿』 제11疏, 「奏報察理事竣遵旨回奏疏」, p.28.

어 발생하여 인구의 9할이 도망간 상태이거나(특히 사하·당산현이 심하였다), 지현이 두려움에 떨며 부임을 기피하는 사이 의병두목이 병향을 무단으로 징수하고 유사시에는 홀연히 도망가버린 곳(평향현)도 있었다.[371)]

이하, 형대현을 중심으로 한 지역방위 상태를 살펴보자. 숭정15년 11월 1일, 이영무가 순덕부의 지역방위 활동을 독려·主持하는 임무를 띠고 형대현에 도착했을 당시, 현에는 순무의 標兵 600명[372)], 威震·保安 두 군영의 衙役兵 700명, 鄕紳 傅梅(原任 台州府知府) 등이 거느린 義兵 900명 등 모두 2,200명 정도의 병력이 있었다.[373)] 그리고 요역 성격의 민병인 垜夫가 수백 명 정도 있었던 것 같다.[374)] 여기에 각종 화기 628位, 穀米 7천9백 석, 庫銀 2천 냥이 비축되어 있어, 어느 정도 방어채비는 갖추고 있었다.

그러나 이영무는 清兵의 침입으로부터 현성을 방어하고 순덕부 예하 9개 현의 방어활동을 응원하기 위해서는 따로 향병조직이 필요하다고 판단하였다. 그래서 그가 신뢰하는 道臣 이정상, 추관 풍구사와 함께 구체적 계획을 마련하고 각 현을 다니면서 堅壁清野 방책을 설득하는 한편, 향병 모집을 독려함으로써 "향촌민 스스로 부대를 결성하여 향촌을 보호하고 城守에 힘쓸 수 있도록" 하였다. 그러나 "백 번 호소해도 한 번 호응도 않던" 향촌민은, 지역의 유력자 향관 부매가 적극 나서서 설득함으로써 마침내 "父兄子弟들

---

371) 李永茂, 『邢襄題稿』 제8疏, 「奏報察過沙南平廣四縣疏」, p.20.

372) 순덕부는 보정순무 관할지이다. 李永茂, 『邢襄題稿』 제18疏, 「奏報仰遵勅諭疏」, p.41.

373) 李永茂, 『邢襄題稿』 제4疏, 「奏報入境日期等事疏」, p.14 ; 제15疏, 「奏報邢民感激皇恩疏」, p.35.

374) 李永茂, 『邢襄題稿』 제18疏, 「奏報仰遵勅諭疏」, p.41.

이 天恩에 감격하여 모두 奮起하는"[375] 성과를 얻었다. 이영무의 호소와 향관 부매의 적극적 협력으로 민심을 얻은 후 적극 향병 모집 및 편성에 착수하였다. 여기에는 "동남 일대의 義民 張府, 서북 일대의 義民 郭宅"이라는 지역 유력자의 적극 호응이 있어 일시에 4천 명의 향병을 모집할 수 있었다. 새로 모집한 4천 명의 향병을 두 영으로 나누었고, 장부와 곽택에게 각기 千總의 무관 箚付를 부여하였다.[376] 아마도 이들은 각기 거느리고 온 사병집단을 기초로 편성된 두 진영을 실질적으로 지휘하게 되었다고 추정된다. 이들은 동란기 화북사회에서 "擁兵自衛 하던 大姓", 즉 지역사회의 유력자였다.[377]

이영무는 상주문에서 "이번 (향병 창설의) 일은 향관 부매의 공이 가장 크고 도신 이정상, 추관 풍구사의 공은 그 다음이다"라면서 향관 부매를 극찬하고, 칙명으로 표창해 줄 것[議敍]을 주청하였다.[378] 그 정도로 순덕부·형대현의 향병 모집에서 향신 부매의 역할은 절대적이었다. 부매는 각 村落을 돌아다니면서 촌락민들에게 "皇上의 愛民實政하는 은혜에 보답하자"[379]고 적극 호소하였고, 그 자신도 900명 정도로 추정되는 사병적 성격의 의병을 동원하여 부·현의 鄕兵조직에 참가하였다.[380] 이에 부응하여 義民 장

375) 李永茂,『邢襄題稿』제15疏,「奏報邢民感激皇恩疏」, p.35.

376) 李永茂,『邢襄題稿』제15疏,「奏報邢民感激皇恩疏」, p.36.

377) 丁耀亢,『出劫紀略』,「從軍錄事」, p.154. 한편 義民의 大地主로서의 성격에 대해서는 佐藤學,「明代'義民'旌表制度考－創行期正統年間を中心に－」(『明代史硏究』13, 1985) 참조.

378) 李永茂,『邢襄題稿』제15疏,「奏報邢民感激皇恩疏」, p.36

379) 李永茂,『邢襄題稿』제15疏,「奏報邢民感激皇恩疏」, p.35.

380) 李永茂가 邢臺縣에 도착하기 이전부터 있었던 縣의 鄕兵 1,600명 중에서 威震·保安 두 營 및 府縣 衙役兵이 700명이었으므로(李永茂,『邢襄題

부와 곽택이 솔선하여 私兵집단을 이끌고 참가하였으며 향촌민들도 호응하였던 것이다.

당시 형대현의 창고에 곡미 7천9백 석, 庫銀 5천여 냥 등 상당한 비축이 있었으나, 이에 더하여 대대적인 모금활동을 하였다. 그 결과 5,796냥을 모금하였으니[381], 이처럼 민간의 재원 모금을 중시한 것은, 향촌방위의 재원마련은 "본촌의 신사·부민에게 기부를 적극 권고하되 부족하면 주현의 공금으로 보조한다"는 이영무의 (그리고 당시 정부의) 향병운영 원칙에 충실한 것이었다.[382]

향신 부매는 향촌대족의 사병까지를 포함하는 현 전체 鄕兵조직을 지휘[383]할 수 있게 되었을 뿐만 아니라 모금된 鄕兵운영 자금도 관리할 수 있게 되었다.[384] 이처럼 그가 현지 지방관(지부, 지현)을 배제시킨 채 전 현의 향병조직과 그 운영전반을 장악할 수 있었던 것은, 칙명을 받고 향병조직편성의 최고책임자로 파견되어온 병과급사중 이영무가 순덕부·형대현 현지 지방관을 불신하였던 점에서 일차적 원인을 찾을 수 있다. 그러나 그 이면에는 촌락을 두루 돌며 4,000명에 이르는 義兵을 모집할 수 있었던 그의 신사로서의 영향력, 900명에 달하는 그의 사병을 동원하여 현의 공식적 향병조직에 참가시킬 수 있었던 사적 무장력, 그리고 2천 냥에 달하는 많은 돈을 향병운영기금으로 기부할 수 있었던 경제력 등

稿』 제4疏, 「奏報入境日期等事疏」, p.14), 鄕官 傅梅 등의 義兵은 나머지 900명이었던 것 같다. 이들 義兵은 유력자의 私兵的 성격이 강한 집단이었다.

381) 모금 내용에 대해서는 李永茂, 『邢襄題稿』 제16疏, 「奏報紳衿義助可嘉疏」, p.36 참조.

382) 李永茂, 『邢襄題稿』 제3疏, 「奏報鄕兵營復等事疏」, p.12.

383) 李永茂, 『邢襄題稿』 제16疏, 「奏報紳衿義助可嘉疏」, p.37.

384) 李永茂, 『邢襄題稿』 제15疏, 「奏報邢民感激皇恩疏」, p.36.

이 중요한 배경으로 작용했을 것이다. 부매가 이처럼 향촌방위조직의 전반을 장악함으로써 지역사회에서의 그의 영향력은 이전보다 배가되었으리라 추정된다.

그러나 불과 몇 개월 뒤 淸兵의 침공으로 순덕부·형대현이 함락되면서 지부 이하 많은 관리가 전사하고 자위조직은 궤멸되고 말았다.[385]

2) 산동 諸城縣의 생원 丁耀亢의 행적

丁耀亢(1599~1669, 만력27~강희8)은 山東 靑州府 諸城縣의 生員 출신으로, 시인이자 소설가요 극작가, 희곡이론가로서 강남의 문단에까지 이름을 전한 문인이었다.[386]

명말 산동에서 일어난 여러 변란 중에서, 정요항의 일상에 영향을 미친 사건으로 숭정4~5년(1631~1632) 산동 登州·萊州 일대에서 발생한 孔有德의 반란을 들 수 있다. 공유덕은 황해 북부 해상군벌 毛文龍[387]의 부장으로 登州 遊擊의 지위에까지 올랐던 인물로, 모문룡 사후 해상을 전전하다가 급기야 반란을 일으켰고, 이후 청조에 투항하게 되었다.

숭정5년(1632) 정월, 공유덕이 등주를 함락하였을 때, 정요항은 산중 생활 중이었다. 그 2년 전 동생(同胞弟) 丁耀心이 향시에 합격하였으나 정요항 자신은 이미 여러 차례 실패를 거듭하고 있던 터

---

385) 談遷, 『國榷』 권99, 숭정16년 3월 乙未, p.5966 ; 『明史』 권291, 列傳 179, 「吉孔嘉」, p.7472 ; 『遼事述』, 「東兵入口」, p.714.

386) 王瑾, 「丁耀亢思想論略」, 『廣西大學學報(사회과학판)』 2003-5, p.20 ; 張維華, 「跋丁耀亢的"出劫紀略"和"問天亭放言"」, 『山東大學學報』 1962-3, p.78 ; 石玲, 「明末淸初作家丁耀亢生平考」, 『山東師大學報(사회과학판)』 1988-3, p.71.

387) 鄭炳喆, 「明末 遼東 沿海 일대의 '海上勢力'」.

라, 작심하고 입산하여 장남과 함께 擧業에 전념하고 있었다. 그러나 友人들과 山中結社를 맺기도 하고 다양한 저술활동을 병행하는 등, 풍류생활의 끈도 어느 정도 유지하고 있었다.[388]

공유덕 반란군은 登州·萊州를 공략하며 산동반도 북부 해안 및 인근 내륙지대에서 일시 위세를 떨치자, 이 소식을 접한 정요항은 "壯士를 모으고 弓矢를 준비해서 自守계책을 마련하는" 대응을 하였다.[389] 어느 정도 재산과 명망이 있던 신사층이 당시 일반적으로 취한 자위활동의 초보적인 모습이었다. 그러나 전란이 제성현까지 미치지 않아, 정요항은 계속하여 산중생활을 영위하면서 "淸樂自足"하는 전원생활을 즐겼다.[390]

정요항이 직접 전란의 소용돌이에 휩싸이게 되는 것은 그후 청병이 기습적으로 화북을 침공하여 각지를 휩쓸고 다니며 약탈과 파괴를 일삼을 때였다. 청병은 명말 총 5차례 화북을 침공하였는데(본서 제1장 2절 참조), 초기에는 주로 북경 동북방의 遵化, 永平, 灤州 일대 및 북경 서북방, 산서 일대를 주로 유린하였다. 그러나 제4차 침공에 해당하는 숭정11년(1638) 가을에서 이듬해 초까지 약 5개월 가량의 침공 때에는 북직예뿐 아니라 산동 제남 일대까지 유린하였다.

숭정11년(1638) 9월, 도르곤이 이끄는 청의 기병이 북직예 동북방의 墻子嶺을 통해 침입하여 북직예 및 산동의 주현을 공격하였고, 이듬해 정월에는 산동으로 내려와 省都 제남을 함락시키기에 이르렀다. 이때 정요항은 장차 큰 변란이 있을 것을 예감하고 금

388) 丁耀亢, 『出劫紀略』, 「山居志」, p.142.

389) 丁耀亢, 『出劫紀略』, 「山鬼談」, p.144.

390) 丁耀亢, 『出劫紀略』, 「峪園紀」, p.144.

릉(남경)으로 남하하여 이곳에서 편안한 거처를 구하려 했으나, 노모가 고향을 떠나지 않으려 해 결국 무산되었다.[391] 4년 후인 숭정15년(1642) 11월, 청병은 또 한 번 대대적인 화북침공을 감행하였다. 1644년 청군의 입관 이전으로서는 마지막이라 할 수 있는 제5차 대규모 침공이었다. 북직예를 유린한 청병은 12월 산동 靑州를 공략하고 諸城縣을 함락하였으며, 산동 남부의 兗州를 함락하였을 때에는 魯王 및 수많은 관료를 살해하고 인명과 재물을 약탈해 갔다.

청병의 침공에 대해서 조정에서는 각지에 城守의 격문을 발하였고 이에 호응하여 제성현에서도 현성 방어 태세에 돌입하였다. 그러나 정요항은 "제성현성은 크나 人情이 괴리된지 오래되어 수비가 불가능하다"고 판단하고, 결국 가족을 이끌고 城을 나와 피난길에 나서게 되었다.[392] 당시 화북일대에는 "북방의 大家들이 온 가족을 이끌고 남으로 피난하는 거마 행렬이 끊이지 않는" 대혼란에 빠졌다. 정요항은 산으로 들어가서 防柵을 쌓고 방비해야 할지, 바다 건너 섬으로 피난갈지 결정하지 못한 채 동요하다가, 결국 이전에 들은 "해중에 은신처가 있다"라는 말이 생각나 결국 후자를 선택하였다. 당시 피난행렬에 합류하지 못하고 뒤처졌던 정요항의 장형 丁耀頭 부자가 부상을 당하고, 차형 耀昴·동생 耀心·조카 大穀이 성을 지키다가 殉難하는 등, 일족·형제 상당수가 피해를 입었다.

정요항 일행이 상선을 얻어타는 등 고생 끝에 도착한 곳은 海州 淸風島로서, 섬 안에 漁商과 市巷이 있을 정도로 상당 규모의 섬

391) 丁耀亢, 『出劫紀略』, 「山居志」, p.143 ; 同上, 「航海出劫始末」, p.150.

392) 丁耀亢, 『出劫紀略』, 「航海出劫始末」, p.150.

이었다(청대 연륙되어 현재는 육지화하였다). 海州 生員을 아들로 둔 胡氏 老儒의 호의로 겨우 거처를 정하였을 때, 정요항 일행은 피난길에 나섰을 당시 100명에 이르던 권속이 20여 명으로 줄어들어 있었다. 출발 당시 수레를 끄는 나귀·말이 50여 마리, 일꾼·雇農 등이 400여 명이나 되었고 무기[弓矢火器]까지 어느 정도 갖추었던 '위용'은 온데간데 없고, 짐과 옷가지는 모두 약탈당하였고 맨발에 헝클어진 머리를 한 영락없는 굶주린 피난민 행색이었다.

이듬해(1643) 3월, 청병이 물러가자 정요항은 100일 가까운 해상 도피생활을 마감하고 귀향하였다. 이 때 淮의 廟灣에 사는 戴子厚, 陳慊自 등의 친구가 의복과 행장을 마련해 주고 함께 귀향할 계책까지 세웠다. 섬에서의 피난생활에서 일개 면식도 없던 紳士[胡氏]의 호의를 받았던 정요항은 귀향 준비에서도 그동안 남북을 왕래하면서 쌓은 詩文 친교의 인맥[대씨, 진씨]에 크게 도움을 받고 있다.

정요항이 두 번째 피난을 떠난 것은 숭정17년(1644) 봄, 이자성군이 북경을 함락하고 大順정권의 관료가 산동에까지 파견되던 무렵이었다. 정요항은 당시 향촌사회에 土賊반란이 극심하자 城으로 피신했다가, 大順軍이 諸城까지 핍박하자 성을 방어하는 것이 불가능하다고 판단하고 다시 피난길에 올랐다.

전번의 '황망한 피난'과는 달리 이번에는 사전에 치밀한 준비를 하였다. 사전에 해안에 배를 미리 준비해 두고 노모와 식구들을 해안에 미리 보내놓았으며, 섬에서 농사를 지으며 장기 정착하기 위해 농기구와 소까지 준비해 미리 섬에 숨겨두기까지 하였다. 목적지는 저번과 마찬가지로 청풍도였다. 신 정권을 세우고 영역지배에 나선 이자성 대순군의 진공은 그 위세와 영향력에 있어서 일시적 침공과 노략질에 그친 청병의 공격보다 훨씬 컸다. 당시 해상으로 피난하는 관료·대가의 행렬이 운집하였으며, 청풍도에만 居室이 100여 가가 몰려들었다고 할 정도였다.393)

섬에서의 피난 생활 중 정요항은 섬에 은거만 하지 않고 나름대로 활발한 활동을 하였다. 우선 사태가 장기화할 것을 예감하고 섬에서 丁 給諫의 토지를 임대하여 농사를 지었다. 또 지난 번 피난생활을 끝낸 후 귀향했을 때 전토의 대부분을 악덕 이웃[强隣惡族]들이 점거해 버렸던 경험을 거울삼아, 이번에는 피난생활 도중에 고향으로 잠입해 들어가 곡식을 수확하는 등 전토를 관리하고자 하였다. 그러나 고향에 대순정권의 지방관이 이미 부임해와 부자의 재산을 빼앗아 빈농에게 분급하는 '割富濟貧' 정책을 시행하고 있어, 정요항의 집과 비옥한 전토, 각지의 莊田이 다 점거당한 상태를 목도하였다.394)

정요항 일가의 피난 행렬은 "별 준비없이 황망 중에 떠난 것"이라고는 하나, 그 일행은 전술한 것처럼 권속이 100명, 나귀·말이 50여 마리, 일꾼·고농 등이 400여 명에 달하였다. 여기에 弓矢火器까지 어느 정도 갖추어 "족히 한 부대를 이룰 만한 규모"여서, 무리 중에서 "東兵[청병]과 한 판 붙어보자[衆咸欲戰]"는 말이 나올 정도였다. 비록 그들이 천신만고 끝에 섬에 도착했을 때는 행색이 초라해졌지만, 피난행렬까지도 이 정도의 대오와 무장을 갖추어야 할만큼 명말 동란기 화북의 정국은 어수선했고, 이에 대비한 개별적 무장자위활동이 일상화하였던 것이다. 그것은 당시 화북에는 여러 종류의 무장조직이 횡행하고 있었던 상황의 반영이

393) 丁耀亢, 『出劫紀略』, 「航海出劫始末」, p.153.

394) 丁耀亢, 『出劫紀略』, 「保全殘業示後人存紀」, p.160.

었다. 명말 동란기 화북 각지에는 復明의 기치를 든 남명군 전초부대, 여기에 끈을 대고 있지만 독자적 행동을 하던 세력, 무장자위의 향병세력, 그리고 '○○賊'으로 불리며 치안을 위협하던 寇賊무리 등 각종 사적 무장세력이 횡행하며 나름대로 자존을 꾀하고 있었다.

정요항이 피난 중에 접한 무장 세력은 대체로 세 부류로 나눌 수 있다. 첫 번째 부류는 '莒賊'으로 불리던 구적무리의 우두머리 莊調之. 장조지가 이끄는 무장집단의 구성과 유래는 명확하지 않으나 일단 '賊'으로 불린 점으로 보아 민생 혹은 城守의 '적대세력'의 일종으로 볼 수 있을 것이다. 그 집단의 성격을 규정하는 것은 구성원 성분 이상으로 그 지도자의 성향에 크게 좌우된다고 보이는데, 莒賊 지도자 장조지는 비록 관료집안 출신[宦族]으로 알려졌으나 공공연히 성을 공격하여 겁략하는 행동을 하였기 때문에 '賊'으로 불린 것이 아닐까 생각된다.

정요항은 장조지 집단이 토적과 연계하여 城(濤洛?)을 공격하고 복수의 도륙을 할 것이란 소문을 듣고, 그가 "관료집안 출신[宦族]으로 의협심 있는 인물"이며 "자신의 이름을 들어 알고 있을 것"이라 확신하고 莊을 찾아가 다음과 같이 설득하였다. 정요항이,

> 足下가 일으킨 大義가 사람들의 오해를 살까 두렵습니다…족하께서 한 번 수만 명을 불러모으면 모두 義氣로 분발할 것입니다. 지금 천하가 대란에 빠져 있으니 王侯가 될 사람은 모두 당신과 같은 부류입니다[爲王侯皆君輩]. (그러나) 한 번 잘못하여 도적이 되면 대사는 물 건너가게 될 것입니다.[395]

라고 설득하자 장조지는 그 말에 감명을 받고 성 공격을 중지하고

---

395) 丁耀亢, 『出劫紀略』, 「從軍錄事」, p.154.

떠났다. 기록자 정요항 자신의 자화자찬일 수도 있겠으나, 동란기 무장세력이 수비의 향병과 침공의 토적을 오가는 행태를 보이면서 유동적인 정체성을 가지고 있었던 점을 확인할 수 있다.

당시 북방에는 크고 작은 여러 무장세력이 횡행하고 있었으며, 특히 이자성의 북경함락 이후 북직예, 산동 각지에서 토적의 봉기가 극심해졌다. 秦養津 등이 거느린 집단처럼 10만 명에 달하는 병력을 가지고 산동 青州를 공격하려던 거대 토적세력도 있었다.[396] 대부분 토적들은 소규모의 분산적 활동을 하다가 이자성 대순군의 북경점령, 대순 지방관의 산동 파견 등에 호응·편승하여 더욱 창궐하는 모습을 보였고, 명 멸망 이후에는 남명정권의 반청복명정책에 호응하기도 하였으며, 청군이 입관한 이후에는 항청운동에 가담하기도 하였다. 물론 이러한 세태변화에도 불구하고 고립·분산적인 독자적 활동을 견지한 부류가 가장 많았을 것으로 추정된다.

두 번째 부류는 정요항의 '故友' 王遵坦. 왕준탄은 "名家 출신으로 儒業을 버리고 장수가 된" 인물인데, 정요항과는 친분이 있던 [故友] 사이였다.[397] 정요항이 해상피난 기간 중 잠시 귀향하던 길에 왕준탄 부대를 만났는데, 당시 왕은 精甲 200여 기병을 거느리고 남명 弘光정권의 일원이었던 淮鎮 劉澤淸의 명을 받고 산동성 일대에서 척후의 임무를 맡고 있었다. 요컨대 宦族출신으로 상당한 군사력을 거느리고 있으면서 남명 홍광정권에 끈을 대고 있던 화북의 무장집단이었다. 왕준탄은 당시 산동으로 가는 길이었으나, 인근에 토적이 크게 일어났다는 말을 듣고 진격을 주저하고

396) 張維華, 「跋丁耀亢的"出劫紀略"和"問天亭放言"」, p.83.

397) 丁耀亢, 『出劫紀略』, 「從軍錄事」, p.154.

있던 참이었다.

정요항은 왕준탄에게 군사전략상의 몇 가지 방책을 제시하였다. 그것은 ①왕준탄 부대가 기병만 있어 반드시 보병으로써 대오의 앞뒤를 보강해야 하는데, ②지금 산동의 大姓들이 대개 병력을 보유하고 무장자위하고 있으나 공적인 지위가 없어 활동에 제약이 있다. ③이들에게 虛札을 준다면 이들을 동원하여 종군시킬 수 있을 것이다는 내용이었다. 왕준탄은 그 제안대로 서찰을 보냈고, 그 결과 순식간에 3천여 명의 병사를 새로 얻을 수 있었다. 왕준탄 부대는 이렇게 보강된 병력을 활용한 적절한 전술을 구사하여, 당시 渠丘를 포위하고 있던 "10만여 명의 大盜세력을 격퇴"하는 전과를 올리기도 하였다. 이후 정요항은 왕준탄과 함께 南明 弘光정권의 해상 水營을 관할하는 직함을 얻게 되었다.

정요항이 접한 세 번째 부류는 劉澤淸이다. 유택청은 명말 산동의 총병으로 李青山의 난을 진압하는 등의 공을 세웠고, 숭정15년(1642) 청병의 산동 침공과 靑州 공략시 衡王을 보호하기 위해 파견된 바 있었다.[398] 명이 망하자 유택청은 海州일대에서 진영을 구축하고 남명 홍광정권의 일원으로 자처하였다. 당시 弘光정권은 史可法을 揚州 督師에 임명하고 劉澤淸 등을 淮北의 4개 鎭에 배치하여 청군의 남하에 대비하였다.

정요항은 해상피난 중이던 1644년 9월, 피난 남행하는 安丘의 劉太史를 따라 淮로 가서 유택청을 만났다. 당시 북경·화북의 舊明 관료, 신사층들이 남명 홍광정권에 참여하기 위해 대거 南遷하였는데, 유 태사나 정요항도 그 부류 중의 하나였다. 홍광정권에 참여한 정요항은 贊劃이라는 軍門 幕職을 얻게 되었는데, 이후 더

---

398) 張維華, 「跋丁耀亢的"出劫紀略"和"問天亭放言"」, p.80.

깊이 간여하지는 않았지만, 이것이 정요항이 남명정권에 발을 들여놓은 계기가 되었다. 유택청 휘하에 배속되어 산동의 척후를 맡아보던 왕준탄이 해상 水營을 관할하면서 정요항은 그 부대의 감군[監紀司理]을 맡았고, 이를 계기로 두 사람은 산동 해안의 구석진 곳에서 詩酒를 즐기며 잠깐의 여유를 얻기도 하였다.[399]

정요항은 남명군의 전초부대로 자임하고 있던 유택청에게 "산동의 大姓을 원조하고 여러 도적무리들과 연합하여 이들을 울타리로 삼는다면, 남명의 북쪽 경계를 견고히 할 수 있다"는 전략을 제시하였다.[400] 정요항이 유택청을 만난 1644년 9월 당시 청군은 이미 산동 남부 膠州, 沂州까지 진격하고 있었고, 화북의 각종 무장자위 세력과 구적 세력들이 속속 유택청 휘하에 들어오고 있었다.[401] 잔존한 토적무리들 중 상당수가 기회와 여건이 닿기만 한다면 항청세력으로 전화할 수 있는 상황이었다. 정요항의 건의는 바로 이러한 상황을 활용하여 공세적으로 화북의 각 무장조직과 연계하여 국면전환을 꾀하고자 한 것이었으며, 이전에 왕준탄에게 건의하여 효과를 보기도 한 전술이었다.

그러나 유택청은 산동의 각 세력과 연계한 적극적 공세보다는 소극적 방어책에 급급하면서, 회수 일대의 藩府 토목공사에 열중하고 인민을 착취하는 데 열중할 뿐인 인물이었다. 유택청군이 홍광정권의 전초를 자처하고 있었다고는 하지만 실상은 회하 일대에서 독자적인 영역지배를 꾀하고 있었다. 사실 명말 총병시절부터 유택청 군대는 官軍의 이름을 걸고서 유적·토적보다 더한 약탈과

399) 丁耀亢, 『出劫紀略』, 「從軍錄事」, p.155.

400) 丁耀亢, 『出劫紀略』, 「從軍錄事」, p.155.

401) 丁耀亢, 『出劫紀略』, 「從軍錄事」, p.155.

횡포를 일삼던 부대로 악명이 높았고, 심지어 청병의 산동 침공시에는 청병을 가장하여 (자신이 지키도록 특명을 받은) 青州府를 공략하고 약탈까지 한 전력이 있을 정도였다.[402] 입관초 청군의 남하로 홍광정권이 망한 후 유택청은 淸朝에 투항하여 일정한 지위를 보장받았지만, 결국 순치5년 반란혐의로 체포되는 운명이었다.[403]

한편, 숭정16년(1643) 3월 청병이 동북으로 퇴각한 후 근 100일만에 귀향한 정요항은 그의 莊田 반 이상이 악덕 이웃에게 점탈당한 것을 알게 되었다. "縣에는 관료가 없고 市에는 사람이 없으며 들에는 농부가 없다.…城中의 관료는 모두 도륙을 당하였다"는 참상만 남아 있었다.[404] 결국 정요항은 들판의 곡식을 수확하지도 못하고 썩게 내버려둔 채, 성에 남아있다가 희생당한 둘째 형 耀昴과 동생 耀心을 각각 장사지냈다. 고향에 돌아온 정요항이 목도한 파괴상은 단순히 물리적인 것 뿐만이 아니었다. "풍격[風尙]이 능욕되고 무너져 약육강식의 사회가 되었으며, 평소의 친지도 서로 외면하기가 가을바람처럼 쌀쌀하며 인정이 무너져 간사·험악해진" 사회적 인간관계의 파괴였다.

이자성 반란군의 침공으로 정요항이 숭정17년(1644) 봄 두 번째 피난을 갔을 때에는 아예 장기적 피난태세를 갖추기로 작정하고 섬에서 전토를 마련하여 농사까지 지었다. 그러나 해상피난 중에도 고향에 미행·잠입하여 전토를 살피고 곡식 수확을 기도하였다. 그러나 이 때 고향 제성현에는 이자성의 大順官이 부임해 와서 "부자의 재산을 나누어 빈민을 구제하는[割富濟貧]" 혁명적인 토

402) 張維華, 「跋丁耀亢的"出劫紀略"和"問天亭放言"」, p.80.

403) 『明淸史料』 丙-7-698a~700a, 「刑部殘題稿」.

404) 丁耀亢, 『出劫紀略』, 「航海出劫始末」, p.152.

지정책을 시행하고 있어, "온 邑이 끓는 가마솥 같이 혼란스러웠고 大家들은 망연히 恒産을 잃는" 상황이었다.[405] 정요항 자신의 전토뿐 아니라 亡弟의 재산까지 모두 빈농에게 탈취당하고 있었으나, 그가 대순지방관 치하의 고향에서 할 수 있는 일은 아무 것도 없었다.

정요항이 당시 왕준탄, 유택청 등 남명정권과 연계되어 있는 무장세력과 접촉하면서 군사전술 방안을 개진한 것이나, 결국 유택청군 휘하 監軍의 지위까지 얻었던 것은 동란기 어지러운 세태에서 무언가 기댈 언덕을 찾고자 함이 아니었을까? 정요항은 이후 새로운 정복자 청조권력에 기대어 신사의 신분을 인정받고 피난 중에 점탈당한 재산을 찾고자 하였다. 나아가 말단 교직이나마 청조 치하에서 관직까지 얻게 되는 과정은, 명말청초 동란기 화북의 신사·지주·지식인이 처한 상황과 그들의 선택을 여실히 보여주는 한 예가 될 것이다.

405) 丁耀亢, 『出劫紀略』, 「保全殘業示後人存紀」, p.160.

제3장

淸의 화북 진출과 통치질서의 회복

1. 淸 入關初의 화북사회

명말 신사·유력자의 자위활동은 군사적 무장활동과 사회적 향촌지배의 양면성을 가졌다. 이러한 신사·유력자의 자위활동은 유적·토적이 창궐하고 청병이 침공·약탈을 자행하는 동란기의 위기상황에 대응하여 화북사회에서 광범위하게 전개되고 있었다. 이들의 사적 무장조직은 주로 노비[家丁]·전호·고농 등 개별적 유대관계에 있는 자들로 구성되었으므로 결속력이 강하였고, 그 때문에 주현의 공적 향병조직이 와해된 상황에서도 대개 그 명맥을 유지할 수 있었다. 그러나 신사·유력자들이 사적·개별적 무장조직의 힘으로 근근이 '自保'를 할 수 있었다 하더라도 고립무원한 처지에서 끊임없이 土寇의 위협을 받아야 했으며, 이러한 상황은 명조의 멸망으로 더욱 심각해졌다.[406] 특히 신사층의 경우 명조의 멸망과 황제[숭정제]의 죽음은 그들의 존재 자체와 정치적·사회

406) 康熙『蒙陰縣志』권8, 兵燹, 27a에 "甲申三月 闖逆陷都 群盜飈發"이라 함.

적 특권을 보장해 주던 국가권력의 소멸이라는 상황을 의미하였다.

한편 李自成의 대순정권이 유구적 행태를 청산하고 새로운 왕조 개창을 선언하면서 각종 선전구호를 제시하자,[407] 관료가 되고 싶은 하층신사뿐만 아니라 토지를 갖고 싶은 빈농, 세금을 제대로 납부하지 못해 관의 압박을 받던 농민층의 광범위한 지지를 얻었다.[408] 이는 流賊집단의 속성을 아직 청산하지 못하였던 大順政權이 단시일 내에 화북지방을 석권할 수 있었던 요인이기도 했다.

화북의 신사·지주가 이끄는 무장 자위군이 대순정권의 지방관을 살해하고 이들의 군사력에 저항한 예도 있으나,[409] 대순정권의 화북장악은 비교적 순조롭게 이루어졌다. 城 수비체제를 어느 정도 갖추고 있던 濟寧의 자위집단[410]조차도 大順 지방관의 부임을 일시 받아들일 수밖에 없었는데, 이는 위와 같은 大順정권의 선전효과로 말미암아 자위체제가 동요된 상황에서 불가피한 측면이 있다.[411] 더구나 명조는 이미 붕괴하였고 대순정권도 西安을 점령한 후부터 유구적 행태를 청산하기 시작하면서 엄격한 규율을 약속한

407) 『明季北略』 권20, 「四月三十日自成西奔」, p.490에 그 선전구호의 내용에 대해 "不殺人·不愛財·不奸淫·不搶掠·平買平賣·蠲免錢糧 且將富家銀錢 分賑窮民 頗重斯文秀才 迎者先賞銀幣 嗣卽考較 一等作府 二等作縣"라고 전하고 있다.

408) 『明季北略』 권20, 「四月三十日自成西奔」, pp.490~491에 李自成軍의 선전구호에 대한 호응의 상황에 대해 "于是不通秀才皆望做官 無知窮民皆望得錢 拕欠錢糧者皆望蠲免 眞保間民謠有'開了大門迎闖王 闖王來時不納錢糧'等語 因此敵計得售 敵膽益張"이라고 전하고 있다.

409) 趙儷生, 「李自成地方政權所遭地主武裝的破壞」에 소개된 山東 各地의 事例 참조.

410) "頗足禦防"(楊士聰, 『甲申核眞略』, p.46).

411) 李成珪, 「淸初 地方統治의 確立過程과 鄕紳」, pp.11~14.

하나의 '정권'으로 등장하였던 것이다.

그러나 관료·신사층 등 소위 기득권층에게 대순정권의 '혁명적' 슬로건은 폭력적으로 기존 질서를 무너뜨리는 폭거에 불과하였다. 산동 諸城縣의 신사 丁耀亢은 1644년 대순정권의 관료[闖官]가 현에 도임한 이후 일어난 사태를 다음과 같이 적고 있다.

> 틈관이 부임해 오자 토적·무뢰들이 (앞다투어) 胥役에 투신하였고, (틈관의) 위세를 등에 업고 사납게 날뛰었다. (틈관은) "부자의 재산을 나누어 빈민을 구제한다(割富濟貧)"는 정책을 온 거리에 내붙이고, 田產은 오래되고 새로운 것을 불문하고 業主가 (직접) 경작하는 것만을 인정하였다. 그래서 백 년의 가옥, 천 금의 재산이 하루 아침에 한 두 무뢰배의 祖產이 되어버렸다. 强鄰業主 중에는 (田產을) 오래 가질 수 없음을 알고 資物을 掠取하는 자도 있었으며, 남의 나무를 베고 곡식을 빼앗고 재물을 챙겨 도망가버린 자도 있었다. 온 읍은 끓는 가마솥 같이 혼란스러웠고 大家들은 망연히 恒產을 잃었다.412)

대순 지방관이 파견되어 '割富濟貧'의 혁명적 정책을 시행하면서 지주층들의 기득권이 심각하게 위협받았다. 臨淸州에서도 대순지방관이 "재물기부 강요, 엄한 형벌, 가혹한 고문(逼索捐助 嚴刑酷拷)"을 자행하였다.413)

화북 신사·지주층은 대순정권이 그들의 기득권을 침해하자 대순지방관을 축출하기 시작하였다. 그 직접적인 계기는 이자성군이

---

412) 丁耀亢, 『出劫紀略』, 「保全殘業示后人存紀」, p.160. 한편 大順政權이 山東에서 행한 정책 및 그 시행과정에 대해서는 李濟賢, 「李自成起義軍在山東」, 『中國農民戰爭史論叢』 4, 1982, pp.520~526 참조.

413) 『順治元年內外官署奏疏』, 國立北京大學硏究所國學門出版, 1931 (마이크로필름), 「工部營繕司主事提督臨淸廠閘鼓鑄署山東分巡東昌監軍道事于連躍疏」, 第69面.

오삼계군과 청군의 공세로 北京에서 퇴각했다는 소식이 전해지면서부터였지만,[414] 사실 대순지방관의 위세나 실력은 일부 지역을 제외하고는 보잘 것 없었다. 대순정권이 산동 일대에 파견한 군대는 매우 허약하여 70~80명 정도의 병력을 가지고 "천 명 규모라고 과장하거나[虛號千人]" 700~800명의 병력밖에 안되면서도 "2만 명 규모라고 과장할[虛號二萬]" 정도로 허장성세일 경우가 많았다.[415] 대순정권이 파견한 지방관은 단신으로 현지에 부임하는 경우가 많았고, 대개는 산서·섬서의 무뢰출신이 많았다.[416] 따라서 대순정권이 수립한 지방정권의 '군사적 기반'이 허약했음은 물론이요 현지에서 통치력을 수립하는 것조차 무리인 경우가 많았다. 요컨대 산동을 포함한 華北 일대에서 大順 지방관의 현지 장악력은 처음부터 허약했으며, 그 지배라는 것도 선언적이고 형식적인 것에 불과한 경우가 많았다.

大順軍이 산해관 전투에서 패배한 뒤 결국 북경까지 포기하고 서쪽으로 퇴각했다는 소식이 전해지자, 북직예·산동의 각지에서 일거에 反大順 봉기가 일어났다. 산동 濟寧州에서는 대순 관료의 "감금·고문과 은을 재촉[銷拷追銀]"하는 횡포에 시달리던 신사층이 향병을 재결집하여 대순관료를 축출하였다.[417] 章邱縣에서는 鄕官 謝啓光(原任 南京兵部左侍郎)이 대순군 將師가 "신사를 핍박하

414) 『淸代全史』 2, 遼寧人民出版社, 1991, p.31.

415) 李天根, 『爝火錄』 권2, 浙江古籍出版社, 1986, 排印本, p.76.

416) 『國榷』 권101, p.6067에 "時畿內山東河南諸僞令 皆秦晋無賴 單身赴任 恣意威虐" 라 하였고 『明季北略』 권20, 「四月三十日自成西奔」, p.491에는 "(大順僞官)只以三四人或四五人 便來到任 詭言'大兵在後卽至' 地方官聞風先遁 而僞官儼然南面矣"라고 大順 지방관의 부임과정을 묘사하고 있다.

417) 楊士聰, 『甲申核眞略』, p.46 및 본장 제2절 참조.

여 군향을 내도록 하는[逼紳士資餉]" 횡포에 분격하여 邑人을 규합하여 대순관료를 살해하였고, 장정 2,000명을 모아 무장자위활동을 벌이기도 했다.[418] 좀 큰 규모로는 산서 大同總兵 姜瓖의 반란[419]과 산동 德州 신사들의 反大順봉기[420]를 들 수 있다.

대순정권의 화북 장악이 "놀랄 정도의 무저항 속에서 이루어졌다"[421]고는 하지만, 이를 곧바로 대순 지방관이 지역사회를 장악하여 실질적인 통치를 행한 것으로 이해할 수는 없다. 오히려 현지 紳士·유력자들이 대순정권의 위세에 눌려 일시 관망적 태도를 취한 '유동적'인 상태였다고 보아야 할 것이다. 대순군이 패배하고 북경에서 쫓겨났다는 소식을 듣자마자 화북 각지에서 일제히 봉기하여 각지의 대순군 및 그 지방관을 축출하였던 것은 그 때문이다. 승승장구하던 대순정권의 갑작스런 몰락과 각 주현에서의 대순지방관 축출은 지역사회에 또 다시 권력공백 상황을 초래하였다. 그러자 기회를 노리며 추이를 관망하고 있던 토적세력이 다시 창궐하여 향촌사회를 위협하였다.

이러한 상황에서 淸軍이 吳三桂를 앞세워 入關하였고(1644년 4월), 그동안 각종 전란으로 인한 파괴, 유적반란군·관군의 수탈, 대순 지방관의 강압적 통치, 그리고 土賊의 위협에 시달리며 고립

---

418) 『淸史列傳』 권79, 貳臣傳, 「謝啓光」, 24b.

419) 渡邊修, 「大同總兵姜瓖とその反亂」, 『史苑』 48-1, 1988.

420) 숭정17년 4월, 德州에서의 大順정권 축출과정에 대해서는 程先貞, 「何振先傳」, 乾隆 『重修德州志』 권12, 藝文, 92a~94b ; 程先貞, 「李韞玉傳」, 同上, 95a~96a ; 李嗣宬, 「附錄討逆檄文」, 同上, 96a~98b ; 鄭克晟, 「李自成出兵山東及'德州事件'」, 『山根幸夫退休記念 明代史論叢』上, 汲古書院, 1990 등 참조.

421) 李成珪, 「淸初 地方統治의 確立過程과 鄕紳」, p.10 ; 李濟賢, 「李自成起義軍在山東」, 『中國農民戰爭史論叢』4, 1982, pp.513~519.

적인 自保상태를 면치 못하였던 화북의 신사층은 새로운 정복자 청조를 큰 저항 없이 받아들이게 되었다.

북직예 眞定府 饒陽縣에서는 대순정권이 패퇴한 이후 지역민이 들고 일어나 대순지방관을 주살하였다. 그러나 권력공백 상태에 편승하여 土賊이 공격해 오자 현성이 위기상태에 빠졌다가, '다행히' 청군이 도래하여 "萬民을 水火의 도탄에서 구하였다"고 한다.[422] 淸軍의 入關 당초에 京畿의 인심은 "떠들썩하게 앞다투어 분향하며 환영"[423]할 정도로 호의를 보였다. 두 사례 모두 청군의 입관을 칭송할 수밖에 없는 順治 초기의 上奏文 속의 표현이라는 한계는 인정해야 하겠지만, 동란기 절체절명의 위기상황에 처해 있던 화북민으로서는 새로운 정복자 淸의 지배를 대체로 수용하는 분위기였던 것은 분명하였다. 심지어 청군의 조속한 파견을 요청하거나[424] 청조 지방관의 부임을 재촉하였던 사례까지도 있었다.[425]

북직예 · 산동 등 화북의 士民들은 대체로 큰 저항 없이 淸의 점령을 받아들였고, 신사층은 청조에 歸附하는 절차를 통해 기득권을 인정받았다. 화북민들은 동란기의 극심한 혼란과 유적 · 토적의 위협으로부터 자신을 보호해 줄 수 있는 강력한 정치권력이 절실

---

422) 『順治元年內外官署奏疏』, 「直隷眞定府晋州饒陽縣鄕官原任吏部尙書□在籍調理田唯嘉疏」, 제8面.

423) 『順治元年內外官署奏疏』. 「順天府大興縣知縣吳聞詩疏」, 제57面.

424) 『明淸史料』 丙-5-428a, 「山東巡撫方大猷揭帖」에 土賊 馬應試집단의 공격을 받은 濮州의 鄕紳 · 擧 · 監등이 淸에 援兵을 連名으로 요청한 例가 나온다.

425) 『明淸史料』 丙-5-408a, 「山東河南等處招撫王鰲永揭帖」에, 王鰲永이 淸朝의 관리로 任地에 赴任해 가는 도중에 歷城縣 知縣 朱廷翰이 사람을 보내 王의 入城을 재촉한 例 참조.

히 필요했다. 명조가 이미 망한 상태에서 새로운 정복자 淸朝가 그 역할을 담당할 유력한 대안으로 떠올랐기 때문이었다. 산서지방의 예이긴 하지만 동란기에 가족이 살해당하고 재산을 다 잃어 '絶嗣喪家'한 처지에 빠졌던 原任鳳翔總兵 董學禮는 '天兵', 즉 淸軍이 오기를 간절히 원했다.[426] 산동 감찰어사 傅景星은 가족과 서로 생사도 모르며 전전하다 결국 '淸朝의 은혜'로 가족을 상봉하고 다시 복직할 수 있었던 감격을 토로하였다.[427]

이러한 사례들은 淸朝 치하에서 다시 관직을 얻을 수 있게 된 舊明 관리가 나타낼 수밖에 없는 다분히 의례적 표현이 반영된 것이지만, 여기에서 淸朝에 투항한 구 지배층의 절박한 처지를 이해할 수 있는 단서를 찾을 수 있는 것도 사실이다. 5월 초 청군이 북경에 진공하자, 대순정권 치하에 있던 京師의 관료, 신사층들은 '君父의 원수를 갚은' 오삼계를 열렬히 환영하였다.[428] 5월 5일(壬辰) 淸朝는 攝政王諭를 내려, "우리가 지금 여기에 와 있는 것은 너희 조정을 위해 君父의 원수를 갚기 위한 것이다[我今居此 爲爾朝雪君父之仇]"[429]라고 하여, 淸軍은 '爲明雪恥'의 '復讐義軍'임을 표방하였다. 이러한 명분은 '遺明의 臣民'이라 자처하던 명 관료, 신사층에게는 이민족에 투항하는 자신의 행동을 합리화할 구실을 제공하였다. 明의 進士출신으로 숭정17년(1644) 봄 順天巡撫를 제수받은 宋權은 이자성 대순정권하에서는 일시 順天節度使직을 받았다. 그후 청군의 입관으로 대순군이 퇴각하자 遵化에 있던 대순군 잔당을 격퇴·살해한 후 청에 투항하였다. 그때 그는 "나는 明의 신

426) 『明淸史料』 丙-5-475ab, 「鳳翔總兵董學禮揭帖」.

427) 『明淸史料』 丙-3-254a, 「山東道監察御史傅景星題本」.

428) 樊樹志, 『晩明史(1573~1644年)』下, 復旦大學出版社, 2003, p.1150.

429) 談遷, 『國榷』 권101, 숭정17년 5월 壬辰, p.6087.

하이나 明이 망하여 귀속할 곳이 없게 되었다. 明朝를 위해 능히 원수를 갚고 寇賊을 없앨 수 있는 자는 곧 나의 主君이다"라고 선언하였다.430) 청 조정은 송권에게 명조가 부여한 순무직을 그대로 제수해 주었고, 송권은 '감읍'하여 治平三策을 올렸다.431)

清朝는 入關과 동시에 明朝가 부여한 紳士자격을 일정한 절차를 밟아 승인하였다. 신사층의 정치적 진출을 보장하였으며 경제적 기득권도 철저히 보호하는 정책을 표방하였다.432) 청조는 이러한 기득권 보장, 사회안정 정책 등을 통해 화북지배층의 지지와 협력을 얻었고, 이를 바탕으로 초기의 비교적 순조로운 화북지배를 이룰 수 있었다.433)

청 입관초 화북 각지에는 명말 이래 독자적으로 활동하던 무장 자위세력이 여전히 활동하고 있었다. 天津의 總兵 婁某는 의병을 조직하여 대순관료와 그 무리들을 축출하고 나서 치안을 회복했고 清兵이 진격해 오자 "마중나가 영접하였다[出迎]"(순치원년 5월 20일).434) 당시 天津은 청조 지방관이 아직 파견되기 전이라, 현지에 진격한 200여 명의 清軍은 현지의 투항을 접수한 뒤 이틀만에 경사로 돌아갔다. 따라서 천진 및 그 인근지역은 여전히 권력공백 상태였고, 이 틈을 타서 천진 일대의 明 관병들이 兵變을 일으켰다.(5월 24일) 생원이 지휘하는 수천 명 규모의 토적이 인근 靜海縣

430) 順治『歸德府志』 권7, 人物(顧誠, 「論清初社會矛盾－兼論農民軍的聯明抗清－」, 『清史論叢』 2, 1980, pp.141~142).

431) 『清史列傳』 권78, 貳臣傳, 「宋權」, 47a.

432) 李成珪, 「清初 地方統治의 確立過程과 鄉紳」, p.28 ; 吳金成, 「睿親王攝政期의 清朝의 紳士政策」, 『韓沽劤博士停年紀念史學論叢』, 知識產業社, 1981, p.728 ; 吳金成, 『國法과 社會慣行』, 제2편, 「國家權力과 紳士」.

433) 吳金成, 『國法과 社會慣行』 제2편, 제2장 참조.

434) 楊士聰, 『甲申核眞略』, p.42.

일대를 장악하고 있었을 뿐 아니라 아직도 곳곳에 이자성군 잔당이 횡행하고 있었다. 이러한 여러 상황을 기록한 『甲申核眞略』의 저자 楊士聰은 당시 200여 척의 南下船團에 속해 있었다.[435] 입관 초 화북사회는 여러 종류의 무장집단이 혼재해 있는, 아직은 상당히 유동적이고 혼란한 분위기였다. 당시 淸軍의 주력이 이자성군 잔당을 좇아 산서·섬서 일대로 간 상태에서, 일부 청군이 화북평원 각지에 파견되어 현지 무장자위세력의 투항을 받고 다시 回京하는 식의 화북장악이 진행되고 있었다.

이러한 유동적인 상황에서, 산동의 무장자위 세력은 대체로 청군의 진출을 환영하였다. 순치원년(1644) 5월 王鰲永이 청조의 호부시랑에 임명되어 산동 초무에 나서자, 산동 淄川縣의 향관 孫之獬는 이에 호응하여 '率土歸順'하였고, 이어 土賊이 봉기하자 가재를 털어 향용을 모집·훈련시켜 이를 격퇴하였다.[436] 같은 해 6월 德州에서는 대순 관료를 축출하고 城守체제를 갖추었던 현지 신사들이 청조의 신임 知州가 부임해오자 "吉服을 입고 환영하였다"[437]. 동년 2월 明의 兵部右侍郎兼三邊總督에 임명되었던 李化熙는 부임도 못한 채, 소수의 관병을 거느리고 산동 臨淸 부근 민가에서 취식하며 私費로 병사에게 給餉하는 등 고립무원한 처지에 있었다.[438] 이런 상황에서 청조가 화북으로 진격해 들어왔고, 그의 '養兵破家'의 어려움을 측은히 여긴 청조의 호공시랑 王鰲永이

---

435) 楊士聰, 『甲申核眞略』, pp.42~43.

436) 『淸史列傳』 권79, 貳臣傳, 「孫之獬」, 25b. 그 후 孫은 山東巡撫 方大猷의 추천을 받아 禮部右侍郎에 올랐다.

437) 楊士聰, 『甲申核眞略』, p.44.

438) 『明淸史料』 丙-5-427a, 「原任陝西三邊總督李化熙啓本」; 『淸史列傳』 권78, 貳臣傳, 「李化熙」, 50a.

1,500兩을 원조해 주기까지 하였다.

이처럼 청조의 입관 당시 화북의 舊明관리·신사층은 제각기 고립무원의 自保상태에 있거나, 피난갔다가 돌아오거나, 남하하여 남명정권에 가담하는 것이 보통이었다. 일부 무장자위집단을 조직하여 지역을 지키면서 어느 정도 치안을 유지하였다 하더라도, 결국 淸朝의 지배를 받아들이고 권력에 흡수되어 가는 것이 대세였다. 화북사회가 입관초 비교적 '순조롭게' 청의 지배하에 편입되고 있기는 했으나 향촌사회는 여전히 토적의 세계나 다름이 없었고, 紳士·유력자들은 아직 국가권력의 보호가 미치지 않은 상태에서 고립무원의 自保활동을 계속하고 있던 것 또한 현실이었다. 淸朝로서는 서쪽으로 이자성군 등 유적집단을 쫓고 남쪽으로 계속 정복전쟁을 수행해야 하는 입장에서, '급속히 편입된' 화북지방에 대한 지배를 확고히 하고 치안을 확보하지 않으면 안되었다.

입관초 청조가 큰 저항 없이 화북사회를 단기간에 점령했지만, 화북사회는 아직도 청조의 통치가 확립되지 못했고, 향병·자위조직을 포함한 수많은 무장세력이 여전히 향촌사회에 존재하고 있었다. 남하하지 않고 고향에 남아있거나 피난갔다 돌아온 화북의 신사층은 청조에 歸降하는 것이 당시의 대세였으나, 순치원년 8월 17일 睿親王이

> 각 지방의 귀순한 文武官員들 중에는 아직도 우물쭈물 망설이며 형세를 관망하고, 겉으로는 귀순하였지만 두 마음을 품은 자가 많다.439)

라고 불만을 토로하였듯이 아직은 유동적인 상황이었다.

---

439) 淸『世祖實錄』권7, 순치원년 8월, 壬申, p.87.

이처럼 민심이 유동적이었던 데에는 명조 부흥운동의 움직임이 곳곳에서 일어나고 있었던 상황도 일조를 하였다. 산동 德州에서는 明의 大學士兼吏部尚書 謝陞, 동생 謝陛(生員)가 舊明 관료들과 함께 명의 황족 朱帥欽을 濟王으로 추대하고 근왕병을 모집하였다.[440] 그리고 大順 지방관을 살해·축출하면서, "삼가 境土를 깨끗이 함으로써 天庥(부활한 명조)를 맞고자 한다"고 선언하였다.[441] 濟王세력은 산동·북직예 일대에서 큰 호응을 얻어 1개월 안에 산동, 북직예 43개 주현을 점령하였다고 하며[442], 史可法이 남명의 군대를 정비하여 '북진'한다는 소식과 오삼계가 청병을 빌어(借) 반란군을 구축하고 있다는 승전보를 듣고, "匡復이 멀지 않고 中興의 기약이 있음을 알게 되었다"[443]고 기대하고 있다. 당시 화북에서는 대순군 축출이 復明과 연계되어 인식되고 있었던 것이다.

한편, 당시 南京에서는 舊明 遺臣·遺民들이 만력제의 친손 福王 朱由崧을 옹립하여 1644년 5월 弘光정권을 수립하였다. 화북의 舊明 관리·신사들은 경사로 가서 청조에 歸降하고 錄用을 받는 절차를 받기도 했지만[444], 청조의 정복전쟁 혹은 통치를 피해 남하하여 南明정권에 참여하였던 자도 적지 않았다.[445] 楊士聰의 관

---

440) 乾隆『德州志』권10, 紀事.

441)『淸史列傳』권79, 貳臣傳,「謝陞」, 3b.

442)『順治元年七月慶藩奉國中尉朱帥欽啓本』(劉中平,「弘光政權建立之探微」,『遼寧大學學報(철학사회과학판)』35-4, 2007, p.76).

443) 李嗣宬(明),「附錄討逆檄文」, 乾隆『德州志』권12, 藝文, 97b.

444) 山東출신의 舊明의 관리들이 淸朝의 錄用을 받아 소위 '貳臣'이 되는 과정에 대해서는 渡邊修,「'貳臣傳'と山東の'貳臣'」,『史苑』37-1, 1976 참조.

445) 睿親王이 "近見各官紛紛南下…予所不解"라고 하였던 것은 당시 南下하는 舊明의 관리가 그만큼 많았음을 말해준다(楊士聰,『甲申核眞略』,

찰에 의하면 당시 남하하는 縉紳이 '不下百餘人(家)'였다고 하며, 해상피난한 諸臣 중에 漂沒한 배가 70여 척이었다고 한다.[446] 이러한 遺臣·遺民의 남하물결이 弘光정권의 신속한 건립을 가능하게 했다는 측면도 있다.[447]

당시 남하하던 관료 중 한 사람이었던 楊士聰은 순치 원년 7월, 고향 산동 濟寧州에 도착하였다. 대순 지방관을 몰아내고 일시 자치권을 회복한 濟寧의 향병지도자들이 그를 總河職에 추대하자 양사총은 이를 거절하며 다음과 같이 답하였다.

> (이전에 청조의 관직 제의를 거절한 적이 있는데) 만약 제가 여기서 관직을 맡게 된다면 모든 일이 虜(淸朝)와 서로 부딪히게 될 것이고 虜의 분노가 반드시 심할 것이니…절대 不可합니다. 또 제가 義로써 從賊하지 않고 만고를 무릅쓰고 남하하는 것은 단지 새 군주[南明의 弘光帝]를 한번 謁見하고자 함이니…만약 중도에서 머물러 스스로 관직을 맡게 된다면…(이는) 일생의 名節을 그릇되게 하는 것입니다.[448]

청조 치하의 北京을 탈출하여 남하하던 양사총은 濟寧 향병집단에서 관직 맡기를 거부하고, 오직 남명의 弘光정권에 참여[홍광제의 알현]하기 위한 일념으로 남진을 계속하였던 것이다. 양사총은 스스로를 '수양산의 백이·숙제[兩餓夫]'에 비유하였는데,[449] 이런 심리상태는 당시 상당수의 舊明 관료와 신사층이 공유하였을 것으로 생각된다. 청조에 귀항하였던 명의 지배층이 청조가 표방한 '爲

---

p.43).

446) 楊士聰, 『甲申核眞略』, pp.54~55.

447) 劉中平, 「弘光政權建立之探微」, p.75.

448) 楊士聰, 『甲申核眞略』, p.46.

449) 楊士聰, 『甲申核眞略』, 凡論, p.9.

明雪恥', '復讐義軍' 구호에서 자기합리화의 명분을 찾았듯이, 남명정권을 향하여 남행하던 舊明의 지배층 역시 목숨 건 고행을 보상하는 명분 또한 명조에 대한 애정과 집착이었던 셈이다.

남명정권의 존재가 단지 明 지배층에게만 의미가 있는 것은 아니었다. 화북의 토적집단 역시 남명정권의 존재에 고무받아 항청활동에 나서고 있었다. 순치 원년 10월 병부우시랑 楊方興은,

> 오늘날의 시세를 보면 (산동의) 민심이 아직 안정되지 않은 것이 큰 근심거리인데, 민심이 안정되지 않은 것은 土寇가 횡행하기 때문입니다. (그런데) 토구가 횡행하는 것은, 南兵이 몰래 간첩을 보내고 격문[僞榜]을 어지럽게 傳하여 유언비어가 난무하기 때문입니다.[450]

라고 보고하고 있다. 남명정권이 화북의 토적집단을 선동하였고, 화북의 토적집단의 활동 역시 南明정권의 존재를 크게 의식하고 있었다. "(산동의) 토적들은 南兵이 원조하러 오지 않자 모두 敗散했다"[451]고 한 것이 그 단적인 예다. 산동 靑州府 일대의 토적 秦尙行·葛東方 등은 明 총병 劉澤淸의 副將이었던 楊威를 옹립하여 重興 연호의 신정권을 수립하고,[452] 당시 남명정권의 장수로 가있던 劉澤淸 세력과 연계하고자 하였다.[453] 이처럼 화북의 토적세력과 남명정권의 연계 가능성을 보고, 明의 太史 劉憲石은 남명의 東

450) 『淸代農民戰爭史資料選編』 제1책 下, 「山東農民軍的發展與淸軍布防情形」, 중국인민대학출판사, 1984, p.55. 여기서 '南兵'이란 당시 山東과 南直隷의 접경지대인 黃河, 淮水 일대에 웅거하고 있던 劉澤淸의 세력을 지칭한 듯하다. 유택청은 형식상 南明 弘光政權하의 東平伯으로 있었으나 거의 독립적인 군사세력을 이루고 있었다.

451) 丁耀亢, 『出劫紀略』, 「航海出劫始末」, p.153.

452) 『明淸史料』 丙-5-447a, 「山東臨淸總兵王國棟揭帖」.

453) 淸 『世祖實錄』 권12, 순치원년 12월 庚申, p.138.

平伯 劉澤淸에게 "산동의 大姓을 원조하고 여러 토적들과 연계하여, 이들이 각기 自守케 하여 (南明정권의) 튼튼한 울타리[藩籬外固]로 삼자"[454]고 제의하기도 하였다.

그러나 南明 弘光정권은 이런 상황을 주도적으로 활용하지는 못하였다. 사실 청군이 입관한 순치원년(1644)은 청의 주력군이 하남(懷慶府 孟縣 일대)에서 세력을 결집하여 반격을 가해오는 이자성 대순군에 대적하느라 남경의 홍광정권에 신경쓸 여유가 없었다. 따라서 주력군이 없는 화북평원의 허점을 노려 북진할 수 있는 기회가 있었으나, 결국 이를 주도적으로 활용하지 못하였다.[455]

입관 이후 청조는 기회있을 때마다 "토구는 본래 모두 우리 백성이다. 도적 수괴라도 능히 무리를 이끌고 투항하면 당연히 죄를 사면한다"[456]는 입장을 천명하고 토적의 투항을 권유하여 왔다. 그러나 토적은 본질적으로 동란기에 편승한 反권력적 존재이므로, 투항한 청초치하의 화북사회가 明末 그들이 봉기했던 사회와 크게 다르지 않는다면 계속하여 反國家, 反淸의 입장을 취할 수밖에 없는 것이었다. 이러한 상황에서 화북의 土賊세력은 자구책으로써 항청연합의 결집을 강화하였고, 때로는 이전에 그들의 공격대상이었던 明 황실의 후예를 왕으로 추대[457]하면서까지 自存을 꾀했던 것이다.

사실 입관초 화북의 향촌사회는 여전히 토적의 세계와 다름 없었다. 순치원년 8월 경, 산동 兗州府 鄒縣에만 해도 60~500명 규모의 토적세력이 수십 개나 존재하였다고 한다.[458] 이들 중에는

454) 丁耀亢, 『出劫紀略』, 「從軍錄事」, p.155.

455) 顧誠, 「論淸初社會矛盾」, p.143.

456) 淸 『世祖實錄』 권6, 순치원년 7월 丙戌, p.65.

457) 『明淸史料』 甲-1-92a, 「兵科都給事中戴明說題本」.

성격이나 향배가 분명하지 않은 무장자위세력도 상당수 있었다. 예컨대 산동 諸城縣의 '관료집안 출신[宦族]' 莊調之 집단[459], 북직예 長垣縣의 '대대로 내려오는 관료의 후예[累世宦裔]' 李如琮 집단[460], 산동 招遠縣의 생원 楊威가 이끄는 집단[461] 등과 같이, 명말 이래 고립무원의 향촌자위 활동을 해오거나 때로는 토적 집단과 다를 바 없는 행태를 보인 무장세력도 적지 않았다. 이들 집단의 일부 우두머리는 무리를 해산하고 청군에 투항하여 청조의 통치질서에 참여한 자도 있었으나, 청군의 점령과 지배에 항거하여 反淸세력화한 경우도 있었다.

토적을 포함한 화북의 각종 무장세력들이 反淸세력으로 재결집하는 데에는, 전술하였듯이 남명정권이 적극적 선동은 않더라도 그 존재자체만으로도 큰 자극이 되었다. 여기에 입관초 淸朝가 八旗 旗人들의 경제적 기반을 조성하기 위해 실시한 圈地정책, 청조의 정복과 통치를 눈으로 '확인'하고 한족의 복종을 강요한 薙髮令과 같은 약탈적·강압적 정책이 인민의 광범한 저항을 불러 일으킨 측면도 있다. 여기에 더하여 순치2년 이래 청조가 대대적인 南征을 추진하면서 화북사회에 일종의 군사공백 상태가 초래된 상황도 중요한 배경이 되었다. 이하 입관초 청조의 화북 정복과 지방통치가 완성되어 가던 무렵에 일어났던 華北에서의 反淸활동 결집의 상황을 淸朝의 南征문제와 관련하여 살펴보기로 하자. 이러한 관점은 입관초 청조의 화북점령이 비교적 순조롭게 이루어졌다는 관점에만 관심을 두었던 종래의 연구에서는 크게 주목되지 않은

458) 『明淸史料』 丙-5-426a, 「原任陝西三邊總督李化熙啓本」.

459) 乾隆 『諸城縣志』 志3, 總紀下, 第2, 1a.

460) 『明淸史料』 丙-5-452a, 「掌錦衣衛事王鵬沖奏本」.

461) 淸 『世祖實錄』 권12, 순치원년 12월 庚申, p.138.

것으로, 화북지방에 대한 청조의 地方統治 확립과정의 실상을 이해하는 데 중요한 문제라고 생각된다.

청조는 순치원년 10월, 산서·섬서방면으로 퇴각한 대순군을 추격하는 한편, 강남의 남명정권(弘光정권)에 대해서도 공세를 가하기 시작하였다. 그러나 西征·南征軍의 주력이 당시 河南에 결집하여 있던 大順軍을 섬멸하기 위해 西安 방면에 집중함으로써[462], 남경의 홍광정권은 집중공격 대상에서 제외되어 한숨 돌리게 되었다. 청군의 본격적인 南征은 순치2년 揚州(4월), 南京(5월), 嘉定·江陰(8월) 등을 공략하면서 시작되었다. 淸朝가 南征을 위해 八旗 精兵을 대대적으로 동원한 결과 華北사회에는 일종의 권력공백 상태가 초래되었다. 순치3년 11월 巡按山東監察御使 吳達은 당시 산동의 상황에 대하여 다음과 같이 전하고 있다.

> 오늘날 봉기하는 무리는 어떤 자들입니까? 그들은 (순치)원년에 초무를 받아들인 賊首들입니다. 그때는 청군[王師]이 산동에 주둔하고 있어서 그 빛나고 盛한 威風을 듣기만 해도 혼비백산할 지경이어서 어쩔 수 없이 머리를 숙이고 초무에 응했던 것입니다. (그런데) 지금은 大兵이 산동을 떠나 (모두) 南征을 가버린 것입니다.[463]

입관초 청 팔기병의 위세에 눌려 일시 투항했던 화북의 토적들이 청군의 南征을 틈타 다시 봉기하는 상황을 보여주고 있다. 당시 청조는 南征을 위한 군사력이 부족하여 淸에 투항한 舊명군은 물론 민간의 무장자위집단까지 동원할 지경이어서[464] "(산동)성에

462) 淸『世祖實錄』권10, 순치원년 10월 丙子, p.120.

463)『淸代農民戰爭史資料選編』제1책 下, 「山東民衆抗淸情況及淸政府欲行保甲」, pp.71~72.

464) 益都縣의 王遵坦이 淸의 肅王을 따라 四川 평정에 나선 예(王士禛,『池北

는 一兵一馬도 없다"465)고 할 정도였다.

이런 상황에서 입관초 청조에 투항했거나 형세를 관망하던 토적집단이 華北의 권력공백 상태에 편승해서 다시 반란을 일으키게 되었고, 그 결과 초기 비교적 순조롭게 淸朝에 점령되었던 화북지방은 다시 심각한 치안불안 상황에 빠지게 되었다.466) 청군이 弘光·魯監國·隆武·紹武 등 여러 南明정권을 차례로 와해시켜 나가던 순치 초년, 산동을 비롯한 화북 일대에서는 토적세력을 비롯한 여러 무장집단들이 抗淸연합세력을 결집하였다. 이들의 활동은 청조가 마지막 남명세력인 永曆정권(순치3년~강희 원년)에게 최후의 일격을 가하던 시기까지 이어졌다.

당시 화북의 항청세력의 예를 들어보자. 순치5년 10월 兗州府 鉅野縣 일대에서 天正 연호를 내세우고 僞王·僞公에 주현관까지 임명하면서 북직예, 하남의 여러 토적집단과 연합세력을 펼친 토적집단이 있었다.467) 濟南府 長淸縣 일대에서 여러 토적세력을 결집하고 明 황실의 翼王[朱議沩]을 옹립하여 독자적 관직체계까지 갖추고 항청활동을 한 孫化庭집단이 있었다.468) 산동 青州府 高苑縣 일대에 웅거하면서 세력 내 지역민의 호적명부까지 만들어 지

偶談』 권5, 談獻 1, 「王劉二奇士」, p.116), 寧陽縣의 朱克配, 朱思訪이 南征에 동원된 예(光緖『寧陽續志』 권12, 列傳, 人物, 「朱克配」, 58b ; 同上 권13, 武功傳, 「朱思訪」, 56b) 등이 있다.

465) 『淸代農民戰爭史資料選編』 제1책 下, 「李望樓等克陵縣后又取臨邑及淸軍籌防省城情形」, p.79.

466) 『明淸史料』 丙-6-579a, 「山東巡按吳達揭帖」에 "我師之振旅而南 忽馬北有告陷之報"(순치4년 정월)라 한 것에서 淸朝의 南征과 화북의 抗淸세력 재결집이 상호 밀접한 관련이 있음을 알 수 있다.

467) 『明淸史料』 丙-7-696a, 「河道總督楊方興揭帖」.

468) 『淸代農民戰爭史資料選編』 제1책 下, 「山東孫化庭擁立翼王拒寨抗淸戰敗被俘獲」, p.113.

배하였던 토적 謝遷집단도 있었다.[469)]

그 중에서 순치5년경 산동 서남부 曹縣 일대를 중심으로 세력을 떨치던 李化鯨집단은 산동의 항청세력 중 대표격이라 할 만하였다. 순치5년 7월 曹縣을 함락시킨 榆園토적[470)]의 領首 李化鯨은 曹縣을 수도로 삼고 明皇室의 후예를 忠義王이라 받들고 큰 세력을 형성하였다.[471)] 이화경 집단은 "王號를 僭稱"하고 휘하 여러 토적의 두목들에게 "僞公僞伯을 분봉"하였으며, "假勅假印을 갖추고" 관료를 임명하였을 정도였다.[472)] 이화경 휘하에 모인 여러 토적세력을 합하면 수십 만 명이나 된다는 보고가 있었고,[473)] 이화경집단의 창궐에 편승하여 인근 주현에서의 土豪·捕役·勢要의 횡포 또한 심각하였다고 한다.[474)]

지역사회에서 일정한 세력권을 형성하고 백성을 실질지배하고 있는 이러한 토적의 존재는 청조의 지방통치 수립과정에 큰 장애요소였다. 산동 서부 대운하가 지나는 湖泊 지대는 "평소 도적들의 소굴로 불리던 곳[素稱賊藪]"[475)]이자 『水滸傳』의 무대로 유명한 곳이기는 하다. 이런 곳이 도적들이 웅거하기 쉬운 지리적 이점을 갖추었다고는 하나, 이 일대 토적들이 순치9년 경까지도 횡

---

469) 『明淸史料』 丙-7-602a, 「兵部揭帖」.

470) '榆園賊'은 西部 山東의 榆園지역을 근거로 明末이래 세력을 떨쳤던 이 지역 土賊의 凡稱이었다. 이들은 순치12년 黃河 궤결을 이용한 관군의 대대적 공세로 완전히 섬멸될 때까지 20여 년을 존속하였다(乾隆 『夏津縣志』 권9, 雜志, 紀遺, 19b).

471) 光緒 『曹縣志』 권18, 雜稽志, 兵燹, 15a.

472) 『明淸史料』 丙-7-695a, 「河道總督楊方興揭帖」.

473) 『明淸史料』 丙-7-695a, 「河道總督楊方興揭帖」.

474) 趙國琳, 「理陶五議」, 「弭盜」, 乾隆 『定陶縣志』(光緒 補刊) 권9, 藝文, 12a.

475) 『明淸史料』 丙-7-696a, 「河道總督楊方興揭帖」.

행하며 국가권력 바깥에 존재하였다는 것은[476], 입관초 청조의 화북지배가 그만큼 '불완전'한 것이었음을 의미한다. 楡園賊의 경우는 순치12년에야 완전히 진압되었으니, 청초 화북 곳곳에는 아직도 치안공백지대가 상당수 존재하였던 것이다.

이화경 세력이 횡행하던 당시, 清朝는 이미 투항해서 북경에 거주하고 있던 劉澤清을 이화경 집단과 더불어 역모를 꾀했다는 혐의로 체포하였다.[477] 舊明軍 總兵 출신이자 남명 홍광정권의 東平伯이었던 유택청의 위상을 고려할 때, 이화경과의 '반청역모' 연계 여부와는 별도로 화북의 反清세력 결집에 대한 清朝의 우려가 그만큼 컸음을 보여주는 사건이었다고 할 수 있을 것이다. 이와 관련하여 순치5년 정월 강서 南昌에서 隆武 연호를 내걸고 반란을 일으킨 江西總兵 金聲桓과 그의 副將 王得仁의 세력[478] 및 이듬해(순치6년, 1649) 1월 산서, 섬서 일대에서 반란을 일으킨 大同總兵 姜瓖의 세력[479]은 각기 華中의 동남부와 華北의 서북부에서 대대적인 항청결집을 한 세력으로 주목된다. 순치5~6년의 이러한 전반적이고 대대적인 抗清 분위기를 가리켜 '清朝의 위기의 2년'[480]이라고 지적하기도 하는데, 앞서 예로 든 산동 일대의 대대적인

476) 『明清史料』 丙-4-321ab, 「直隷山東河南總督馬光輝題本」.

477) 『明清史料』 丙-7-698a~700a, 「刑部殘題稿」.

478) 吳金成, 「清朝權力의 地方浸透過程-明末清初의 江西南部地方을 중심으로-」, 『東洋史學研究』 35, 1991, pp.62~72 ; 吳金成, 『矛·盾의 共存』, 제2편 ; Lynn A. Struve, *The Southern Ming 1644~1662*, Yale University Press, 1984, p.127 ; 『爝火錄』 권18~19 ; 清 『世祖實錄』 순치5년 2월 甲戌, p.425.

479) 清 『世祖實錄』 권41, 순치5년 12월 戊戌, p.483.

480) "Two Years of Crisis for Ch'ing", Struve, *The Southern Ming 1644~1662*, p.127.

항청결집도 이러한 '위기' 상황과 무관하지 않았다.

李化鯨세력의 근거지인 산동 曹縣 일대가 북직예·산동·하남 3성의 접경지대여서 반란세력 진압이 원활하지 않자, 청조는 세 성을 아우를 수 있도록 三省總督직을 신설하였다.[481] 신설 삼성총독으로 임명된 張存仁은 산동은 물론 북직예, 하남의 관병까지 동원하여 대대적인 진압작전을 폈다.[482] 한편 土賊이 대대적으로 다시 결집하면서 이미 청조의 지방관이 파견되고 치안이 회복된 주현마저 다시 이들에게 함락되는 사례가 빈발하자, 淸朝는 산동순무 丁文盛과 그 후임 張儒秀를 州縣 방어 및 土賊 招撫에 실패한 책임을 물어 차례로 革職시키기도 하였다(각각 순치4년 3월, 5년 정월).[483]

향촌사회에서도 토적집단이 세력을 떨친 곳이 적지 않았다. 土賊집단은 첩자[奸細]를 곳곳에 파견하여 정확한 정보를 얻고 빠른 기동력을 구사하며 횡행하였다. 청초 지방관 중에서 "비록 유능한 관리라도 성문을 닫아걸고 城에 올라가, 촌락이 토적에게 약탈당하는 상황을 보고만 받고 있고, 不能한 자이면 수수방관하며 城이 함락되기를 기다리고 있을 뿐"[484]인 상황이 비일비재했다. 성 밖의 향촌민은 "從賊해도 (관군에게) 죽고 종적하지 않아도 (도적에게) 죽을 수밖에 없는"[485] 고통을 겪고 있었다. 이런 상황에서 三省總

481) 『淸史列傳』 권78, 張存仁, 14b. 당시 張存仁은 兵部右侍郎兼浙江福建總督직에 있다가 신설된 三省總督(兵部尙書兼直隷山東河南總督)으로 승진·발령되었다(『碑傳集』 권5, 國初功臣 上, 「兵部尙書兼都察院右副都御史總督直隷山東河南謚忠勤張公存仁傳」, p.37).

482) 『明淸史料』 丙-7-695a, 「河道總督楊方興揭帖」.

483) 淸 『世祖實錄』 권31, 순치3월 丁酉, 23a, p.374 ; 同上 권36, 순치5년 정월 己巳, 8b, p.424.

484) 『明淸史料』 丙-6-579b, 「山東巡按吳達揭帖」.

485) "從賊亦死 不從賊亦死" (『淸代農民戰爭史資料選編』 제1책 下, 「山東民衆

督직의 신설이나 巡撫를 문책·경질하는 고위급 관료의 인사만으로는 향촌사회에서 실질적인 치안회복을 이루기는 쉽지 않았다.

淸朝는 토적의 횡행 등으로 인한 치안불안 상황을 극복하기 위해 다각적인 노력을 기울였다. ①토적집단에 가담한 농민의 귀농을 장려하고 보장하였다. 예컨대 일단 招撫를 받아들여 해산한 토적에게는 照票나 赦票같은 일종의 안전보장 증서를 발급하여 안전한 歸農을 보장해 주었다.486) 주인이 없거나 버려둔 땅의 개간에 동원함으로써 귀농 후 생업안정과 정착을 도왔다.487) 해산한 토적집단에 대해서는 무기나 말과 같은 전략물품은 몰수하되, 농경에 필요한 소, 당나귀 등은 소유할 수 있게 배려하였다.488) 귀농한 농민은 里甲에 편입시키고, 토지 등 恒産이 없는 빈농에게는 따로 안삽책을 마련하기도 하였다.489)

②土賊집단의 무장·군사력을 이용하는 적극적인 방법도 구사하였다. 투항한 도적 수괴를 무관직에 임명하여 국가지배체제 내에 편입시킴으로써, 이들이 다시 반란을 도모하는 것을 막는 동시에 "토적을 이용한 토적 토벌[以賊剿賊]"의 효과를 노리기도 하였다.490) 또 투항한 土賊 중에서 정예를 선발하여 관군에 편입시킴

紛起抗淸及淸軍濫殺無辜情形」, p.90).

486) 『淸代農民戰爭史資料選編』 제1책 下, 「昌濰抗淸起義軍秦尙行等抗淸」, p.49.

487) 侯方域, 『壯悔堂文集』 권4, 「上三省督府剿撫議」, 29a. 순치6년 8월 華北 三省의 總督을 맡게 된 張存仁은 河南 歸德府의 紳士 侯方域에게 조언을 구하였고, 이후 그 책략대로 시행한 결과 平賊에 큰 성과를 얻었다 (『碑傳集』 권5, 國初功臣 上, 「兵部尙書兼都察院右副都御史總督直隷山東河南謚忠勤張公存仁傳」, p.37).

488) 金之俊, 『息齋集』, 『息齋疏草』 권1, 『佐樞疏草』, 「剿撫須求實着疏」, 6a.

489) 金之俊, 『息齋集』, 『息齋疏草』 권1, 『佐樞疏草』, 「剿撫須求實着疏」, 5ab.

490) 『壯悔堂文集』 권4, 「上三省督府剿撫議」, 28b ; 『淸代農民戰爭史資料選編』

으로써 관군전력을 보강하고자 하는 案도 제기되었다.[491]

③土賊세력의 근거 혹은 배후를 없애는 방법이다. 토착성이 강한 토적세력은 세력범위 내 농민들을 비호하는 동시에 이들로부터 징세형식으로 정기적으로 군향을 제공받는 경우가 많았다. 소위 '賊田' 혹은 '賊麥地帶'라고 일컬어지는 이런 지역은 토적의 비호를 받으면서 국가에 세금을 내지 않는 지역이었다. 이에 대해 예컨대 수확물의 7할을 백성이 취하게 하고 3할을 세금명목으로 관군에 바치게 하는 등 농민의 이익을 보증함으로써 토적세력의 물자조달 근거지를 없애는 방안을 실시하였다.[492] 청조는 순치원년 9월, '隣保檢察法'을 반포하여 명말 이래의 보갑조직을 정비・활용하고자 하였다.[493] 이러한 보갑조직의 부활을 통해, 도적과 逃人, 奸人 등을 체포하고 농민의 토적화나 토적을 위한 奸細행위를 막고자 하였다.[494] 보갑제 시행은 지역사회의 치안질서를 정비하는 데 그치지 않고, 이를 통해 향촌사회의 묵은 폐단을 없애는 효과도 기대되었다.[495]

④토적에 대해 招撫 아닌 토벌을, 그것도 온건한 토벌[緩剿]이

제1책 下, 「山東民衆抗淸情況及淸政府欲行保甲」, p.72.

491) 『壯悔堂文集』 권4, 「上三省督府剿撫議」, 28b.

492) 『壯悔堂文集』 권4, 「上三省督府剿撫議」, 27a.

493) Wakeman, *The Great Enterprise: The Manchu Reconstruction of Imperial Order in Seventeenth-Century China,* University of California Press, 1985, vol.2, p.708. (陳蘇鎭등역, 『洪業 : 淸朝開國史』, 江蘇人民出版社, 1995, p.660).

494) 『淸代農民戰爭史資料選編』 제1책 下, 「淸政府審擬丁鳴吾(維岳)等攻下泰安時之失職官員」, p.108.

495) 『淸代農民戰爭史資料選編』 제1책 下, 「山東民衆抗淸情況及淸政府欲行保甲」, pp.72~73에 의하면 保甲法을 嚴行함으로써, 賊의 巢窟을 근절할 수 있을 뿐 아니라 "鄕約舞文之病 捕官需索之病 印官下鄕衙役紛擾之病 紳衿藉勢不容淸察之病"등의 향촌사회의 積弊를 없앨 수 있다고 하고 있다.

아닌 강력한 토벌[亟剿]을 강행해야 한다는 적극적인 土賊진압 방책도 제시되었다.[496] 그리고 토적에 대한 초무와 토벌, 온건책과 강경책 등 여러 정책의 실질적 효과를 확인하기 위해, 관할지역의 '土寇의 有無'를 해당 지방관의 考課에 적용하는 방법도 시행하였다.[497]

2. 淸軍 南征期 화북의 자위세력과 신사층

입관 초 청조의 정복전 수행이나 대규모 토적을 진압하는 데에는 정예의 팔기군이 주로 동원되었다. "대개 賊들이 소문만 듣고도 벌벌 떠는 존재가 바로 만주병이다"[498]라고 하듯이, 팔기병은 적은 병력으로도 강력한 군사력을 발휘했다. 淸이 대대적으로 南征에 나서면서 화북에 정예병이 없는 상황에서 土賊이 다시 창궐하자 현지 지방관들이 계속해서 精兵(팔기병)을 요청하였던 것도 그 위력을 빌어 진압의 효과를 올리기 위함이었다.

그러나 청조가 南征에 전력을 기울이던 상황에서 화북의 국지적인 소규모 토적을 진압하는 데 팔기 정예병을 동원할 여건은 되지 못하였다. 더구나 각 현성의 방위활동에는 팔기 정예병은 고사하고 관군조차 파견할 상황이 아니어서, 대부분 현지의 鄕兵세력에 의존하지 않을 수 없었다. 말하자면 정복 차원에서 화북 점령은 완수하였으나 아직은 통치력이 행정 말단에까지 관철되지 못한 상태였으므로, 현성 및 그 이하 향촌사회의 '치안'은 명말 이래의 무

496) 『淸代農民戰爭史資料選編』 제1책 下, 「山東抗淸形勢及淸朝官吏陳鎭壓之策」, pp.80~81.

497) 金之俊, 『息齋集』, 『息齋疏草』 권1, 『佐樞疏草』, 「剿撫須求實着疏」, 5ab.

498) 『淸代農民戰爭史資料選編』 제1책 下, 「保定地區人民紛起抗淸及淸官員籌辦鎭壓事」, p.8.

장자위조직에 의존하지 않을 수 없는 상황이었다.

청조는 실질적으로 화북지방에서 통치질서를 회복하기 위해서는 明末 이래 향촌방위를 명목으로 활동하고 있던 무장자위세력의 문제를 어떻게든 처리해야 하였다. 이들 무장집단의 존재가 淸朝의 華北支配라는 大勢를 거스를 정도는 아니었으나, 일부 향촌사회는 여전히 土賊의 세계와 다름이 없었고 일단 淸朝에 투항한 土賊들까지도 정세를 관망하며 언제든지 반란을 재개할 가능성이 있었던 것이 入關初 당시의 상황이었다. 청조의 병부우시랑 金之俊은 이러한 상황에 대해 "(토적들이) 겉으로는 초무를 받아들여 아군(청군)을 돕지만 실제는 몰래 서로 연계하여 세력을 키우고 있다"[499]고 지적하고 있다.

그런데 청조의 이런 시각은 명말 이래 존속해온 무장자위 세력에게도 마찬가지였다. 이들 자위세력은 淸의 지방통치 회복 과정에서 羽翼으로 활용할 수 있는 유용한 무력집단이었음과 동시에 土賊세력이나 南明정권과 연결함으로써 反淸勢力化할 가능성도 상존한 존재였던 것이다. 이러한 鄕兵 자위세력에 대한 청조의 우려는 아래 순치원년 8월 山東巡撫 方大猷의 상주문에 잘 나타나 있다.

> 臣이 山東의 인심을 살펴보건대, 황제의 은혜에 감복하여 귀순한 자가 진실로 많으나 겉으로 순종하면서 몰래 거역하는 자 또한 적지 않습니다. 무릇 향신·토호·관가·회교도 및 闖賊[이자성군] 잔당과 그 僞官의 무리들이 날마다 병사를 불러모으고 말을 사모으는 데 조금도 꺼리는 바가 없습니다. 이전에는 지방에 방비할 대책을 가진 권력이 없었으므로 (이런 행동이) 혹 가능하였으나

499) 『明淸史料』 丙-5-416a, 「兵部右侍郎金之俊啓本」에 "雖陽爲受撫以援我兵 實陰肆結連以樹其黨"이라 함.

> 지금은 나라에 법도가 있고 관청에는 관리가 있습니다…(이러한 행동을) 통렬히 금지하여, 보병은 모두 귀농시키고 馬丁은 모두 병영에 귀속시켜야 합니다.[500)]

방대유가 上奏를 올린 순치원년 8월 24일은 清軍의 北京入城(5월 2일) 이후 3개월 이상이 지난 시점이다. 8월 당시 비록 山東招撫 王鰲永이 "濟南·東昌·泰安·兗州·青州의 屬邑들이 모두 歸順했다"고 보고하였지만,[501)] 아직도 華北의 많은 州縣에서는 지방관이 缺員상태였고 임명된 官員조차 土寇 등의 발호에 겁을 먹고 赴任을 주저할 정도였다.[502)] 더구나 縣城을 제외한 촌락사회는 여전히 이자성군(틈적) 잔당과 土賊들이 횡행하고 있어서 清朝의 지방통치는 아직 확립되지 못하였다. 이런 상황에서 方大猷는 清朝의 지방통치 회복을 방해할 가능성이 있는 여러 무장집단이 사사로이 "병사를 불러모아 훈련시키고 군대를 일으킬까" 경계하여 이들의 私的 무장력을 해산시키자고 上奏했던 것이다. 특히 方은 鄉紳, 관가[宦裔]의 私兵집단도 이 범주에 포함시키고 있다.

方의 上奏를 전후한 시기에 清朝 내부에서는 향병세력을 해산시키고자 하는 분위기가 상당히 팽배하였던 것 같다. 순치원년 7월 20일 山東河南等處招撫 王鰲永은,

> 근래 각 지방에서 義兵이 무리를 이루고 있어 (이를) 해산하기가 힘듭니다. 만약 이중에서 정예를 뽑아 (관군의 부족한) 숫자를 채운다면, 수 일 이내에 정예병[勁旅兵]으로 만들 수 있습니다.[503)]

---

500) 『明清史料』 甲-1-80a, 「山東巡撫方大猷啓本」.

501) 『清史列傳』 권78, 貳臣傳, 「王鰲永」, 5b.

502) 李成珪, 「清初 地方統治의 確立過程과 鄉紳」, p.31 ; 吳金成, 「睿親王攝政期의 清朝의 紳士政策」, p.726.

503) 『明清史料』 丙-5-405a, 「山東河南等處招撫王鰲永啓本」.

고 하여 민간의 義兵을 해산시켜 官軍에 편입시킬 것을 上奏하고 있다. 동년 9월 30일 병부우시랑 金之俊도 "민간의 무기와 마필을 몰수"[504]하여 민간의 무장 자위력을 해체할 것을 주장하고 있다. 그러나 향병 해체를 주장하는 현장의 목소리는 곧바로 조정에서 수용되지 않았다. 8월, 山東巡撫 方大猷가 鄕兵 재편을 주장하는 啓本을 올리자 예친왕 도르곤[多爾袞]은 "신사나 민간에서 제멋대로 병사를 모으지 못하도록 하라"[505]고만 답하여 사사로운 募兵만 금지할 뿐, 기존의 사적 무장세력[馬步兵]의 해산에 대한 언급은 않고 있다. 9월, 사실상의 향병의 해체를 의미하는 金之俊의 上奏에 대해서 도르곤은, "민간의 兵器는 도적을 막는 데 필요하다"[506]는 이유로 반대하였다.

이를 통해 볼 때 당시 청조는 팔기병과 綠營 관군[507]만으로는 土賊의 진압과 치안유지가 불가능하다고 파악하고, 결국 향병세력의 일방적 해산이 아니라 이를 재편·활용하는 쪽으로 정책방향을 정한 것 같다. 순치원년 7월, 順天 巡撫는 明末 流賊의 침공에 대한 향촌방위 활동에 공을 세운 北直隷 涿州 紳士들의 명단[花名淸冊]을 상신하였다.[508] 그 게첩의 머리말에 "이들을 서훈함으로써

504) 淸『世祖實錄』권8, 순치원년 9월 戊子, p.92.

505) 『明淸史料』甲-1-80a, 「山東巡撫方大猷啓本」.

506) 淸『世祖實錄』권8, 순치원년 9월 戊子, p.92.

507) 淸은 北京 入城 이튿날(순치원년 5월 3일) 귀순한 明의 官兵 중 歸農安業을 원할 경우 허락하고 從軍을 원하면 舊明軍에 편성하여 그대로 존속시킨다는 원칙을 발표하였고(淸 『世祖實錄』, 순치원년 5월 庚寅, p.52), 이 원칙은 이후 각지를 평정하면서 내린 諭에서도 그대로 관철되었다. 이것이 淸代 綠營兵의 시초였다. 綠營兵制는 순치원년 7월 壬子에 京城巡捕南北營이 설치된 것을 시초로 各地가 평정됨에 따라 순차적으로 제정되었다. 楢木野宣, 『淸代重要職官の研究－滿漢併用の全貌－』, 風間書房, 東京, 1975, 附編 제3장, 綠營兵制의 制定.

인심을 격려할 것을 청원합니다[乞題敍以勵人心事]"라 한 데서도 드러나듯, 涿州 紳士들의 향병활동은 민간자위활동의 귀감으로 칭송되고 장려되었다. 이러한 지방차원의 요구는 결국 중앙에서 향병세력을 재편·활용하는 쪽으로 방침을 정하게 되는 배경으로 작용하였던 것이다.

입관초 화북사회에서 전개된 향병활동의 구체적 모습을 살펴보기로 하자. 순치3년, 山東 臨邑 知縣 索一書(순치2년 부임)는 土寇 賽貓眼 세력의 공격을 막지 못하고 성이 함락당한 책임을 지고 해임되었다. 그 후임으로 趙士宏이 부임하고 縣의 방위를 위해 외부에서 관병[客兵]이 파견되었다(순치4년). 그런데 把總 溫起勵를 우두머리로 하는 이들 客兵의 횡포가 知縣을 비롯한 관리와 현의 紳士들을 무시하고 심지어 "매를 치는 모욕[笞辱]"을 가하기에 이르렀다.[509] 趙士宏에 이어 지현으로 부임한 高萬仞은 횡포를 부리던 溫起勵 및 그 무리들을 제압하여 물리치고, 자체적으로 鄕兵을 모집하여 자위책을 강구하였다. 縣城에서는 대대적으로 鄕兵을 모집하여 練總, 鄕長 등을 임명함으로써 위계질서를 세웠고, 인근 六鄕에서는 각기 산채를 짓고 토적의 공격을 방어하게 하였다. 임읍현에서는 이처럼 도시와 향촌의 특성에 따른 방어조직을 정비함으로써 결국 성공적인 자위활동을 수행할 수 있게 되었다.[510]

임읍현의 사례는 淸의 대대적인 南征으로 인해 화북사회가 치안공백에 빠진 상황에서 향병세력이 여전히 州縣의 방위에 중요한 역할을 담당하고 있었던 사실을 상징적으로 보여주는 것이다. 순

---

508) 『明淸史料』 丙-5-407a, 「順天巡撫宋權揭帖」.

509) 同治 『臨邑縣志』 권16, 雜事志, 紀事, 26b.

510) 同治 『臨邑縣志』 권7, 職官志, 宦績, 「高萬仞」, 29b.

치3년 9월, 山東巡撫 丁文盛이 "협박에 못이겨 적을 따르는 자가 날로 많아지고 배반하는 심정이 이미 드러나고 있다[脅從者日衆反側之心已露矣]"[511]고 지적했듯이, 당시 화북사회에서 토적의 세력은 수그러들지 않고 民心을 수습하기도 쉽지 않았다. 이들 土賊 집단은 유적과 달리 대부분 지역사회의 농민들로 이루어져, "무리를 지어 모이면 온 들판에 兵營을 이루고 흩어지면 각자의 鄕里로 돌아가는"[512] 식으로 향촌사회의 생산관계를 완전히 벗어나지 않은 존재였다. 즉, 사회 전반의 재생산 기반이 안정되지 않는 한, '납세 시기나 농한기에는 반란을 일으켰다가 초무를 받으면 歸農하고 농번기에는 농사일에 종사하는' 행태를 되풀이하는 존재였다. 순치5년 산동순무가 "山東의 土賊은 토벌하는 것은 어렵지 않으나 근절은 어렵다"[513]라고 보고한 것은 이런 사정을 반영한 것이었다.

淸朝는 華北의 土賊세력을 진압하거나 향촌사회의 치안을 유지하는 데 明末 이래 존재해 온 향병세력을 적극 활용하고 이에 크게 의존하였다. 산동순무로 부임한 方大猷는 山東 곳곳에서 土賊이 창궐하고 있다는 급보를 전해오자, 曲阜縣·滕縣·東平州의 향병세력을 불러모아 토적이 발호하던 鄒縣 일대로 파견하였고, 濰縣에서 구원요청을 해오자 靑州의 향병세력을 이곳으로 보내 원조토록 하였다.[514] 당시 方大猷가 임지에 부임하던 길이었고 정식 勅印도 받지 못한 상태였던 점을 고려한다면, 이처럼 무장자위세

511) 『明淸史料』 丙-6-570a, 「山東巡撫丁文盛啓本」.

512) 『明淸史料』 丙-5-446a, 「保定巡撫王文奎揭帖」.

513) 『明淸史料』 丙-7-654a, 「山東巡撫張儒秀揭帖」.

514) 『明淸史料』 丙-5-426a, 「原任陝西三邊總督李化熙啓本」에 나오는 方大猷의 報告.

력을 마치 관군처럼 동원한 것은 상당한 능력발휘였음과 동시에 현지 향병세력의 호응이 없었으면 불가능한 일이기도 했다. 물론 현지 자위세력측이 청조가 파견한 지방관에 대해 호응한 것은, 그동안 고립적인 自保상태를 면치 못하던 처지에서 淸朝의 來援을 절실히 바라고 있었던 상황이 깔려 있었다. 산동순무 방대유는 舊明軍, 山東 각지 鄕兵의 투항과 협조를 바탕으로 德州, 臨淸을 거쳐 濟寧까지 순조롭게 부임하였으며, 임지 濟寧에 부임한 이후에는 현지의 향병을 지휘하여 劉澤淸의 南兵을 격퇴하기도 하였다.[515]

정복자의 '분신'이자 각 주현의 吏治 수립과 치안 회복이라는 급무를 해결해야 했던 地方官 역시 당지의 향병세력을 적극 활용하였다. 순치 초, 산동 歷城縣 知縣 朱廷翰은 生員 趙任鐸, 高鳳翀 등의 협조를 얻어 鄕兵, 縣兵, 城內外의 여러 兵力을 모아 土賊의 공격을 막고 성을 지켰다.[516] 청조의 신임 지방관이 치안 회복 과정에서 현지 紳士의 조력이나 무장 자위력에 크게 의존하였던 모습을 볼 수 있다. 청초 화북 지방관과 현지의 紳士·유력자 간의 협력관계의 실상은 山東 東昌府 夏津縣의 사례에서 좀 더 자세히 살필 수 있다.

夏津縣은 漕運의 제일 요충지 臨淸에 인접한 곳으로, 명말 대운하 일대를 무대로 한 각종 토적집단이 끊임없이 봉기하던 곳이었으며, 이에 대응한 紳士·유력자의 자위활동 또한 성한 지역이었다.[517] 순치원년 4월경 북경에서 이자성군이 패주했다는 소식을

515) 『明淸史料』 丙-5-436a, 「山東巡撫方大猷揭帖」.

516) 『淸代農民戰爭史資料選編』 제1책下, 「山東起義民衆攻圍長淸濟南情形」, p.121.

517) 明末 토적이 일어나자 夏津縣의 각 향촌에서는 勢豪家를 約長으로 추대

접하자, 夏津縣民들은 의병을 일으켜 당시 하진현에 파견되어 와 있던 大順 지방관 裵欽을 誅殺하고 그 무리들을 몰아냈다.[518] 뒤이어 청조의 지방관을 맞이하였으나, 청조 치하의 夏津縣의 향촌사회 역시 여전히 "寇盜가 (때없이) 봉기하여 곳곳에서 약탈"하고, "鄕人들은 從賊함으로써 害를 피하려"[519]고 할 정도로 치안이 불안하였다. 순치3년 지현 姜念이 부임해 왔을 때도 "토적이 누차 성을 공격"할 정도로 여전히 그 세력이 수그러들지 않았다.[520] 이러한 상황에 직면한 姜 지현은 목전의 시급한 치안회복을 위하여 명말 이래 독자적으로 활동하고 있던 자위세력의 존재를 인정하고 이를 이용하지 않을 수 없었다. 자위세력의 우두머리 莫三元의 청조 행적에 대해 지방지에서 "명을 받들어[奉命] 守城"하였고 "공을 세워 報恩하고자 하였다"[521]라고 기록한 것은 청조 지방관과 명말 이래 존속해온 향병집단의 관계를 단적으로 표현한 것이다. 강 지현이 또 다른 향병두목 徐超에 대해 "그 義勇을 듣고 入城을 간청[敦請]하여, 함께 창고를 지키자"[522]고 청하고 그 역량을 활용하였다. 읍인 于尙進에 대해서는 "그 義勇을 듣고 장려하고 도

하여 결집하거나(乾隆『夏津縣志』 권8, 人物志, 忠義, 「徐自立」, 18b) 개별적으로 鄕勇을 招集하거나(同上, 「徐超」, 17a) 산채[寨堡] 등지로 집단 이주하여 하나의 團營을 형성하여 賊에 대적하기도 하였다(同上, 「徐超」, 17a ; 同上, 「于尙進」, 19ab). 이하 明末淸初 夏津縣의 自衛活動에 대해서 따로 註가 없는 것은 이상의 자료에 의거함.

518) 乾隆『夏津縣志』 권9, 雜志, 紀遺, 19a.

519) 乾隆『夏津縣志』 권8, 人物志, 忠義, 「徐超」, 17a.

520) 乾隆『夏津縣志』 권8, 人物志, 忠義, 「于尙進」, 19b. 비슷한 상황을 전하는 예로, "國初寇賊愈猖"(同上, 「莫三元」, 17b), "順治初土寇猖獗"(同上, 「許守策」, 16b)이라 하였다.

521) 乾隆『夏津縣志』 권8, 人物志, 忠義, 「莫三元」, 17b.

522) 乾隆『夏津縣志』 권8, 人物志, 忠義, 「徐超」, 17a.

적이 성을 공격하자 성의 남문을 지키도록 위임"[523]하였다. 하진현 일대의 토적세력은 순치5년 산동 순무가 이끄는 대병의 적극 진압으로 수그러들 때까지[524] 계속 지역사회를 위협하며 존속하였고, 그동안 향병의 역할은 계속되었다고 할 수 있다.

하진현의 사례는 청조 지방관이 명말 이래 존속해온 향병세력을 그대로 인정하고 이들을 격려하여 城의 방어체제 구축에 협조토록 하였음을 보여준다. 앞서 서술하였듯이 일부 관료들이 향병과 같은 민간의 무장자위력에 대한 우려를 표명하기도 하였지만, 청 조정은 향병의 재편·활용 쪽으로 정책방향을 정하였고, 하진현은 그 성공사례의 하나였다. 기존의 향병세력으로서는 청조 지방관의 협조요청을 수용하여 전투역량을 제공함으로써 지역사회의 치안회복에 기여하고, 이를 통해 종래 고립무원한 自保 상태에서 탈피할 수 있었다. 그 우두머리는 기존 신분에 조응한 일정한 지위를 얻을 수도 있었다.

山東 新泰縣에서는 명말에 활약하던 13營의 향병조직이 동란기에 일단 해체되었다가 청초 다시 부활되어 활용되기도 하였다.[525] 일부 鄕兵집단은 심지어 淸朝의 南征에까지 동원되었다(前述). 이는 淸朝가 초기 화북지방의 지방통치를 회복시켜가는 과정에서 기존 향병세력에 크게 의존하였음을 의미한다. 원임총독 李化熙가 올린 啓本에 인용된 巡撫 方大猷의 보고에 따르면,

> 臣(方大猷)에게는 軍餉도 兵士도 軍馬도 없습니다. 누차 청원했으나 아직 내려주지 않으니 힘(군사력)이 마음을 따라가지 못합니

---

523) 乾隆『夏津縣志』권8, 人物志, 忠義,「于尙進」, 19b.

524) 乾隆『夏津縣志』권9, 雜志, 紀遺, 19b.

525) 乾隆『新泰縣志』권16, 人物志 中, 忠義,「張遇留」, 6b ; 同上,「張琯」, 7a.

다.[526)]

라고 하였다. 정복전의 첨병 팔기병의 위력은 막강했으나 숫자가 부족했다. 팔기군은 '정복' 차원에서 李自成군, 南明정권 등 큰 세력에 대항하는 데 동원되느라, 이미 후방이 된 華北에서의 산발적인 토적세력 진압이나 '질서·치안유지' 등에 동원될 여유가 없었다. 따라서 청조는 華北 향촌사회에서 橫行하고 있는 土賊에 대적하여 향촌사회를 지키기 위해서는 明末 이래 존속해온 紳士·유력자의 무장자위세력을 활용하지 않을 수 없었다. 순치2년 6월, 山東 嘉祥縣 滿家洞에서 횡행하던 土賊 집단을 진압하는 데 鄕兵이 무려 3만 명이나 동원되었다.[527)] 이들 鄕兵세력이 토적 토벌군의 主力이었던 것을 보더라도 淸朝가 민간 무장력에 얼마나 의존하였는가를 짐작할 수 있다.

그런데 이러한 향병활동에는 明代와 마찬가지로 현지 紳士의 역할이 두드러졌다. 몇 가지 사례를 들어보자. 山東 齊河縣의 생원 劉養訥은 土賊의 攻城에 대항하여 '率衆禦守'하는 무장자위활동에 진력하다 殉死하였다.[528)] 山東 博平縣의 貢生 劉楷은 순치3년 土寇의 침공에 맞서 知縣과 함께 수비 방책을 도모하였다.[529)] 山東 濟南府 陵縣의 擧人 盧應昌, 貢生 許上通 등은 순치4년 10월, 家丁·衙役壯丁을 거느리고 張某, 杜某 등 練總이 거느린 향병세력과 합동작전으로 성의 무장자위활동을 성공적으로 수행하였다.[530)], 그리고 같은 시기 山東 張秋縣에서는 舊明의 官吏(都司) 于大海, 鄕

526) 『明淸史料』 丙-5-426a, 「原任陝西三邊總督李化熙啓本」.

527) 『明淸史料』 丙-6-505a, 「河道總督楊方興題本」.

528) 乾隆 『齊河縣志』 권8, 孝義志, 14a.

529) 道光 『博平縣志』 권4, 人物志, 「劉楷」, 19a.

530) 『明淸史料』 丙-7-627a, 「山東巡撫張儒秀揭帖」.

紳 張經濟 등이 거느린 향병세력이 당시 兗州府의 壽張縣을 함락시키고 張秋縣을 공격하려던 巨寇 丁維岳세력을 막는 데에 크게 활약하였다.[531] 前述한 夏津縣의 貢生 徐超처럼 독자적으로 무장자위활동을 하다가 知縣의 요청을 받고 성의 방어활동에 적극 협조한 경우도 있었다.[532] 순치3~5년의 시점에서도 縣城을 방위하는데 사적인 무장자위 세력이 큰 역할을 하였고, 여기에 舊明관리·紳士層과 같은 기존의 지배층이 여전히 중요한 역할을 하고 있었다.

淸 조정은 순치원년에 민간의 무기를 몰수하자는 건의를 각하하고 무기의 민간 소유를 부분적으로 허용한 이후에도, 민간에서 무기를 사유하고 사적으로 제조하며 말을 사육하는 것에 대해서는 여러 차례 금령을 내었다.[533] 그러나 토적 등 반청세력이 여전히 창궐하고 있고 민간 武器·馬匹의 몰수, 養馬 금지의 조처는 제대로 관철되지 않고 있었으며, 성 방어에는 여전히 민간의 사적 무장력인 향병이 중요한 역할을 담당하고 있던 것이 현실이었다. 결국 淸朝는 자위집단의 문제에 대해 다음과 같은 공식적 입장을 내리게 되었다. 즉 순치6년 3월 睿親王은,

> 근래 듣건데 民間에 兵器가 없어 능히 (城·鄕을) 방어할 수가 없어, 賊이 오히려 이득을 보고 良民은 피해만 입는다고 한다. 대포와 갑옷 두 가지는 원래 민간에서 소유해서는 안되는 것이므로 여전히 엄금하되…(그외 간단한 무기와 馬匹 등은) 모두 민간에서

---

531) 『明淸史料』 丙-7-629b, 「山東巡撫張儒秀揭帖」.

532) 乾隆 『夏津縣志』 권8, 人物志, 忠義, 「徐超」, 17a.

533) 淸 『世祖實錄』 권6, 순치원년 7월 丙戌, p.65 ; 同上 권8, 순치원년 9월 戊子, p.92 ; 同上 권28, 순치3년 10월 丁酉, p.337 ; 同上 권40, 순치5년 8월 丁未, p.464.

> 소유할 수 있게 허용하고 이를 금지하지 말라. 이미 官에 넘긴 것들도 모두 원래 주인에게 다시 돌려주도록 하라.[534]

고 명을 내렸다. 대포와 갑옷 등을 제외한 기본적 무기, 즉 三眼鎗・鳥銃・弓箭・刀・鎗 등 무장자위활동에 필요한 기본적 무기와 馬匹을 민간에서 소유할 수 있게 할 뿐 아니라 이미 官에서 거둬들인 무기까지 다시 반환해 주는 조처를 취하고 있다. 즉 淸朝는 제대로 실행되고 있지 않은 '民間의 武器 私有・養馬에 대한 禁止조처'를 철회하고 오히려 이를 공인함으로써, 민간의 무장자위 역량에 의존하여 향촌사회를 土賊의 침입으로부터 방위하고 치안을 회복하려는 적극책으로 선회하였던 것이다.[535] 이는 민간 자위활동이 상당한 역할을 하고 있던 현실을 청조가 인정하였다는 것을 의미한다. 향병세력의 군사력 증강을 위해 土賊으로부터 탈취한 무기, 그것도 火砲등 重火器까지를 향병집단에게 나누어 주었던 사례도 있다.[536] 淸朝는 민간자위 세력의 역량이 치안유지를 위해 필요 불가결한 현실을 애써 거스를 필요는 없었다. 청조가 이들 민간의 무장자위 세력을 통제할 자신이 있는 한 민간의 武器私有도 일부 허용할 수 있었던 것이다.

明末 動亂期에 국가권력이 붕괴한 이후 그 공백이 컸던 만큼 紳士・유력자의 무장자위활동은 때로 국가권력을 대행하는 역할을

---

534) 淸『世祖實錄』권43, 순치6년 3월 甲申, p.505.

535) 이점과 관련하여 Struve는, 순치5~6년의 華北지방의 叛亂이 '民間의 武器私有禁止令'의 압박 때문에 일어났고 이 때문에 淸朝는 순치6년 결국 禁止令을 철회하지 않을 수 없었다고 파악하고 있다(*Struve, The Southern Ming 1644~1662*, p.235). 그러나 淸朝의 이러한 정책선회에 대해서는, 반란에 대한 수동적인 대처방안이라기보다는 현실을 인정하고 이를 이용하려는 적극적인 정책시행으로 파악해야 한다고 생각한다.

536) 『明淸史料』丙-6-577a, 「山東巡按吳達揭帖」.

하였다. 입관초 청조의 지방통치가 회복되기 이전에 이들 자위세력은 독자적 군사활동을 하면서 신임 지방관과 협력하여 치안유지 활동을 하기도 하고 때로 토적을 攻伐하는 데도 참가하였다. 그러나 당시 紳士·지주의 사적 무장집단이 독자적인 군사활동을 하기에는 아무래도 제약이 따를 수밖에 없었으며, 淸朝라는 국가권력의 통제하에 활용되었던 점을 간과해서는 안될 것이다.

淸朝로서는 地方統治를 회복하여 통치를 관철시키기 위해서, 개인적 권위로 지도되고 私的으로 양성되고 있었던 민간의 무장자위세력을 활용하는 데서 나아가 중앙권력의 공식적 통제하로 이들을 편입시킬 필요가 있었다. 淸朝가 향병세력을 재편·활용하였던 방식은 이들을 일괄 해산시켜 官軍에 개별적으로 편입시키기보다는, 조직 자체를 해체하지 않은 채 그대로 이용한 경우가 많았다. 위에서 언급한 여러 자위집단의 동원 사례도 明末 이래의 조직과 명령체계를 온존한 채 淸朝 地方官의 초집에 응한 경우가 많았다. 이때 淸朝는 향병지도자에게 관직을 부여하는 등의 방법을 통해[537] 이들의 자위활동을 鼓舞시키고 효과적으로 통제하려고 하였다.

華北의 紳士로서는 그들의 私的 무장세력으로 淸朝에 협조하는 대가로 국고의 지원과 신분 보장을 받음으로써 淸朝와의 결합관계를 계속 유지할 수 있었고, 이를 통하여 土賊의 위협으로부터 자신을 보호하고 관직을 임명받을 기회도 얻었던 것이다.

537) 예컨대 義兵을 일으켜 大順僞官 및 그 무리들을 축출하고 淸軍을 환영하였던 天津의 婁某에게 天津總兵을 除授한 것(楊士聰, 『甲申核眞略』, p.43), 前述한 山東 諸城縣의 張遵坦에게 四川巡撫를 除授한 것(丁耀亢, 『出劫紀略』, 「從軍錄事」, p.156), 前述한 山東 寧陽縣의 生員 朱克配의 자위집단이 淸朝의 南征에 동원되어 공을 세운 후 朱가 六安州 同知에 임명되었던 사례(光緒 『寧陽續志』 권12, 列傳, 人物, 「朱克配」, 58b) 등을 들 수 있다.

淸朝와 華北 紳士·지주의 이러한 결합관계는 入關初 淸朝가 華北지방을 점령해 가는 과정에서 뿐만 아니라 그 이후에도 계속되었다. 淸朝가 조기에 화북사회를 장악하고 난 후 대대적인 南征에 나서면서 화북지방은 일종의 권력공백상태에 빠지게 되었고 그 틈을 이용하여 그동안 잠복해 있던 土賊세력이 다시 창궐하기 시작하였다. 이처럼 청군 남정기 '후방'인 화북의 치안을 안정시키기 위해 명말 이래의 민간자위 집단의 역량이 크게 필요한 상황에서 청조와 화북 지배층의 결합은 필연적인 것이었다. 이후 華北에서의 鄕兵의 활동은 順治帝의 親政(순치7년) 이후 康熙년간까지 계속되었고[538], 康熙初의 山東 商河縣의 武庠(武生) 王建旌의 활약[539]에서도 확인되듯 鄕村 自衛活動에서 紳士는 여전히 중요한 역할을 하였다.

청초 화북이 이러한 상황에 처해 있을 때, 명말 동란기 전란을 피해 수 차례 피난을 떠났다가 귀향한 제성현의 생원 丁耀亢(본서 제2장 3절 참조)의 동향은 어떠했는지 살펴보기로 하자.

정요항은 1644년 3월에 섬으로 피난간 후 1년 3개월 만인 1645년 6월 산동 제성의 고향으로 돌아왔다. 그동안 피난지 섬에서 농경에 종사하는 한편, 때로 상륙하여 淮安 일대를 둘러보고 고향에 잠입해 들어가 전토 및 수확상황을 살펴보았으며, 무장자위세력 및 남명정권과도 연계하는 등 다양한 활동을 하였던 점에 대해서는 전술한 대로이다.

귀향한 정요항에게 고향의 이웃은 그리 우호적이지 않았다. 정

538) 『文獻叢編』, 「巡按山東等處地方提督軍務耿焞揭帖」(순치12년 3월), 國立北平故宮博物院文獻館, 1930, 第13輯, 8b ; 乾隆 『新泰縣志』 권16, 人物志中, 忠義, 「韓墀」(康熙初), 7b~8a.

539) 道光 『商河縣志』 권7, 人物志, 武功, 「王建旌」, 39b~40a.

요항의 귀환 소식을 들은 제성의 친족·이웃[族隣]들은 놀라고 불안해했으며[540], 오래 알고 지내던 '현량호걸'까지도 정요항을 질시[側目]하였다.[541] 그것은 "저 혼자만 피난가서 안전하게 있다 돌아온" 정요항의 행태에 대해 동란기에 화를 입은 사람들이 보내는 야유였고, 귀향 후 잃은 토지를 다시 찾으려는 정요항의 노력에 대해 그동안 그 토지를 강점해오던 이웃들이 보인 반발이기도 했다. 명말 동란기에 힘있는 자들이 버려둔 땅을 무단 점거하거나, 大順지방관이 부임해와 '割富濟貧'의 혁명적 토지제도를 시행하는 등 토지소유(점유) 관계에 변화가 생겼으나, 정요항이 귀향 후 토지 소유권의 회복에 강한 의지를 보이던 터였다.

정요항의 전토를 점거한 이들은 정요항이 "오랫동안 南[남명정권]에서 관직생활을 했다"는 이유를 대며 쉽게 물러나려 하지 않았다.[542] 심지어 읍의 大姓들은 叛奴들을 부추겨 정요항에게 반항하게 하거나 '謀叛', '謀殺人命'의 죄로 무고하기도 하였다. 또 망명·무뢰를 사주하여 동태를 감시하고 위협하며 양식과 가축을 겁탈해 가기까지 하였다.[543] 이러한 사태에 대해 정요항은 "저들이 나의 강약을 시험해 보려는 것"으로 인식하였다.

1645년 6월 귀향한 정요항은 자신의 전토를 점거한 친족·이웃[族隣]들을 다 모아놓고 토지문서(冊券: 대순관료가 부임해와 농민들이 경작하고 있던 토지의 소유권을 인정한 토지문서인 듯함)를 다 불태우고 '새로 시작함'을 선포하였다. 요컨대 토지 소유권을 회수하고 곧바로 收租에 들어갔다. 그 결과 입추 때에는 평상시의 반액에

540) 丁耀亢, 『出劫紀略』, 「從軍錄事」, p.156.

541) 丁耀亢, 『出劫紀略』, 「亂後忍侮嘆」, p.156.

542) 丁耀亢, 『出劫紀略』, 「保全殘業示後人存紀」, p.161.

543) 丁耀亢, 『出劫紀略』, 「亂後忍侮嘆」, p.156.

해당하는 租를 거둘 수 있었다.[544]

그러나 정요항의 재산회복 과정은 그리 순탄하지 않았다. 귀향한 후 재산복구를 해야했던 정요항은 고향의 '賢良豪傑' 혹은 '族隣'들로부터 질시와 야유를 받았고, 이에 제대로 대응하지 못하면서 "우리 집안은 두 孝廉(丁耀心, 丁大穀 두 擧人)이 변을 당해 떨쳐 일어나지 못하게 되었다"고 탄식하고 있다.[545] 재산 형성과정에서 동생 정요심의 거인지위 획득 후 토지재산이 급증한 소위 '향신적 토지소유'의 면모[546]는, 재산복구 과정에서 집안에 '향신[거인] 없음'을 탄식하는 측면과 일맥상통하는 것이다.

향신이라는 든든한 배경이 없게 된 정요항은 토지를 되찾기 위해 지방관아를 부지런히 뛰어다녔다. 현에 호소하고 해결되지 않으면 부에, 심지어 안찰사에까지 호소(소송 제기)하였다.[547] 2년 가까이 萊州府, 靑州府 등지를 분주히 좇아 다닌 끝에 재산의 소유권은 겨우 밝혔다고는 하나 오랫동안 내버려둔 땅이라 토지경계가 불명확한 곳이 많았고, 따라서 타인의 불법적인 占種상황을 극복하지 못한 경우 또한 적지 않았다. 특히 亡弟의 광대한 곳곳의 전토는 토지문서가 모두 없어져 소유와 경계를 밝히기 어려웠다.[548]

이런 상황에 대해 정요항은 "우리 고장은 풍속이 각박하고 습속이 열악하여 남의 재산을 마음대로 차지한다. 저들 (내 땅을 무단점거한) 현량호걸로 자처 하는 인사들은 자신이 현자인지 불초한 자인지를 스스로 돌아봐야 할 것이다"[549]라며 탄식하였다. 그러나

544) 丁耀亢, 『出劫紀略』, 「從軍錄事」, p.156.

545) 丁耀亢, 『出劫紀略』, 「亂後忍侮嘆」, p.156.

546) 丁耀亢, 『出劫紀略』, 「保全殘業示後人存紀」, p.160.

547) 丁耀亢, 『出劫紀略』, 「保全殘業示後人存紀」, p.161.

548) 丁耀亢, 『出劫紀略』, 「保全殘業示後人存紀」, p.161.

동시에 "하늘이 폐한 것(천재지변으로 인한 황폐)은 끝내 부흥시킬 수 없으니"[550]라거나 "용기 중에서 양보할 줄 아는 것보다 큰 것은 없다", "종신토록 길을 양보하면 한 걸음도 잘못 딛지 않는다"[551]고 하면서 스스로 위안을 삼고 있다. 어쩔 수 없는 현실에 대한 체념 혹은 시대흐름에 거스르지 않고 적응해가는 모습을 볼 수 있다.

청초 제성현의 지방정치는 매우 혼란하여 극도의 치안불안 상황에 있었다. 초대 지현 程澇(북직예 출신)이 부임했을 때 제성현은 "교활한 무리[大猾]들이 소란을 일으키고 대낮에 겁략을 예사로 하여 城이 텅 빌" 정도였다.[552] 귀향 후 정요항이 마주친 고향의 모습 또한, "겁탈·살인이 예사로 일어났으며, 도적·난민들이 대순지방관의 위세를 등에 업고 아역·서리가 되어 몸을 숨기고 巨室, 寒士를 기화로 삼아 초야에서 걸핏하면 죽이고 해끼치기를 일삼는"[553] 상황이었다.

이러한 상황은 제성현의 세 번째 지현 倪思澤(만주인, 貢生)이 부임하면서 일변하였다. 倪 지현은 형벌이 엄하고 잔혹하기가 "사람 골라 잡아먹는 맹금·맹수와 같아", "온 읍에 사람소리가 들리지 않고, 춥지 않은데도 모두들 전율하였다"고 하였다. 특히 신사·구관료출신들에 대해 매우 고압적이고 잔인하게 다루어, 진사출신 모 관료를 人命事로 투옥하면서 연루자 수십 명을 태형에 처하여 죽인 일까지 있었다. 그 결과 "이때 신사·관료[士宦]의 위세가

549) 丁耀亢, 『出劫紀略』, 「亂後忍侮嘆」, p.157.

550) 丁耀亢, 『出劫紀略』, 「保全殘業示後人存紀」, p.161.

551) 丁耀亢, 『出劫紀略』, 「亂後忍侮嘆」, p.157.

552) 乾隆 『諸城縣志』 권28, 宦蹟錄 하, 10b, p.213.

553) 丁耀亢, 『出劫紀略』, 「避風漫游」, p.157.

거의 사라졌다"고 할 정도였다.[554] 하지만 정요항 자신은 별다른 박해를 받은 것 같지는 않다. 오히려 丁이 남명 監事職(監軍, 유택청 막하에서 贊劃직을 맡은 일)을 사죄하러 북경으로 출발할 때(1645년 10월) 倪 지현이 성대한 연회를 베풀고 악대까지 불러 전별해 주었다고 한다. 짐작컨대 위법사례에 대해서는 법률 적용을 엄격히 하여 신사·관료 가문이라도 예외없이 가혹하게 처벌하는 대신, 비록 남명정권에 발을 디뎠더라도 '속죄'하는 모습을 보이면 우대하는 통치술을 구사한 것이 아닌가 한다. 그러나 정요항이 자신의 북경행을 "사실은 화를 피하기 위한 것"이라고 토로한 점, 그리고 곧이어 예 지현이 탄핵을 받았다는 점을 볼 때, 예 지현의 엄혹한 통치가 정도를 넘은 예외적인 처사였음을 짐작케 한다.

순치2년(1645)년 10월의 입경은 이루어지지 않았다. 그 스스로 이번 행차가 입경보다 고향에서의 '화를 피하기 위한' '避風漫游'였다고 하였듯이, 날씨가 춥다는 핑계로 북경으로 가지 않고 이곳저곳 유람하다 결국 귀향하였다. 그가 북경으로 간 것은 순치5년(1648)이었다. 북경에서 劉憲石 등 여러 지인들을 만나 숙소 등의 신세를 지면서 詩酒로 교유도 하였다. 그가 노린 직책은 旗學教習. 공생의 자격으로도 교습이 될 수 있다는 정보를 얻고 順天府 府生을 거쳐 국자감[太學]에 들어간 다음 鑲白旗 官學 소속의 교습이 되었다.[555]

정요항이 관찰한 청초 旗學의 모습은 다음과 같다. 팔기자제는 월 3회 학교에서 공부하는데, 총원 600명 정도의 정원에 만주인이 2할, 요동인이 5할, 몽골인이 3할 정도 차지하였다. 학생 중에서

---

554) 丁耀亢, 『出劫紀略』, 「避風漫游」, p.157.

555) 丁耀亢, 『出劫紀略』, 「皀帽傳經笑」, p.158.

만주 글자 몇 행을 시험보고 구두점을 대충 찍을 수 있으면 곧 他赤哈, 筆帖式 등의 관료로 임용하고, 2년도 안되어 理事, 修撰, 시랑으로 승진해 갔다. 이들은 특별대우를 받아 吏部가 아닌 內院에 소속되었다. 팔기자제들은 평상시 활과 칼을 차고 다니며, 기세등등할 뿐만 아니라 교만하고 사납다고 하였다.556)

정요항은 명말 제1차 피난 때에는 재산이 强隣에게 점거당하였고, 제2차 피난 후 귀향하였을 때에는 대순정권이 '割富濟貧' 정책을 강행하고 있는 상황에서 재산권 행사를 거의 못하였다. 이러던 것이 청조 치하에서 지역사회의 질서가 어느 정도 안정됨으로써 재산을 되찾을 수 있는 길은 열렸다. 몇 년 간의 소송 끝에 소유권은 겨우 밝혔으나 현실적 토지강점 상황을 되돌리기는 여전히 쉽지 않았다. 그 스스로 집안에 향신[擧人]이 없음을 한탄하였듯이, 지역사회의 실력자로서의 지위를 얻기 전에는 쉽지 않은 일이었다. 도망치듯 북경에 가서 敎習이라는 말단 관직을 얻었지만, 관직생활에서 크게 영달을 얻지는 못하였다. 대신 거업 준비시기, 동란기 피난생활 도중에서도 그랬듯이 청조치하 교습직에 종사하면서도 문인과 교유하고 詩酒를 즐기는 풍류생활에 더 열심이었다.

정요항은 자신의 학문인생에 대한 회고에서, "40년 간 산동에서 經書를 窮究해왔으나 마침내 하나도 이룬 것이 없다. 다른 길로 가 (청조 치하의) 北籍에 기대었으나, 단지 털모자 한 개를 얻어(博一氈), 계륵같이 (이 한몸) 얽어매 놓고 있으니 또한 크게 애석하다" 고 한 것은 그 처지를 회한하는 말이었다.557)

---

556) 丁耀亢, 『出劫紀略』, 「皀帽傳經笑」, p.157.

557) 丁耀亢, 『出劫紀略』, 「皀帽傳經笑」, p.158. 정요항은 이후 순치11년(1654) 容城 교유직을 얻었고, 기근진휼에 기여한 공이 있어 곧이어 복건 惠安縣 지현으로 발령을 받았다. 순치16년 부임 길에 올랐으나 동남 연해

3. 지방관의 파견과 향촌안정책

청조의 중국정복 과정에서 화북사회는 비교적 '순조롭게 청조의 지배하에 편입'되었다고 인식되고 있다. 그러나 청초 화북사회는 곳곳에 토적세력이 웅거하고 있으며 南明세력과 직·간접적으로 연결된 각종 무장세력들이 抗淸활동을 벌이고 있는, 아직은 '유동적인 사회'였다. 이러한 불안정한 상태를 극복하고 지방통치질서를 회복하기 위해서는 군사적 무력진압과 함께 행정·치안의 회복이 절실하였다. 이에 청조는 지방관을 적재적소에 파견하여 향촌질서를 안정시키고 稅收를 확보하여 청조의 정복·지배를 관철하고 '新질서'를 정착시키는 일이 급무로 떠올랐다. 이하 청초 지방관의 파견 실태와 지방행정의 당면과제 및 그 해결방향을 살펴보고, 입관초 청조가 화북사회에서 어떻게 지방통치를 회복시켜 나갔는가를 규명해 보고자 한다.

청조는 입관 직후 지방관을 파견할 여유가 없던 상태에서 舊明의 지방관이 歸降해 오면 대개 原任대로 임명하였으며,[558] 이러한 원칙은 이후 정복전을 계속해가면서 대체로 적용되었다.[559] 필요한 인재인 경우 舊明의 관료는 물론, 大順政權의 '僞官', 심지어 流賊집단에 가담하였던 자까지도 歸服만 확인되면 전력을 따지지 않

의 여러 도시를 주유하며 풍류를 즐기다가 "노모의 연로", "자신의 질병" 등을 이유로 사직하고 귀향하였다. 이후 고향에서의 만년은 불행하였다. 아들의 죽음, 재산·금전문제, 저서 『續金瓶梅』의 필화사건으로 인한 투옥, 실명 등 불행이 계속되다가 강희8년(1669) 사망하였다(郝詩仙·郭英德, 「丁耀亢生平及其劇作」, 『齊魯學刊』 1989-6).

558) "仍令供職" ; "如照舊供職"(『史料叢編』, 「吏曹章奏」, 6a). 李成珪, 「淸初 地方統治의 確立過程과 鄕紳」, pp.30~39.

559) 淸 『世祖實錄』 권4, 순치원년 4월 壬午, 癸未, 甲申條에 나오는 直隸 撫寧縣, 昌黎縣, 灤州의 例 등.

고 대부분 錄用하였다.[560] 더구나 朝廷의 정식 발령이 있기 이전에라도 현지의 招撫官 · 巡撫 등이 휘하 지방관을 임시로 임명한 경우도 적지 않았다.[561]

화북지방에서 실제 지방관이 파견되는 정황은 어떠하였는가? 순치원년 9월 당시 북직예 · 산동에 파견된 道臺~知縣 등 지방관은 각기 154명 · 118명이다.[562] 이를 일단 순치원년 9월 당시에 충원된 지방관 총수로 이해하고, 전체 관직 수를 파악하기에 용이한 知府 · 知州 · 知縣職에 한정하여 충원율을 계산해 보면 아래 <표 4>와 같다.

이에 의하면 순치원년 9월 당시 북직예, 산동성의 지방관 관료 충원율은 각기 73%, 75% 정도였는데, 주목되는 것은 北直隸의 順德府(충원율: 20%), 廣平府(30%), 大名府(46%) 그리고 山東의 東昌府(37%) 지역에서 충원율이 특히 저조하다는 점이다. 평균치를 훨씬 밑도는 충원율을 나타낸 이들 지역은 바로 북직예 · 산동 · 하남 세 성의 접경지대에 해당한다. 이 지역은 明末 이래 청초까지 土賊 및 각종 抗淸집단의 주된 근거지로서, 장기간 치안공백 상태에 있던 곳이었다. 淸朝가 순치6년 直隸河南山東三省總督職을 신설하고 당시 浙閩總督이던 張存仁을 불러와 초대 총독에 임명시켰던 것은, 바로 이곳 접경지역에서 특히 심각했던 '腹心之患'을 효과적으로 제거하기 위한 것이었다.[563] 위와 같은 지방관 부임의 분포정

560) "凡文武官員軍民人等 不論原屬流賊或爲流賊逼勒投降者 若能歸服我朝 仍准錄用" (淸『世祖實錄』권8, 순치원년 9월 辛卯, p.93).

561) 李成珪, 「淸初 地方統治의 確立過程과 鄕紳」, p.30.

562) 『史料叢刊初編』, 「北直河南山東山西職官名籍」(순치원년 9월)

563) 道光『濟南府志』권29, 秩官 7, 1a. 한편 순치15년에 三省總督職은 일단 폐지되는데(강희원년 부활), 이때가 교계지 일대의 "腹心之患"이 어느

〈표 4〉 順治원년 9월 현재 北直隸·山東의 官職充員 상황.

北直隸			
府	총관직수	피임자수	충원율(%)
順天府	28	24	86
保定府	21	18	86
河間府	19	16	84
眞定府	33	26	79
順德府	10	2	20
廣平府	10	3	30
大名府	13	6	46
永平府*	9	9	100
合	143**	104	73

山東			
府	총관직수	피임자수	충원율(%)
濟南府	31	24	77
兗州府	28	27	96
東昌府	19	9	37
青州府	15	12	80
登州府	9	7	78
萊州府	8	6	75
合	110***	83	75

※ 總官職數는 ①『讀史方輿紀要』의 附屬관계를 기준으로 하였고, 被任者數는 ②『史料叢刊初編』, 「北直河南山東山西職官名籍」(순치원년 9월: 이하 「職官名籍」으로 略)을 따랐다. 위의 두 자료를 대조하면 ②의 자료에 나오는 북직예 大名府 保定州가 ①의 자료에는 나오지 않는데, 본 통계에서는 州의 屬縣을 무시하고 保定州의 숫자만 大名府에 넣었다.

* 直隸州인 延慶州 및 그 屬縣인 永寧縣을 편의상 永平府에 포함.

** 北直隸 府·州·縣數: 8府 18州(1直隸州) 116縣에 大名府 保定州 1州 추가.

*** 山東 府·州·縣數: 6府 15州 89縣.

도가 청조 지방통치력의 침투상황을 설명하는 충분조건은 될 수 없겠으나, 어느 정도 그 상황을 이해하는 데는 도움이 될 수 있을 것으로 생각된다. 요컨대 입관초 청조는 화북지방에 대한 '정복'을 일단락시킨 상황에서 남방으로의 정복전 수행과 함께 지방관 파견을 통한 화북 '통치'에 전력을 기울였으니, 위의 「職官名籍」은 그 성과인 동시에 그 공백지의 분포까지 함께 보여주는 것이라 할 수 있다.

그런데 이로부터 불과 한 달 전인 순치원년 8월 12일에 兵部右

정도 제거된 시점이 아닌가 추측된다.

侍郎 楊方興과 登萊巡撫 陳錦이 "山東 府州縣의 大小文職 400餘員 중 아직도 缺官이 3/4이다"[564]라고 보고한 것과 비교한다면, 1년 뒤인 위의 「職官名籍」 단계에서 75%의 충원율을 보인 점은 통치력이 급속히 확립되어 가는 것으로 이해할 수 있을 것이다. 더구나 그 75%가 知府·知州·知縣이라는 상대적으로 낮은 직급의 지방관에 대한 통계임을 고려할 때 더욱 그러하다.

한편 위 순치원년 9월의 「職官名籍」에 등재된 지방관 중에서 지방지의 「職官」 항목에는 등재되지 않은 경우가 상당수 확인된다.[565] 지방지 「職官」條에 등재된 관료를 정식으로 임명·기록된 인물이라 본다면, 위의 「職官名籍」에는 나오나 지방지 「職官」에 등재되지 않은 상당수의 숫자는(15명, 13%: 一部) ①지방 차원의 임시적인 임명이었거나, ②청조의 정식 임명을 받았지만 부임을 못(안)하였거나, ③被任 직후 轉任되었거나, ④현지의 치안상황 등으로 公務를 제대로 수행하지 못하고 곧 물러났거나, ⑤아니면 지방지에 누락된 경우 중 하나일 것이다. 어디까지나 추정에 지나지 않는 것이지만, 정식 지방관이 임명되어 지방통치체제가 점차 갖추어져 가는 상황 속에서도 지방행정은 아직 안정되지 못한 채 유동적인 상태에 있었음을 확인할 수 있다.[566]

---

564) 『史料叢編』, 「吏曹章奏」, p.19b.

565) 山東의 경우 「職官名籍」의 총 118명의 지방관 중 15사례(13%), 즉 濟南府·登州府 推官, 濟寧州·莒州 知州, 長山縣·濟陽縣·青城縣·陵縣·商河縣·蒲臺縣·寧陽縣·鄒縣·魚臺縣·費縣·館陶縣 知縣 등이 해당 地方志 「職官」條의 순치년간 初任者와 다르다.

566) 참고로, 『史料叢編』, 「吏曹章奏」, 33a에 나오는 金光緒는 山東招撫官 王鰲永에 의해 임시로 山東 高唐州 恩縣 知縣에 敍任되었으나 반개월 동안 印信을 받지 못해, 이를 속히 받기를 청원하고 있다. 그런데 宣統 『恩縣志』 권6, 職官志에는 해당 知縣의 순치년간 초임자는 趙廣居(순치2년 부

순치2년 정도가 되면 산동의 거의 全 州縣에 지방관이 부임하고 있고, 청조의 지방통치・치안 회복은 이들을 중심으로 이루어지게 되었다. 그러면, 순치년간에 지방관은 구체적으로 어떻게 임명되었는가? 이에 대해서는 기존 연구가 있으나[567] 미진한 부분이 없지 않아 수정・보완을 시도해 보았는데 그 결과를 정리하면 아래의 <표 5>와 같다.

〈표 5〉 順治년간 山東의 地方官(總督~知縣) 충원상황

職名	總數	遼東人(漢軍)	遼東人比(%)	滿洲人	滿洲人比(%)	平均재임기간(기준년/총수)	備考
省級 고위관	199	87	43.7	7	3.5	2.2 (428/199)*	總督~道臺
知府 知州	175	71	40.6	15	8.6	2.4 (415/175)	6府, 15州 전부
知縣	573	115	20.1	27	4.7	2.9 (1643/573)	총 89縣 중 84縣
府州下級官	238	34	14.3	3	1.3	2.8 (673/238)	6府 15州 전부: 同知, 通判, 推官, 州同, 州判
合計	1185	307	25.9	52	4.4	2.7 (3159/1185)	

* 평균재임기간은 해당 직위자의 순치년간의 재임기간 총계(기준년)를 해당자 총수로 나눈 것이다. 某官職의 초임자가 순치5년에 부임했고 順治 末年에 임명된 자가 강희2년까지 재임했다면 해당관의 기준년은 16년으로 계산했다.
● 詳細表는 本稿 말미의 <부록>의 <표> 3~6 참조.

임)로 기록되어 있다. 아마도 김광서는 임시 서임 단계에 머문 것이 아닌가 추측된다.

567) 李國祁등 『中國地方志研究: 淸代基層地方官人事嬗遞現象之量化分析』 3권, 臺北, 行政院國家科學委員會, 1975 ; 李成珪, 「淸初 地方統治의 確立過程과 鄕紳」, pp.34~37의 <表>1~<表>3 ; 張玉法, 「淸初山東的地方建制」, 『近代

여기서 요동인의 점유율이 고위직으로 갈수록 높은 사실을 확인할 수 있는데, 이런 현상은 순치원년 9월의 「職官名籍」에서도 마찬가지였다.(아래 <표 6>참조)

〈표 6〉 順治 원년 9월 임용된 山東 地方官의 출신비율

職 名	總數	遼東人數	遼東人比(%)	滿洲人數	滿洲人比(%)	備 考
省級高位官	17	*7	41.2	1	5.9	*4명의 출신 미확인
知府·知州	15	6	40	0	0	
知 縣	68	6	8.8	0	0	
府州下級官	17	1	5.9	0	0	
합계	117	20	17.1	1	0.9	
<出典>: 『史料叢刊初編』, 「北直河南山東山西職官名籍」						

그런데 위의 <표 5>와 <표 6>을 비교할 때, 산동 지방관 중에서 요동인이 차지하는 비율은 입관 직후인 순치원년 9월 당시가 17.1%[568]로서 순치년간 전체의 25.9%에 비해 상당히 낮다. 知縣에 임명된 요동인 비율은 순치원년 9월이 8.8%(순치년간 전체는 20.1%)로 특히 낮은 비율을 보인다. 즉, 순치년간 산동에 임명된

中國初期歷史研討會論文集』上, 中央硏究院近代史硏究所편, 1989, pp.201~257 등. 단 李國祁, 『中國地方志硏究』는 일부 影印된 지방지만 분석하였으므로 매우 소략하며 張玉法, 「淸初山東的地方建制」의 경우 상급관만 조사되어 있다. 李成珪, 「淸初 地方統治의 確立過程과 鄕紳」의 경우도 각급 지방관이 實數의 50% 정도만 분석되었고 府·州의 正官인 同知, 通判, 推官, 州同, 州判등은 조사대상에서 제외되어 있다. 본 조사는 이런 점들을 최대한 보완하려는 것이나, 이 또한 완전한 것은 아니다.

568) 순치원년 9월 통계에서는 출신이 확인되지 않은 省級의 고위 지방관 일부를 일단 요동인으로 넣었으므로, 만약 요동인이 아니라면 순치원년 9월 통계에서 요동인 비율은 더 떨어질 가능성이 있다.

지방관 중에서 요동인 비율은 전체적으로 고위직으로 갈수록 점점 더 높았으며, 초기의 유동적인 시기보다는 상대적으로 더 안정된 그 이후 시기로 갈수록 더 높은 비율을 보이는 것이다. 이를 통해 볼 때, 순치년간 清朝가 산동 지방관에 요동인을 대거 기용한 것은 '지방관 확보에 부심한' 결과라기보다는 이들을 '정복자의 일원'으로 우대한 일종의 논공행상적인 성격이 강했던 것으로 추정할 수 있다.

順治 초년 청조는 관료체제를 신속히 정비하기 위해 科擧시험을 통한 관료충원 이외에 '추천'에도 많이 의존하였는데, 초기에는 지역적인 편중성이 두드러졌다. 순치원년 8월 4일 巡按監察御使 柳寅東이 추천한 12명이 모두 북직예인이었고 8월 17일 山東河南等處 招撫를 총지휘한 右侍郎 王鰲永(山東人)이 추천한 '지방의 인재' 32명이 모두 山東출신 舊明官이었던 점[569]은 일단 직책상 한정된 추천이었다 치자. 그런데 화북 각 성의 인재를 골고루 추천한 것으로 보이는 8월 1일 吏部左侍郎 沈惟炳(湖廣人)의 추천 내용을 보면, 被薦者 35명 중 산동인이 43%(15명)나 차지하여 山西 26%(9명), 北直隷 17%(6명), 河南 14%(5명)보다 비율이 월등히 높다.[570] 그리고 貳臣, 그 중에서도 '文官 貳臣'(64명)의 경우를 보더라도 山東 출신자는 30%(19명)로 2, 3위의 河南의 14%(9명), 直隷의 13%(8명)에 비해 현격히 높은 비율을 차지하고 있다.[571] 貳臣의 경우 이

569) 『史料叢編』, 「吏曹章奏」, 5a~6a ; 同上, 24b~26a.

570) 『史料叢編』, 「吏曹章奏」, 3a~5a.

571) 岡本さえ, 「貳臣論」, 『東洋文化研究所紀要』 68, 1976, pp.171~177에 貳臣을 ①入關 이전에 투항한 武官(25명), ②入關 이후에 투항한 武官(31명), ③進士출신 文官(40명), ④南部출신 및 남부에서 仕宦한 관료(24명)의 네 부류로 나눈 「貳臣略表」를 게재하고 있다. 이 중 文官에 해당하는 ③, ④

전의 동료・부하들을 淸朝에 적극 추천함으로써 보다 많은 貳臣을 만들기에 '專心'했던 사실[572]에서 특정 지역 출신이 많을 수 있었다.

어쨌든, 위와 같은 여러 경로를 통해 청조의 고위관으로 입사하게 된 자들 중 유독 산동인의 비율이 두드러지게 높았던 이유는 무엇인가? 그것은 첫째, 山東이 초기에 그것도 비교적 '순조롭게' 청조의 지배하에 들어간 지역이었기 때문이었다. 그 때문에 招撫도 우선적으로 이루어졌고 이 지역 출신자가 추천을 받고 入仕할 기회가 상대적으로 많았다. 둘째, 명대 이래 산동지역이 요동지역과 매우 긴밀한 인적・물적인 교류를 계속해왔기 때문에 산동인은 만주족 및 함께 입관한 요동인과 상대적으로 더 친밀한 관계에 있을 수 있었다. 순치년간 화북 지방관에 임명된 자들 중에서 요동한인 출신이 많았던 것은, 이들이 청조로서는 中原의 漢人(피정복자)보다 더 믿을 수 있고 친밀하였고, 중원의 한인에게는 만주족이나 몽골족보다 더 친밀하여 지방사회에서 마찰을 일으킬 우려가 적었기 때문이었다.[573] 산동인의 비율이 높은 점도 이러한 맥락에서 설명할 수 있지 않을까 생각된다. 즉, 遼東人이 淸朝의 漢人지배에 대한 완충역할을 할 수 있는 위치에 있었고 정복전의 논공행상上의 우위에 있었다면, 山東人 또한 淸朝의 지배체제 형성이나 여타 지역의 정복을 위한 선발대로서 보다 유리한 위치를 점할 수 있었다고 생각되는 것이다.

淸朝가 새로 지방관을 임명・파견하여 지방통치를 강화하자, 산

를 근거로 출신지별 비율을 산출해 보았다.

572) 岡本さえ, 「貳臣論」, p.114.

573) 李成珪, 「淸初 地方統治의 確立過程과 鄕紳」, p.38.

동의 신사·지주층 중 일부는 청의 지배를 회피하여, 南下하여 反淸勢力의 대열에 가담하기도 하였다. 그러나 대개는 거역할 수 없는 시대의 대세에 순응하여 신임 지방관을 맞고 청조에 협력하였고, 이로써 새 질서에 참여할 뿐 아니라 재산과 기왕의 지위를 되찾는 등 기득권을 회복하고자 하였다.

順治원년 산동 濟寧州의 향병지도자였던 李允和, 米繼宗 등은 청조가 파견한 總督 王鰲永, 監軍 方大猷가 이미 濟南에 도착했다는 소식을 듣는다. 이들은 당시 남명정권에 참여하기 위해 남하하던 도중 濟寧에 잠시 머물고 있던 舊明 관료 楊士聰을 방문하여 "方大猷에게 제녕으로 병사를 이끌고 들어오지 않도록 편지를 써주기를 요청"하였다. 제녕 향병지도자의 이런 요청에 대해 楊士聰은 "편지 보내는 것은 힘을 아끼지 않겠으나…산동에 부임하는 (청조의) 관리는 모두 서로 대면할 만한 체통이 있는 사람들[皆有相臨之體]"이라고 하면서 이들을 안심시켰다.[574)]

王鰲永(山東人, 明 湖北巡撫)은 순치원년 5월 청조 치하의 북경을 탈출하려던 楊士聰과 '出城의 득실과 명분'을 둘러싸고 논쟁을 벌였던 사이이며, 方大猷(浙江人, 明 直隷井陘道)는 직접 家丁을 보내 호송하면서까지 楊의 탈출을 적극 도와주었던 楊의 門人이었다.[575)] 즉, 청군의 진군을 피해 남명정권으로 향하던 양사총과 청조 지방관으로 부임하던 왕오영·방대유는 매우 친밀한 동류였던 것이다.

제녕의 신사·유력자층 중 일부는 피난·南下하긴 했지만, 대부분은 새 지배자 청조를 받아들였다. 그 중 紳士層의 지도자로 추

574) 楊士聰, 『甲申核眞略』, p.47.

575) 楊士聰, 『甲申核眞略』, pp.39~41.

대된 潘士良은 왕오영에 의해 조정에 '地方人才'로 추천되기도 했다.[576] 제녕의 신사·유력자층은 天啓년간 徐鴻儒 반란군이 침공해 왔을 때 이를 성공적으로 물리친 바 있고, 청조의 지방관이 부임하였을 당시에도 상당한 무장자위력을 가지고 있었다. 이 정도의 역량조차 갖추지 못한 주현이라면 동란기의 혼란과 고통은 그만큼 컸을 것이고, 따라서 청조 지방관의 부임은 더욱 환영을 받았을 것으로 생각된다. 그 신임 지방관이 舊明관료 출신의 漢人일 경우 "서로 대면할 만한 체통[相臨之體]"이 있는 존재로 여겼을 것이다. 신임 지방관이 요동인일 경우는 명대 이래의 화북(산동)이 요동지역과 긴밀한 인적교류 등으로 인해 크게 거부감 없이 받아들였다고 생각되며, 만주인 지방관이라도 '神伊'로 칭송[577]하면서 협조한 경우가 적지 않았다.

청조의 임명을 받아 부임한 화북의 지방관이 시급히 해결해야 할 당면과제로 ①치안확보, ②민심수람, ③지방행정의 쇄신, ④紳士·지주층과의 협력 등 네 가지를 들어 보았다. 이하 이 문제에 대해 차례로 살펴보자.

첫째, 治安확보 문제이다. 입관초 산동 곳곳에는 국가권력이 미치지 못하는 치안부재 지역이 산재해 있었으며, 유적의 잔당이나 토적의 공격으로 縣城이 함락되는 일까지 발생할 정도로 치안불안 상황이 계속되었다. 이런 현상은 지역에 따라서 순치말년까지 지속되었다. 특히 화북의 토적은 농업생산 기반에서 완전히 이탈하지 않은 채, '징세기 혹은 농한기에 반란 → 招撫를 받고 투항 → 농번기에 귀농 → 또 다시 반란'을 일으키는 과정을 되풀이하는

---

576) 『史料叢編』, 「吏曹章奏」, 24b.

577) 民國『任縣志』 권4, 職官, 「趙祥星」, 10b.

구조를 가지고 있어 매우 끈질기고 생명력이 강하였다. 그래서 순치4년경에도 "山東은 盜賊(의 창궐)에 직면하여 조기에 평정하는 것이 어려우니, 이는 他省이 평정을 찾은 것과는 다르다"[578]라고 할 정도였고, 淸의 精兵이 집중적으로 토벌해도 쉽게 근절되지 않았다.[579]

치안회복을 위한 지방관의 노력은 당연히 토적 등 각종 寇賊세력의 침공으로부터 縣城을 방어하는 데 집중되었다. 앞서 예시한 鄒縣 지현 莫儔(순치3년)나 霑化縣 지현 馬印昌(순치4년)처럼 구적의 침공으로 縣城이 함락되면서 家屬과 함께 殉死한 경우도 있으나, 성공적으로 성을 수비한 경우도 적지 않다.

山東 恩縣에서는, 순치3년경 "성의 망루를 정비하고 참호를 깊이 파며…鄉·圖마다 방책[寨]을 세우는"[580] 견벽체제를 갖추었다. 산동 陵縣에서는, 순치5년경 "병사와 마필을 점검하고 芻糧을 모으며, 巨族大姓을 성 안으로 끌어들이고 (요새가 될만한) 성 밖의 둔덕을 깎아내리는"[581] 방어태세를 갖추었다. 당시 恩縣知縣이었던 王天鑑은 이러한 현성 방어체계를 구축하면서 步卒 18,000명, 騎士 300명의 정예 군사력을 갖추었는데, 그 성과는 조정에까지 보고되었으며 인근 州縣에서도 구적을 소탕하고 성을 수비하는 데 恩縣의 향병세력에 크게 의존할 정도였다.[582] 王 지현이 재임 4년

578) 『明淸史料』 丙-8-758a, 「漢謄錄抄寫奏議檔殘本」, ①「山東巡按吳達題本」(순치4년 3월).

579) "今卽就山東一省而論…大兵撤而再發 賊衆熄而復起 州縣屢報失守" (『明淸史料』 丙-8-759b, 「漢謄錄抄寫奏議檔殘本」, ④「江西道試御史蔡應桂題本」(순치4년 7월).

580) 『碑傳集』 권78, 國初監司 下, 「誥授中憲大夫陝西布政司左參議分守河西道毅州王公天鑑墓誌銘」, p.399.

581) 光緖 『陵縣志』 권18, 官師傳, 「高明」, 15b.

동안 賊과 50여 회의 전투를 벌였다고 하는 것을 보면 文治와 함께 그 武功 또한 특필될 만한 것이었다.

順治 초년 부임한 內地 漢人출신 知縣이 부임지의 향병조직을 재편·활용하여 城守한 사례는 적지 않다. 그런데 이런 武功의 측면에서 요동인, 만주인 등 '정복자'의 일원인 지방관의 역할은 훨씬 두드러졌다. 鄕兵을 조직·훈련하여 守城에 성공한 사례[583] 정도는 흔하였다 하더라도, 鄕兵·家丁·衙兵 등을 조직하여 "친히 갑옷을 입고 이들을 진두 지휘"하는 솔선수범을 보이며 流賊의 잔당, 土賊집단을 추격하여 토벌하는 戰功은 요동인, 만주인 출신의 지방관의 치적에서 특히 자주 거론되고 있다.[584]

요컨대 토적 근절을 위해 지방관은 무장자위세력을 적극 활용하여 縣城 등 지역사회를 지키고, 보다 적극적으로는 군대를 이끌고 출격하여 流賊의 잔당, 토적세력을 소탕하였다. 이를 위해 기존의 무장자위세력을 인정하고 성으로 불러들이고, 그 조직을 정비·재편하여 準군사력으로 활용하였다. 그 과정에서 기존 무장자위세력을 이끌던 신사·지주 등 유력자층의 협조가 큰 역할을 하였다.

둘째, 민심수람을 통한 향촌사회의 안정문제이다. 이를 위해서는

---

582) 『碑傳集』 권78, 國初監司 下, 「誥授中憲大夫陝西布政司左參議分守河西道毅州王公天鑑墓誌銘」, p.399.

583) 순치4년 德平縣 지현 吳盛祖(光緒 『德平縣志』 권5, 官師, 「吳盛祖」, 11b), 순치5년 館陶縣 지현 劉茂先(光緒 『館陶縣志』 권4, 官職, 「劉茂先」, 6a)(이상 모두 遼東人).

584) 遼東人 지방관의 경우 康熙 『堂邑縣志』 권8, 職官, 「彭可謙」, 7b ; 光緒 『新修菏澤縣志』 권9, 職官, 「杜養性」, 3b~4a ; 康熙 『鄒縣志』 권2, 名宦志, 「于進忠」, 48a 등을 들 수 있다. 이런 '武功'에 있어서는 滿洲人 지방관도 마찬가지였으니 예컨대 乾隆 『蒲臺縣志』 권2, 宦績, 「胡獻珍」, 60a에 나오는 胡獻珍의 경우가 그러하다.

稅·役을 감면하고 無主荒田의 개간을 장려하는 등의 방안을 강구하였다.

명말청초의 동란기를 겪고 난 이후 山東에서는 "戶당 겨우 1, 2명만이 남아 있고, 10畝의 토지 중 겨우 1, 2畝만 경작하고 있는"585) 곳이 산재할 정도로 농업생산 구조가 크게 파괴되었는데, 이는 전란의 피해가 극심하였던 화북사회의 일반적인 정황이었다.586) 전토의 황폐와 경작인구의 격감은 流民이 그만큼 많다는 것을 의미하였고, 이는 사회 불안을 증폭시키고 반청세력의 결집으로 번질 우려도 있었다. 입관 직후 청조는 攝政王의 諭令이나 世祖의 卽位詔 등을 통하여, 明末 과중한 세금의 상징적 존재인 '三餉 加派'를 중지하고 만력년간의 定額대로 징수하는 원칙을 천명하였다.587) 재난을 입은 지역, 대규모 군대가 통과하면서 폐해를 끼친 지역에 대해서는 세금을 면제해 주기도 하였다. 세금 징수체제 전반에 누적되어온 오랜 폐단을 제거하기 위해 다각적인 노력을 기울였다. 그러나 "(정액만 부과하더라도) 漕糧을 전량 징수하는 것은 오늘날 백성의 껍질을 벗기는 害가 됩니다"588)라고 한 것처럼, 만력년간 기준의 원액만 걷는 '正供'만으로도 동란을 겪고 난 당시의 농민들에게는 과중한 부담이었다.

이 때문에 順治 초년 산동의 지방관들은 人丁數를 새로 조사[編

585) 淸『世祖實錄』권13, 순치2년 정월 己丑, pp.145~146.

586) 郭松義,「淸初封建國家墾荒政策分析」,『淸史論叢』2輯, 中華書局, 1980, p.112.

587)『明淸史料』丙-1-90a,「攝政王諭官吏軍民人等令旨」(순치원년 7월 8일) ; 同上 丙-1-97b,「淸世祖登極詔稿」(순치원년 10월) ; 淸『世祖實錄』권9, 순치원년 10월 甲子, p.109.

588)『明淸史料』丙-8-758a,「漢謄錄抄寫奏議檔殘本」, ①「山東巡按吳達題本」(순치4년 3월)

審]하고 丁銀의 액수를 조정하며, 중앙에 稅·役을 감면해 줄 것을 계속 요구하였다.[589] 순치10년 산동 兗州府 魚臺縣의 知縣 李揄는, 근래 흉년으로 피폐해진 民을 구하고 심각한 조세체납 현실을 해결하기 위해 荒田 1,800여 경의 세금을 면제해 줄 것을 청원하였다.[590]

청조가 누차 천명하였음에도 불구하고 지방차원에서는 여전히 각종 부가·잡세를 걷고 있었는데, 이런 폐단을 일소하는 개혁의 노력도 전개되었다. 순치3년 陽信縣 지현 周樸(北直隸人)은 명말부터 있던 官牛 관련 징세를 ‘이전 왕조의 일’이라 하여 모두 없앰으로써 縣의 신사·父老들의 찬사와 지지를 받았다.[591] 순치 초년 沂州 知州 張繼孔은 당시 胥吏들이 舊例대로 징수하고 있던 ‘雜派’를 ‘故明陋規’라 하여 모두 혁파하였다.[592] 부가 잡세와 부정한 서리는 청산되어야 할 숙폐로서 함께 거론되는 것이 보통이었다.[593]

堂邑縣 知縣 彭可謙(奉天人 貢生)은 중앙에 조세 감면을 누차 청원하였고, 이 일로 수 차례 탄핵을 받기도 하였으나 결국 관철시켰다.[594] 이는 지방관의 노력이 일단 성공한 경우였다. 그러나 稅役 감면을 위한 노력이 실패한 경우도 적지 않았으니, 이는 기본적으로 稅收를 확보해야 하는 중앙정부와 보다 많은 감면을 받으려는 지방정부 간의 필연적인 대립에 연원하는 경우가 많다. 그러나 지방사회 내부의 문제에서 비롯된 경우도 적지 않았다. 예컨대,

589) 李成珪, 「淸初 地方統治의 確立過程과 鄕紳」, p.42

590) 光緖『魚臺縣志』 권2, 宦績, 「李揄」, 53ab.

591) 乾隆『陽信縣志』 권5, 循吏, 「周樸」, 36a.

592) 康熙『沂州志』 권3, 官常部, 秩官志, 「張繼孔」, 50a.

593) ‘剔陋規糾衙蠹’(民國『任縣志』 권4, 職官, 「杜天成」, 10b, p.290).

594) 康熙『堂邑縣志』 권8, 職官 上, 「彭可謙」, 7b.

순치10년 寧海州 知州로 부임한 黃廷獻(遼東 貢生)은 이곳의 숙폐인 '九釐銀' 문제를 조정하려 했으나, 그 부담을 분담하던 예하 6현 간의 이해관계의 대립과 비협조 때문에 결국 실패하였다.[595]

順治8년 膠州 知州로 부임한 王星華는 "토지를 조사하여 세금을 투명하게 하는(履畝淸稅)" 정책을 통해 누적된 고질적 병폐를 척결하려 했으나, 결국 지역사회에 이익기반을 둔 胥吏들의 배척·모함을 받아 딴 곳으로 전근갈 수밖에 없었다.[596] 이는 결국 징세정책이 성공을 거두기 위해서는 현끼리의 이해 대립이나 토착세력 胥吏의 저항이라는 지역사회 내부의 갈등관계를 극복해야 함을 의미하였다. 게다가 징세문제가 본질적으로 안고 있는 중앙과 지방간 이해의 상충도 입관초 화북사회가 안고있는 문제였다.

청조는 이자성 잔여세력 추적과 남방으로의 정복전을 추진하면서 歲出의 대부분을 軍餉에 할당해야 할 형편이어서 극심한 재정난에 처해 있었다.[597] 그러나 稅收의 확보·증대와 함께 민생안정을 위한 蠲免이라는 상호 배치되는 목표를 동시에 해결하지 않으면 안되었다. 이를 위해 청조가 취한 방책은 荒田의 적극 개간과 둔전정책의 부활이었다. 청조는 이미 순치4년경 지방질서 회복의 방책으로 황전개간사업을 정식으로 논의한 바 있었고, 순치6년에

595) 光緖『增修登州府志』권32, 文秩 8,「黃廷獻」, 4a.

596) 道光『膠州志』권23, 列傳, 官師,「王星華」, 2a.

597) 일례로 순치9년의 錢糧稅入 14,859,000여 兩에 지출은 15,734,000여 兩으로서 결손액이 875,000여 兩에 이르렀다. 지출액 중 各省兵餉이 1,300만여 兩으로 83%에 달하였다.(『明淸史料』丙-4-326a,「戶部題本」). 당시 매년 缺額이 400만여 兩에 달한다는 보고도 있었다(『明淸史料』丙-3-330a,「山東巡撫夏玉揭帖」) 그래서 당시 "增兵은 어렵지 않으나 措餉이 쉽지가 않다"(『明淸史料』丙-4-321ab,「直隸山東河南總督馬光輝題本」(순치9년))라고 했던 것이다.

는 도망농민의 귀농·復業과 이들을 정착시키기 위한 보갑제 적용, 그리고 개간지의 소유권 인정과 개간 후 6년 간 징세하지 않는다[不起科]는 등의 墾田政策을 확정하였다. 그리고 "각 州縣官의 치적은 백성들을 얼마나 많이 불러모으고 농경을 잘 장려하는가로 그 우열을 판정하며, (그 상급기관인) 道와 府는 이 일을 얼마나 잘 감독하고 관리하는가로 근무평정 기준으로 삼는다[殿最]"고 하는 적극적 개간정책을 추진하였다.598)

둔전정책은 청조가 한창 개간정책을 추진하던 중인 순치9년경에 본격적으로 제기되었다.599) 당시 淸朝는 계속되는 남방의 정복전 수행으로 "국가의 재정 중 태반이 용병에 소진된다"600)고 할 정도로 재정적 압박을 받고 있었고, 화북 등 전란이 극심한 곳에서는 荒地가 아직도 곳곳에 남아있는 상황이었다.601) 이처럼 개간정책의 진척이 더디고 더구나 재정난까지 심한 상황에서 "둔전 이외에 별다른 묘안이 없는"602) 것이 당시 현실이기도 했다.

'둔전 부흥'의 방책으로 제기된 것으로는, ①둔전정책 추진의 전담부서로 '興屯道'를 새로 설치하고, ②투항한 도적이나 유민을 귀

598) 淸『世祖實錄』권43, 순치6년 4월 壬子, p.509 ; 李成珪, 「淸初 地方統治의 確立過程과 鄕紳」, p.43.

599) 劉餘謨, 「開荒興屯疏」, 『淸經世文編』권34, 戶政 9, pp.843~845(같은 내용이 淸『世祖實錄』권67, 순치9년 8월 戊午, p.779에도 나온다) ; 『明淸史料』丙-4-326ab, 「戶部題本」(순치9년 9월 15일) ; 大學士 范文程의 「興屯四事」, 淸『世祖實錄』권69, 순치9년 10월 戊辰, p.818.

600) 『明淸史料』丙-4-326a, 「戶部題本」(순치9년 9월 15일).

601) "如湖廣·江西·河南·山東·陝西 錢糧缺額數多 所報荒亡地土有十之三四者 有十之五六者 此五省寇亂日久 人戶稀少" (『明淸史料』丙-4-330a, 「山東巡撫夏玉揭帖」(순치9년 12월 17일)).

602) 『明淸史料』丙-4-326a, 「戶部題本」(순치9년 9월 15일).

농·안착[安揷]시킨 후, 이들 중 강건한 자는 군대에 편입시키고 나머지 노약자는 모두 둔전을 경작하는 데 동원하며, ③이들을 호적대장에 기입하고 보갑에 편입시킨 후, 식구 수에 따라 토지[둔전]를 지급하고 경작에 필요한 각종 지원을 한다는 案이었다.[603] 순치10년 興屯道廳을 설치하면서 본격화된 둔전정책은 특히 河南, 山東에서 가장 활발히 시행되었다. 그것은 이 두 지역이 명말청초 황폐상이 특히 심각하여 荒田이 많았던 점, 그리고 정복전쟁이 계속되고 있던 남방과 비교해서 상대적으로 안정된 곳이었기 때문이었다.

재정난의 타개와 치안회복·백성안도[弭盜安民]를 동시에 달성하기 위해 청조는 지방관에게 개간사업을 독려하면서 그 성과를 지방관의 인사고과에 반영하는 등 강제적인 정책을 추진하였다. 그러나 강압적인 재촉의 결과 각종 폐단이 속출하였다. 지방관이 성과를 올리기 위해 경작이 불가능한 땅이나 심지어 경작하고 있는 땅[熟田]을 마치 새로 개간한 것처럼 보고한다든지, 짧은 자[短弓]를 써서 측량을 함으로써 전토 수를 늘리는 등 각종 '거짓 보고'가 횡행하였다.[604] 이러한 폐단이 속출한 결과, 백성의 납세 부담만 가중시켜 오히려 유민화를 촉진시키는 역효과를 낳았다. 시행 당초부터 "滿洲 圈地와 다를 것이 없다"[605]는 의혹이 있던 屯田策은 이러한 폐단이 속출한 결과, 순치12년 興屯道廳을 철폐하고 屯地를 民地로 환원함으로써 일단 막을 내렸다. 황전개간 사

603) 『明淸史料』 丙-3-330a, 「山東巡撫夏玉揭帖」; 淸 『世祖實錄』 권67, 순치9년 8월 戊午, p.779.

604) 郭松義, 「淸初封建國家墾荒政策分析」, pp.129~130.

605) 『明淸史料』 丙-4-326a, 「戶部題本」에 "夫屯田之法 與滿洲圈地無異 但圈有主之熟地則爲民害 而屯無主之荒田則於民不擾 而於國甚益"이라 하였다.

업은 이후에도 여러 방향으로 계속 추진되었고 康熙년간이 되면 명 만력년간의 전토 수를 대체로 회복할 수 있었다.

셋째, "악덕 서리·아역을 깨끗이 정리한다(淸理衙蠹)", "악덕 무리를 척결한다(剔蠹)"로 표현되는 지방행정의 쇄신 문제이다. 청초 지방행정을 신속히 안정시킬 필요에서 단시일내에 많은 지방관을 새로 임명하거나 補任해야 했고, 이를 거의 추천에 의존하다 보니 賢·不肖가 뒤섞일 가능성은 많았고 서리 출신자가 知縣이 되는 예도 적지 않았다. 東光縣, 滄州 등지에서는 지방관 공석을 틈타 衙役이 知縣職을 장악한 일까지 있을 정도였다.606) 순치4년 刑科給事中 魏象樞는 당시 胥吏의 존재양태에 대해 다음과 같이 상주하고 있다.

> 명말의 큰 폐단 중 아직도 엄격히 혁파되지 않은 것은…道·府·州·縣에 胥隷가 너무 많다는 것입니다. 이들의 신분은 한갖 衙蠹라는 미미한 존재에 불과하나 그 해독은 실로 민생과 관련되는 심각한 것입니다. 지방관은 엄정하게 휘하 무리들을 조사하여 악덕 아역을 깨끗이 정리하는 것을 第一要務도 삼아야 합니다…(이들은 모두 無賴·賊黨 출신들로서)…관아를 쥐고 흔들며 鄕曲에서 武斷하는 온갖 횡포를 부리고 있으나 長官은 이를 알지 못하고 下民들은 감히 告하지 못하니, 백성 잡아먹는 수백·수천의 맹수와 무엇이 다르겠습니까. 官府의 衙役은 많으면 천 명에 달하고 적어도

606) "疏陳六事 一補印官 自州縣缺官 奸人橫肆 如東光縣 以衙役徑理縣事 滄州以衙役徑逐署官 甚非法紀…令旨衙役理事逐官的 該撫按嚴行拏究…"(순치원년 8월 8월 25일 通政使 王公弼의 上疏: 『史料叢編』, 「吏曹章奏」, 33b). 당시 "지방관 확보에 부심한 淸朝가 知縣조차 委署하지 못하고 衙役에게 일시 지방행정을 맡긴"(李成珪, 「淸初 地方統治의 確立過程과 鄕紳」, p.31) 사례가 없지 않겠지만, 이 경우는 지방관 결관을 틈타 衙役이 縣事를 장악한 胥弊를 지적하는 사례로 보아야 할 것 같다. 당시 청 중앙에서도 이런 사례에 대해 엄중 단속·처벌토록 명하고 있다.

> 수백 명이 넘으며, 한 사람 당 또 수명의 보조자를 거느리고 있습니다. 이들은 법을 어기고 몸을 숨기거나, 그렇지 않으면 반드시 無賴와 짜고 위세를 부리며 남을 등쳐 먹곤 합니다.[607]

이러한 胥吏・衙役의 농단은 지방행정 전반에 만연하였으나, 특히 이권개입의 소지가 많은 징세부문에서 더욱 심하였다. 순치원년 8월 호과급사중 馮杰의 보고에 의하면,

> 오늘날 (징세에는) 대개 아역을 쓰는데, 이들이 독촉장을 들고가 착취하는 명목이 酒飯錢・脚力錢 등이고, 여기에 또 捱限錢까지 있다. (토색하는 액수가) 본래 貧戶가 내는 정규 세금[正銀]보다 倍나 되는 것이 보통이다.[608]

라 하여, 衙役이 직접 납세호에 세금독촉을 하게 되면서 착취적 징세를 일삼았던 예를 보여주었다.

서리・아역의 악폐는 지역 豪强의 횡포와 함께 신임 지방관이 吏治를 수행하는데 주된 방해요소였으므로, 이들을 제압하는 일은 지방관의 중요 과제였다. 순치년간 산동의 지방관 중 이 과제를 성공적으로 수행함으로써 '循吏'로 칭송받은 예가 적지 않다. "豪强을 성공적으로 억압"하여 여론의 지지를 받은 陵縣 知縣 王三元(순치원년)[609], "陋規를 척결하고 악덕 아역을 규찰"한 任縣 知縣 杜天成(순치5년)[610], 성공적으로 "악덕 서리를 엄히 다스려 "循吏로 칭송받은 登州府 知府 張尙賢(순치5년)[611], 民의 불안요소였던" 縣

607) 『明淸史料』 丙-8-760b, 「漢謄錄抄寫奏議檔殘本」, ⑥「刑科給事中魏象樞題本」(순치4년 9월).

608) 『明淸史料』 丙-3-232a, 「戶科給事中馮杰啓本」(순치원년 8월 25일)

609) 浙江출신, 光緖 『陵縣志』 권18, 官師傳, 「王三元」, 15a.

610) 遼東출신, 民國 『任縣志』 권4, 職官, 10b, p.290.

611) 遼陽 生員출신, 光緖 增修 『登州府志』 권25, 文秩 1, 「張尙賢」, 12a.

의 大豪세력을 효과적으로 제압"한 樂安縣 知縣 蕭永華(순치12년)[612]의 사례 등 이루 다 열거할 수 없을 정도로 많다.

넷째, 현지의 紳士·지주층과 협력하는 문제이다. 漢人은 물론 遼東人·滿洲人 지방관도 부임 주현에서 민심을 얻고 성공적인 吏治의 성과를 얻기 위해서는 현지 신사층의 지지를 얻는 것이 매우 중요하였다.

신임 지방관들은 부임 직후부터 文廟·명륜당을 건립하고('重修文廟', '建明倫堂') 신사층을 우대하며('隆禮紳士', '優禮諸生以興文教', '惠愛士'), 인재 교육에 힘쓰는 등('崇學校', '教育士子', '建育英書院 課諸生'), 현지 신사층과의 관계를 돈독히 하려고 노력하는 것이 보통이었다. 淸朝는 초기 文治를 진흥시키고 지방통치를 안정시키기 위해 舊明 신사층에 대한 일련의 기득권 보장·우대책을 내놓고 있었고[613], 실제 지방의 현실도 豪强을 제압하고 악덕 서리·아역을 규찰하여 宿弊를 청산하기 위해서는 이들 신사층의 협력이 절실하였다.

신사층은 여론활동을 통해, 해임된 지방관을 복귀시킬 정도로 강한 영향력을 보였고, 이는 명말 신사층의 여론활동[614]의 연장이었다. 순치3년 산동 陽信縣에 부임한 知縣 周樸은 명말의 불합리한 징세를 탕감하는 등 개혁정책을 편 결과 지역의 紳士·유력자로부터 큰 지지를 받았다. 그러나 周 지현이 '拾遺事의 처리 미숙'

---

612) 雍正『樂安縣志』권11, 宦績,「蕭永華」, 6b.

613) 이에 대해서는 李成珪,「淸初 地方統治의 確立過程과 鄕紳」; 吳金成,「睿親王攝政期의 淸朝의 紳士政策」참조.

614) 岸本美緒,「明末淸初地方社會と"世論"－松江府を中心とする素描－」,『歷史學研究』573, 1987 ; 鄭炳喆,「明末·淸初의 輿論과 '公議'」,『全南史學』19, 2002.

으로 탄핵을 받자 현의 신사층이 규합하여 지현의 留任운동을 벌였다. 지현이 이미 印綬를 푼 상태에서 土寇가 공격해 와 창고의 銀 3천여 냥을 약탈해 가는 사건까지 발생하였다. 그 화가 知縣에게 미칠까 염려한 縣의 '紳士父老'들이 합심 모금하여 그 돈을 채워넣었고, 이런 여러 노력의 결과 周 지현은 결국 복직할 수 있었다.[615] 지방지에 나타난 전형적인 循吏像은 신사를 우대하고 이들과 우호적 관계를 이룬 점이 강조되는 것이 보통이다.

청초 산동 지방관에는 循吏型뿐만 아니라 酷吏型도 있었다. 전술한 것처럼, 산동 諸城縣 지현 倪思澤이 형벌이 엄하고 잔혹하기가 '맹금·맹수'와 같아 "온 읍에 사람소리가 들리지 않고, 춥지도 않은데도 모두들 전율하였다"고 하였으며, 특히 신사·舊明 관료들에게 고압적이고 잔인하여, "이때 신사·관료[士宦]의 위세가 거의 사라졌다"고 할 정도였다.[616]

이처럼 지방관이 신사층을 '탄압'한 것은, 청초 화북의 지역사회에서는 동란기를 거치면서 상당한 사병조직을 거느리고 무장자위 활동을 하며, 때로 무단향곡하기까지 하는 신사층이 적지 않았던 현실도 작용하였다. 堂邑縣의 擧人 路伸이 그 한 예인데, 그는 "사대부 출신 큰 도적이며 명교를 어지럽힌 죄인[衣冠大盜 名敎罪人]", "명조의 악질 거인[明朝蠹惡擧人]"으로 불릴만큼 악명을 떨친 인물이었다. 심지어 '강악한 노복과 家丁'으로 구성된 사병집단을 거느리고 토적과 결탁하여 縣城을 공격하기까지 하였다(순치4, 1647).[617]

615) 乾隆『陽信縣志』 권5, 循吏, 「周樸」, 36ab.

616) 丁耀亢, 『出劫紀略』, 「避風漫游」, p.157.

617) 『明淸史料』 丙-7-645ab, 「山東巡撫張儒秀揭帖」(순치4년 11월)

그 외에도, "(歲·科試 등) 고시를 보지 않고 밖으로 돌아다니면서 나쁜 무리들과 어울린다[在外遊食 交結匪人]"는 이유로 체포된 武城縣의 생원 孫翰臣의 경우나, "고시에 응했지만 문장이 적합하지 않고, 詩作에 首陽義士[백이·숙제]가 되고자 한 내용이 있다"는 이유로 체포된 曲阜縣 생원 張旭와 같은 존재[618]도 드물지 않았다. 생원들의 학업태만이나 사사로운 결사를 금지한 이러한 조처는 순치말년 강남지방을 중심으로 휘몰아친 科場案, 明史案, 奏銷案 등 일련의 신사탄압정책의 서곡이기도 하였다.

화북의 신임 지방관은 정복 초기의 지방행정 쇄신 분위기에 편승하여 强·穩의 양면책을 구사하며 지방통치를 회복시켜 나갔다. 정복자 청조가 때로는 실질적 지원을 하지 못할 때라도 지방관은 그 후광만으로 지역사회를 압도할 권위를 행사할 수 있었다. 예컨대 순치6년 曹濮道로 부임한 張國士(직예인)는 수천의 기병을 가진 巨寇집단에 單騎로 달려가서, "朝廷의 威德을 선포한" 것만으로 적을 굴복시킬 수 있었다고 전한다.[619]

그러나 청초 지방관은 행정업무 수행상 때로 중앙정부와 이해관계가 상충되는 일도 불가피하였으니, 징세 및 주둔군에 대한 군향부담의 문제가 대표적이다. 징세 문제와 관련하여, 계속되는 정복전쟁 수행과정에서 재정압박 문제가 심각하였던 중앙정부로서는 稅收를 확보하는 일이 무엇보다도 시급한 과제였다. 그러나 치안회복과 민심안정이 당면한 급무였던 현지 지방관으로서는, 전토의 황폐와 인민의 逃散으로 인해 명말 原額의 正供조차도 감당하기 어려운 상황을 들어 중앙에 끊임없이 조세감면을 요구하는 것이

618) 『明淸史料』 丙-7-665a, 「南逆軒開禧殘件」

619) 光緖 『新修菏澤縣志』 권9, 職官, 「張國士」, 1b.

또한 현실이었다.

청조 중앙과 지방관 사이에 갈등이 크게 고조된 것은 寇賊토벌 혹은 치안유지를 위해 진주한 관군에 대한 급향의 문제였다. 世祖가 「登極詔」를 통해 "大兵 통과지역은 1/2 면세, 귀순한 지방은 1/3 면세"하도록 한 조처[620]는 진주한 군대의 군향을 현지에서 조달하는 것을 전제로 한 것이었다. 문제는 討賊을 위해 진주한 '鎭兵' 혹은 '大兵'(대부분 팔기군)의 索餉이 급박하고 위압적이었으며, 그 폐해가 명말 官軍이 저지른 횡포를 능가할 정도였다는 데 있었다. 沂州에서는 진주군이 "아무 일이 없는데도 교만하고 나태하며, 여러 차례 민에게 해를 입히는" 횡포를 부리자, 監司 李茂(遼東人)가 이들을 海防 임무로 돌림으로써 해를 면했다.[621] 滕縣에 진주한 鎭兵이 "생원들의 말먹이·식량 공급이 잠시라도 끊기면 왕왕 칼을 빼들고 소란을 일으키자" 지현 游啓運(湖廣人, 순치2년 부임)이 그때마다 單騎로 달려가 중재하였다. 지방지에는 "公의 노력이 없었더라면 생원들이 虎口를 벗어날 수 없었을 것이다"고 적고있다.[622] 武定州 知州 孟化龍(陝西人)은 순치 초년 부임할 당시 진병한 군대의 무리한 軍餉 징발로 인해 "온 州가 고통을 당하는" 상황이었다. 맹 지현이 이를 개선하고자 누차 상부에 청원하는 등 백방으로 노력하였으나 성과가 없자 결국 자살하고 말았다.[623] 산동 서남부 교통의 요지에 위치한 曹州에서는 순치 초년 군사작전이 많고 이곳을 지나는 역마나 군대의 索餉이 빈번했으며 병졸[武

620) 『明淸史料』 丙-1-97b, 「淸世祖登極詔稿」(순치원년 10월) ; 淸 『世祖實錄』 권 9, 순치원년 10월 甲子, p.109.

621) 康熙 『沂州志』 권3, 官常部 秩官志, 「李茂」, 49b.

622) 道光 『滕縣志』 권6, 宦績志, 「游啓運」, 33a.

623) 光緒 『惠民縣志』 권15, 循吏, 「孟化龍」, 14ab.

夫悍卒]의 횡포까지 겹쳐 재정부담이 특히 심각하였다. 이에 당시 知州 線緡(遼東人)이 친히 나서서 주 경계를 지나는 역마·군대가 "경계를 벗어날 때까지 친히 護送하였고, 그 결과 상점들이 (약탈을 면하게 되어) 소란하지 않았다"고 하였다.[624] 이처럼 지방관들은 군대를 딴 곳으로 돌리거나 견제하고, 갈등이 있을 경우 직접 나서서 중재하며 상부에 견면을 청원하는 등 지역의 이익을 지키기에 노력하였다.

順治년간 화북 각지의 寇賊 토벌에 투입되었던 '鎭兵', '大兵'은 대부분 팔기군이었을 것으로 추정되나, 당시 청조는 남쪽으로 정복전쟁을 계속하고 있던 상황이라 정예기병 대부분은 남방으로 동원되는 형편이었다. 그래서 화북의 많은 지방사회에서 구적 소탕이나 치안 유지를 위해 명말 이래의 무장자위세력 혹은 투항한 舊明 관군까지도 동원되는 형편이었다. 따라서 淸 進駐軍의 행동에는 정복자로서의 위압과 함께 명말 관군이 보인 행태의 연장이라는 측면까지 포함되어 있었다고 할 수 있다.

청 진주군의 행태 혹은 강압적인 토색에 대해 현지 지방관은 '정복자의 일원'으로서보다는 오히려 '지역사회 이익의 수호자'라는 측면이 더 강하였다. 이는 정복자의 일원으로 그 위상이 한층 높았을 만주인 혹은 요동인 출신의 지방관의 경우도 마찬가지였다. 오히려 정복자로서 자임하는 정도가 클수록 그 '일원'인 주둔군에 대해 더 큰 영향력을 행사할 수 있었을 것이다.

이와 관련한 지방관의 적극적인 대응태도를 순치10년 膠州 지주로 부임한 趙民善(遼東人)의 사례[625]를 통해 살펴보자. 당시 大兵이

624) 光緒『新修菏澤縣志』권9, 職官,「線緡」, 2b.

625) 道光『膠州志』권23, 列傳 3, 官師,「趙民善」, 3a에 趙民善에 대해 "字化宇 奉天人(舊志 滿洲人 貢生)"이라 하여, 舊志에서는 만주인으로 적었으나

토적을 토벌하고 난 후 膠州에 일시 주둔하게 되어 지역사회에 큰 폐해를 끼칠 염려가 있자, 趙 知州는 '면식이 있던' 장수를 찾아가 "(병사들이) 城內로 들어오지 않고 민가를 훼손하지 않으며 술·고기·집기를 약탈하지 않는다. 어기는 자는 사형에 처한다"(勿入城勿毁廬舍 勿奪人酒脯什器 違者死)라는 내용의 확인을 받았다. 이후 주야로 大兵의 행태를 감시한 결과 금령을 위반한 두 병사[健兒]를 체포하였고, 趙 지주가 친히 활을 쏘아 처형하였다. 이와 같은 趙 지주의 강력한 대응을 본 旗丁들이 "놀라 두려움에 떨었으며", 이후 大兵은 3개월 만에 무사히 철수하였다고 전한다. 다소 특이한 사례라 할 수 있겠으나, 어쨌든 교주 지주가 淸軍으로부터 '거의 일방적인' 약속을 얻어내고 旗丁들을 벌벌 떨게 한 능력을 발휘할 수 있었던 요인 중에는, 그가 정복자의 일원인 요동 출신인 점, 주둔군 장군과의 면식['故識大帥'] 등이 있었다.

順治년간 山東의 知府·知州·知縣의 25%를 차지했던 요동인 지방관들은(본서 말미에 첨부한 <부록> 참조), 재정난에 처한 청조 중앙의 징세 독려와 동란기 극도로 피폐한 지역사회의 안정과 민심수람이라는 두 가지 상반된 상황에 처하여, 지방의 이익 수호를 위해 노력하는 모습을 보였다. 이를 위해 중앙에 끊임없이 징세 감면을 요구하고 진주 군대의 지나친 索餉을 저지하는 데 앞장섰다. 그리고 그 과정에서 내지 한인출신이 가지기 힘든 '인맥'을 동원하는 등 능력을 발휘하여 지역사회의 이익을 지키는 데 노력하였다. 이 점은 순치년간 산동 지방관의 5.6%를 차지한 만주인 출신 지방관도 별 차이가 없었을 것으로 생각된다.

실은 봉천인(요동인)이라고 검증하였다.

結　論

명말 화북사회의 동요는 직접적으로는 民衆反亂의 內憂에서 비롯되었지만, 임진왜란과 만주족(후금·청)의 침공과 같은 外患도 그 한 배경이 되었다. 왜란이 중국 화북사회에 미친 영향은 우선 조선에 援兵을 파견하면서 인적·물적인 부담이 특히 이 지역에 과중하게 부과되었다는 점에서 찾을 수 있다. 북직예, 산동, 요동 일대는 지리적으로 戰場과 가깝고 육로는 물론 하운·해운 등 운송로에 인접하여, 파병과 관련된 병력·물자의 징발과 운송의 부담이 특히 화북지방에 과다하게 부과되었다. 더구나 전쟁수행의 급박함을 이유로 전장에 가깝고 각종 운송로가 통과하는 화북지방에서 '편의적'으로 징발한 경우가 적지 않았다. 즉, 조선의 왜란은 한계상황에서 근근이 살아가던 화북민에게 重役, 加徵을 강요함으로써, 이들이 생활고의 悲嘆을 怨望으로, 나아가 憤怒로 표출하도록 몰아간 한 배경이 되었다.

한편 天津·登州·萊州 일대는 임진왜란 파병 시에 援兵과 군향이 집결되는 병참기지, 파병의 전진기지이자, 왜란이 중국으로 파급되는 것을 막는 최전방 방어기지가 되었다. 그리고 왜란이 종식된 이후 조선으로부터 철수한 군대가 모이는 곳이기도 하였다. 이 때문에 왜란의 와중에서부터 遼東·天津·山東 일대에서는 병란이 끊이지 않는 등 반란의 징조[亂萌]가 보이기 시작하였고, 왜란 직후에는 급기야 남북간 물자이동의 거대 집산지인 臨淸에서 民變이 발발하였다.

임청민변은 稅監 馬堂의 강압적·약탈적 징세에 직접적 원인이 있었다. 그러나 礦·稅의 수탈이 임진왜란 파병으로 인한 재정지출과 무관하지 않았고, 무뢰가 상당수 포함되어 있는 참전병사(특히 募兵)들이 종전·철군 후 귀향하지 않고 임청 등 화북의 상업도시로 광범하게 흘러 들었다. 이런 점들을 고려한다면, 결국 임청민변은 왜란으로부터 직·간접적인 영향을 받았다고 볼 수 있을 것이다. 즉, 임청민변은 명말 화북사회가 처한 제 모순관계를 집약적으로 표출하며 이후 화북 민중반란의 한 단초를 이루었다.

명말 화북사회에 보다 직접적이고 심각한 동요를 일으킨 것은 만주족(후금)의 침공이었다. 후금이 요동을 침공·지배하면서 당시 요동으로부터 100만, 혹은 200만 명이라 (상당히 과장되게) 일컬어지던 대량의 피난민이 북직예, 산동 일대로 쇄도해 들어왔다. 이들은 이 일대에서 심각한 치안불안을 유발하였으며, 조정의 큰 우려를 낳기도 했다. 후금의 요동에 대한 침공·지배가 이처럼 화북사회에 파급되어 '간접적' 영향을 주었다면, 숭정년간 청병의 화북침공은 '직접적'이고 파괴적 영향을 주었다.

청병은 숭정년간 여러 차례 화북 침공을 감행하여 京師를 계엄상태에 들게 하고, 화북사회를 극도의 혼란과 공포에 빠뜨렸다. 후금이 초기 요동을 강압지배하면서 요동한인이 대거 피난·도망해가자, 후금지배하의 요동사회는 심각한 노동력 부족 현상을 겪게 되었다. 이런 현상을 타개하기 위해 후금은 다섯 차례에 걸친 대규모 화북침공을 통해 도합 100만 이상의 화북민을 포로로 잡아갔다. 이들은 요동의 후금사회에 농업노동력을 제공하였고, 일부는 만주 팔기병의 개인적 예속인이 되거나 한군팔기에 소속되었다. 그 과정에서 후금사회는 경제적으로 안정되어 갔고, 투항 명군까지 대거 받아들인 후금은 군사력도 획기적으로 정비되고 급성장해 갔다.

숭정년간 후금군의 화북침공은 그 범위가 북직예뿐 아니라 산서, 심지어 산동·하남까지 미쳤고, 이들의 화북공격의 목적은 영토지배보다는 주로 인명·재물의 약탈과 파괴에 있었으므로, 파괴상은 더욱 참혹하였다. 한편 후금의 화북침공은 이 지역을 극심하게 황폐화시키는 데 그치지 않고 그 혼란에 편승한 토적의 반란이나 각종 민중반란이 일어나는 데 영향을 미침으로써, 결과적으로 화북사회에서 국가 통치력이 마비되는 현상을 초래하였다.

화북평원지대는 명초 대대적인 이주·개간정책을 시행하면서 인구구성이 크게 재편되었고, 그 결과 토착민[社民]과 이주개간민[屯民]이 혼재하는 소위 '土·客의 二元的 사회구성'을 형성하였다. 이들이 토지소유의 조건 등에서 大畝·小畝의 구별 등 상호 차별적인 소유상황이 고착되면서 화북사회에는 토지제도의 구조적인 모순이 형성되었다. 이에 더하여 화북사회에서는 명말에 대규모의 자연재해까지 연속적으로 일어나면서, 사회 내부에 존재한 여러 모순상황이 상호 상승작용을 일으켜 계층간 대립이 더욱 첨예하게 표출되었다.

명말 화북사회는 전반적인 吏治의 붕괴, 유적·토적의 반란 등 각종 민중반란의 발발이라는 內憂에 더하여, 임진왜란 파병, 만주족의 침공 등 外患까지 한꺼번에 일어난 시기였다. 이른바 '天崩地裂' 혹은 '天崩地解'라 일컬어지는 극심한 혼란상이 연출된 시기였다.

생존의 위기상황에 몰린 백성들은 신사·유력자의 비호 아래 들어가거나 타지로 이주·流亡하거나, 각종 무장집단에 의탁하는 등 여러 갈래의 살 길을 찾았다. 이들의 '糊口延命'을 보장해 주어야 할 국가권력은 현실적으로 수탈·착취를 능사로 삼는 존재일 뿐이었고, 관군은 流賊·土賊과 같은 반란세력은 물론이요 외적(후금군) 보다도 더한 횡포를 일삼았다. 이런 상황에서 화북민들은 자발적 從賊이건 강요에 의한 脅從이건 자신을 보호해 줄 수 있는 집단이면 善惡을 가리지 않았다. 백성들이 토적집단을 따라나선 것은 유동적이고 불안한 사회에서 '하루라도 더 연명하기 위한' 선택의 일환이었으며, 실제 그 선택이 '皇帝의 赤子'였을 때보다 더 나은 경우가 많았다. 그 결과 "백성 중에 寇賊 아닌 자가 없고 구적 중에 백성 아닌 자가 없다"라거나, "관군이 죽인 자는 모두 구적이요 모두 백성이다"라고 하듯, 縣城 바깥의 향촌사회는 구적과 양민을 구별하기 어려운 실정이었다.

이러한 상황에서, 국가 및 화북지배층(신사·유력자)은 각기 치안대책, 자구책을 강구하지 않을 수 없었다. 국가측 입장으로는 呂坤, 徐光啓, 盧象昇, 楊嗣昌, 李永茂 등 중앙정계 혹은 군사방면에서 영향력 있는 관료들의 향병육성안, 군사력제고 방안, 향촌방위안 등을 살펴보았다. 그 내용은 대체로, 향병 부활이 시급하고, 이를 국가 감독하에 조직하여 신사·유력자들이 주도하게 하고, 재정조달 역시 이들의 연납을 장려하는 방안 등이었다. 요컨대 향촌방위 활동에 있어서 지방사회 지배층의 책무와 역할을 크게 강조하는 점에서 공통점이 있었다.

명말청초 동란기의 화북사회에서는 자신의 생명·재산과 지역사회를 지키기 위한 紳士·유력자층의 무장자위활동이 보편적으로 존재했다. 동란시 신사층은 무장자위활동을 주도하여 '향토를 지키는 책무'가 있고, '백성의 신망'을 받으며, '城의 安危와 운명을 같이'하는 지역사회의 실질적 리더였다. 실제 紳士 등 화북의 지배층은 개별적이고 소규모·고립적인 自保상태를 유지하기도 했지만, 자신의 私兵집단을 대동하거나 傭兵을 모집하여 주현의 공식적 향병 조직에 참여하는 경우가 많았다. 식량, 은 등 향병운영을 위한 기부에도 큰 역할을 하였고, 향병의 군사활동뿐만 아니라 이와 병행하여 향약·보갑 등을 통한 내부통제, 구휼사업이나 공동체의식의 고양을 통한 민심수습에도 노력하였다.

紳士의 이러한 행동은 대개 '사대부 의식(신사의 공의식)'을 바탕으로 지역사회의 치안유지라는 대의명분을 실현하기 위한 것이었으나, 그 이면에는 동란기 무장자위활동을 통하여 그들의 향촌지배를 연장·강화하는 측면도 있었다. 특히 국가권력의 통치 강도가 상대적으로 높고 '국가－소농' 관계가 주요한 모순관계였던 화북사회에서는, 동란기 국가통치력이 마비되면 극도의 혼란상에 빠져 민중반란이 격발하는 특성이 있었다. 동란기에 紳士·유력자가 주도하는 무장자위활동은 국가권력을 대행하는 측면이 있었다. 명말 紳士의 무장자위활동에는 이처럼 '군사적인 자위활동'과 '사회적인 향촌지배'라는 양면성이 공존해 있었다. 실질적으로 신사의 무장자위활동은 외부의 위협으로부터 身家의 生命·財産을 보호하고 私利의 保全을 꾀하는 자구책이었으며, 이는 평상시 紳士의 '保身家'적 행동의 연장이었다.

한편 이자성의 大順政權은 流寇主義를 청산하고 受權정권을 표방하면서, 화북사회의 入仕하지 못한 하층신사, 세금을 체납한 농민층의 광범위한 지지를 받아 단시일에 화북지방을 석권할 수 있었다. 그러나 새로운 지배자로 등장한 대순정권은 특히 화북의 기득권층에 대해 폭력적인 수탈을 자행하는 경우가 많아 지배층이 이끌던 무장자위집단의 저항을 받았다. 李自成집단이 북경에서 퇴각한 소식이 전해진 이후 화북 각 지방에서 反大順政權 봉기가 급증했다. 그러나 대순정권의 갑작스런 몰락은 화북사회에 또 다시 권력공백 상황을 초래하였다.

이처럼 명말청초 동란기에 화북의 신사·유력자층은 의지할 만한 국가권력이 없는 상황에서 고립적인 自保상태를 면치 못하였다. 그러다가 淸이 이자성군에게 망한 明朝의 '復讐義軍'임을 표방하면서 화북으로 진격해오자, 화북의 지배층은 이에 별다른 저항을 하지 않고 淸의 화북정복과 통치에 협조하였다. 화북 지배층의 이러한 태도는, 계속되는 土寇의 위협으로부터 그들의 사적 이익을 보호해 주고 신사특권과 기득권을 보장해 줄 강력한 국가권력이 필요하였기 때문이었다. 淸朝는 화북지배층의 이러한 요구를 入關 당초부터 보장해 줌으로써 이들의 협조를 얻을 수 있었고, 이를 바탕으로 초기에 비교적 순조롭게 화북지방을 장악할 수 있었다.

그러나 비교적 순조롭게 淸의 점령하에 들어간 화북지방은 청군이 南征에 진력하는 동안 '후방'이 되어, "병사 한 명, 말 한 마리도 없는"군사력 공백 상태에 빠지게 되었다. 그 틈을 타고 초기 팔기군의 위세에 눌려 투항하거나 정세를 관망하던 화북의 土賊세력이 대규모의 抗淸연합 세력을 결집시켜 淸의 지방통치를 위협하였다.

한편 명말 이래 향촌방위를 명목으로 활동하고 있던 사적 무장집단은 淸의 地方統治를 보완할 수 있는 유용한 존재이기도 했으나, 동시에 화북의 土賊집단이나 南明정권과 연결함으로써 反淸勢力으로 발전할 가능성도 있었다. 그 때문에 입관 직후 淸朝 내부에서 각지의 향병집단을 해산하려는 분위기가 팽배하였으나, 당시 南征에 진력하던 淸朝는 후방인 화북지방의 치안유지를 위해 계속해서 이러한 사적 무장력을 이용하지 않을 수 없었다. 청조는 결국 향병세력의 일방적 해산이 아닌 재편·활용하는 쪽으로 정책방향을 정하였다. 그리고 초기 조속한 지방통치의 회복을 위해 일거에 많은 지방관을 파견할 필요성이 절실하였고, 화북의 신사층은 이 기회에 중앙·지방의 관료직에 대거 진출하는 등 지배층의 중요한 일원으로 다시 등장할 수 있었다. 즉, 청조의 舊明신사 우대와 화북신사의 지방통치 협조(사적 무장력·물자 제공, 관직 진출 등)라는 상호관계는 입관초 청조권력과 화북신사간의 협력관계의 관건이었다.

청초 산동에 부임한 지방관 중 요동인이 특히 많았다. 總督에서 道臺에 이르는 상급지방관의 43.7%, 지부·지주의 40.6%, 지현의 20.1%, 府州의 하급관의 14.3%를 요동인이 차지하였다. 이들은 '정복자'의 일원인데다 또 漢人이었으므로 입관초 청조의 화북지방통치에 활용도가 높았다. 한편 '貳臣' 중에 산동 출신자가 30%로 매우 높은 비율을 점했고, 추천 등 여러 경로를 통해 관직에 등용된 인사 역시 많았다. 이는 산동지역이 청조 지배하에 일찍, 그리고 큰 무리없이 편입되어 이곳 출신의 舊明 관료·신사층이 천거·발탁될 기회가 많았기 때문이라고 보인다. 그리고 명대 이래 산동과 요동간의 인적·물적인 교류가 많아 요동한인과 산동(화북)인 간에 유대와 친밀성이 상대적으로 높았을 가능성도 크다. 요동인이 청조의 한인지배에 대한 완충역할을 할 수 있는 위치에 있었고, 산동 지배층 또한 청조의 지방정권 수립과정 혹은 여타 지역의 정복에 동참하는 등 청조의 중국지배에 순응하는 것이 대세였다. 따라서 이들이 초기 청조의 관료·지방관에 많이 임용될 수 있었던 것이다. 청조의 초기 화북사회에 대한 지방통치의 회복과 향촌사회의 안정은 이들 지방관들의 역할에 크게 의존하였다.

화북의 청조 지방관이 시급히 해결해야 할 과제는 대체로 다음과 같았다. ①토적을 진압하여 치안을 확보한다. 청초 화북사회 곳곳에는 여전히 토적세력이 만연하였다. 지방관들은 城守를 굳건히 하고 이들을 제거하기 위해 기존의 사적 무장자위세력을 흡수·재편하여 準군사력으로 활용하였다. 때로는 수동적 방어에 그치지 않고 원정활동을 하여 유적의 잔당, 천험의 소굴에 웅거하고 있는 土賊을 진압한 사례도 적지 않았다.

②지역사회의 민심 안정을 위해 세금을 감면[蠲免]한다. 이는 농민들의 流散을 막고, 피난·도망갔다 돌아온 사람들을 안정시키기 위해 중요한 조치여서 신임 지방관은 대개 이 문제를 위해 크게 노력하였다. 그러나 남방으로의 정복전을 계속 수행하면서 극심한 재정난에 처해있던 중앙정부의 입장과는 배치되는 경우가 많았다. 당시 지방관들은 중앙정부에게 세역의 감면을 요구하는 한편 내부적으로 '履畝淸稅'로 표현되는 토지 조사, 각종 부가잡세 폐지, 징세상의 폐단 척결 등의 노력도 병행하였다. 청군이 주둔 혹은 통과하는 현지에서 직접적·강압적으로 군향을 조달하는[索餉] 행태는 백성에게 정식세금의 부담 이상으로 큰 폐해를 끼쳤다. 이런 폐단을 막고 지역민의 이익을 보호하는 데에 특히 요동인 지방관의 역할이 두드러졌음을 사례를 통해 확인하였다.

③농업생산력을 회복하기 위해 荒地 개간, 둔전 진흥을 적극 추

진한다. 이는 정복전을 수행해야 하는 중앙정부의 稅收 확보 노력과 민심안정을 도모해야 하는 지방정부의 세금 감면 노력이라는 상호 배치되는 목적을 동시에 해결할 수 있는 방안이기도 했다. 청조는 순치 10~12년 간 둔전 전담기구로 '興屯道廳'을 설립하여 산동, 하남 등지에서 둔전정책을 집중적으로 실시했다. 그러나 황전 개간의 실적을 관료의 考課에 반영하는 등 강압적인 분위기가 커지자 오히려 역효과만 나는 결과가 되었다. 그 때문에 중앙정부 차원의 興屯정책은 일단 중단되었으나, 그 후로도 지방단위에서는 개간사업이 꾸준히 진행되었다.

④胥吏·衙役의 폐단을 척결하여 지방행정을 쇄신한다. 동란기 화북의 많은 주현에서 지방관의 缺官사태가 있자 서리들이 이를 틈타 知縣직을 장악한 경우도 있었고, 토지 및 稅役징수 관련의 묵은 폐단을 척결하려는 지방관을 배척·모함한 경우도 있었다. 순치년간 循吏로 칭송받은 지방관 중 '淸理衙竇', '剔蠹', '抑豪强'의 공적이 특필된 경우가 많았는데, 이는 순조로운 지방통치의 회복을 저해하는 서리·아역 및 이들과 결탁한 호강·무뢰 등을 효과적으로 제압한 공적을 기린 것이었다.

⑤현지 신사층과 적극 협조하여 원활한 지방통치를 이룬다. 위와 같은 여러 현안들을 성공적으로 수행하기 위해 신임 지방관은 현지 신사층의 협력을 얻는 것이 필수적이었다. 이는 청조가 紳士의 기득권을 인정하고 각종 우대책을 내놓고 있던 상황에 조응하는 것이었다.

이처럼 명말청초 동란기의 극한 상황에서 백성(농민), 신사·유력자·국가는 각기 謀生, 自救, 질서안정을 위해 다양한 방안을 강구하였으나, 평소 전제권력의 직접적 지배가 강했던만큼 그 붕괴 이후의 혼란상은 더욱 심각하였다. 이에 강력한 세력으로 대두한 淸朝가 새로운 '질서 유지자'로 부각되자, 고립무원의 상황에 있었던 화북의 신사·유력자층은 이민족의 지배를 받아들이고 새로운 질서에 편입되었다. 이렇게 본다면 명말청초 동란기의 화북사회에서 가장 중요한 요소는 '생존'과 '질서 안정'의 문제였고, 이를 해결할 수 있는 국가권력의 존재가 그만큼 절실하였다고 할 수 있을 것이다.

引用文獻目錄

1. 史料: 政典類, 文集, 其他

計六奇,『明季北略』(中華書局, 北京, 1984, 排印本)
『古今圖書集成』(雍正 4年序, 武英殿聚珍字本)
顧起元,『客座贅語』(中華書局, 北京, 1987, 排印本)
顧炎武,『日知錄』(世界書局, 臺灣, 1990, 日知錄集釋本)
顧炎武,『天下郡國利病書』(四部叢刊 三編 手稿本, 商務印書館, 臺灣, 1976)
高攀龍,『高子遺書』(四庫全書)
邱濬,『大學衍義補』(文淵閣四庫全書, 商務印書館, 臺灣, 影印本)
金之俊,『息齋集』, (東京內閣文庫藏, 康熙5년 刊本)
盧象昇,『盧象昇疏牘』(浙江古籍出版社, 1984, 排印本)
『韃靼漂流記』(石井本: 園田一龜,『韃靼漂流記の研究』, 原書房, 1980, 附錄)
譚其驤,『中國歷史地圖集』(元・明; 淸) (地圖出版社, 1982)
談遷,『國榷』(古籍出版社, 北京, 1958, 排印本)
『大金國志』(國學基本叢書本)
『大淸會典』(康熙29년 勅撰)
『萬曆三大征考』(北京大學 古籍珍本叢書本)
『萬曆邸鈔』(江蘇廣陵古籍刻印社出版, 1991년, 影印本)
『滿文老檔』(東洋文庫, 1955~1958, 滿文老檔研究會譯註本)
『明經世文編』(中華書局, 北京, 1987(1962), 影印本)
『明代遼東檔案彙編』, (遼瀋書社, 1985, 排印本)

『明律集解』(光緖34년 重刊本)

『明史』(中華書局, 北京, 1974, 標點本)

『明實錄』(中央硏究院 歷史語言硏究所 校引本:『太祖實錄』,『太宗實錄』,『宣宗實錄』,『英宗實錄』,『憲宗實錄』,『孝宗實錄』,『世宗實錄』,『穆宗實錄』,『神宗實錄』,『熹宗實錄』)

『明實錄類纂: 自然災異卷』(武漢出版社, 1993)

『明實錄類纂: 山東史料卷』(武漢出版社, 1994)

『明淸史料』甲, 乙, 丙, 辛, 任編 (中央硏究院歷史語言硏究所輯刊, 1930~1975)

『明通鑑』(上海古籍出版社, 1995)

『明會要』(淸 龍文彬撰, 廣雅書局, 木版本)

『明會典』:『正德會典』(正德 6년 刊本),『萬曆會典』(萬曆 15년 刊本, 中華書局, 北京, 排印本)

文秉,『定陵註略』(靜嘉堂文庫藏, 鈔本)

『文獻叢編』(國立北平故宮博物院文獻館, 1930)

「兵部爲登萊海域明兵布防事行稿」(『歷史檔案』1986-2)

『碑傳集』(『淸代碑傳全集』, 上海古籍出版社, 1987, 縮約 影印本)

謝國楨편,『明代農民起義史料選編』(福建人民出版社, 1980-1981, 排印本)

『史料叢刊初編』(羅振玉편, 東方學會, 1924년, 刊本)

『史料叢編』(旅順, 1934년, 刊本)

謝肇淛,『五雜組』(和刻本漢籍隨筆集 제1집, 汲古書院, 1974)

徐驥,「文定公行實」,『徐光啓集』附錄 1, 傳記 (上海古籍出版社, 1984, 排印本)

徐光啓,『徐光啓集』(上海古籍出版社, 1984, 排印本)

徐光啓,『農政全書』(中華書局, 1985, 排印本)

昭槤,『嘯亭雜錄』(『近代中國史料叢刊』 제7輯)

孫承澤,『山書』(浙江古籍出版社, 1989, 排印本)

『順治元年內外官署奏疏』(國立北京大學研究所國學門出版, 1931, 마이크로필름)
『禎朝奏疏』(崇禎16년 序刊本)
「崇禎13年明淸登萊戰防史料」(『歷史檔案』1986-2)
「崇禎13年遼東戰守明檔選」(『歷史檔案』1986-3)
沈德符,『萬曆野獲編』(中華書局, 北京, 1980, 排印本)
梁夢龍,『海運新考』(玄覽堂叢書本)
楊嗣昌,『楊文弱先生集』, (康熙年刊, 子山松等輯抄本)
楊士聰,『甲申核眞略』(浙江古籍出版社, 杭州, 1985, 排印本)
呂坤,『去僞齋集』(道光 6년 刊本)
呂坤,『實政錄』(萬曆 26년 刊本)
葉子奇,『草木子』(元明史料筆記叢刊, 中華書局, 1983, 排印本)
吳世濟,『太和縣禦寇始末』(浙江人民出版社, 1983, 排印本)
『雍正硃批諭旨』(四庫全書,『世宗憲皇帝硃批諭旨』)
王圻,『續文獻通考』(萬曆31년 刊本)
王士性,『廣志繹』(中華書局, 北京, 1981, 排印本)
王士禛,『池北偶談』(中華書局, 北京, 1982, 排印本)
王先謙,『東華錄 附東華續錄』(光緖 17~24년 活版影印本)
王宗沐,『敬所王先生文集』(萬曆元年 豫章劉氏刊本)
王重民,「序言」,『徐光啓集』(中華書局, 北京, 1963, 排印本)
『遼紀』(遼海叢書本)
『遼事述』(北京圖書館古籍珍本叢刊, 書目文獻出版社)
『袁崇煥資料集錄』(廣西民族出版社, 1984)
魏源,『聖武記』(中華書局, 北京, 1984, 排印本)
劉獻廷,『廣陽雜記』(中華書局, 北京, 1985, 排印本)
李民寏(朝鮮),『紫巖集』(韓國文集叢刊 제82집, 民族文化推進會, 1992, 影印本)

李永茂, 『邢襄題稿』(中華書局, 上海, 1958, 排印本. 출간시 책명은 『邢襄題稿・樞垣初刻』)
李天根, 『爝火錄』(浙江古籍出版社, 1986, 排印本)
蔣良驥, 『東華錄』(乾隆30년 木版本)
張鵬, 「濬小淸河議」, 『小方壺齋輿地叢鈔』(王錫祺輯, 光緖17년 上海著易堂 排印本)
張萱 『西園聞見錄』(民國29년, 北京哈佛燕京學社, 排印本)
丁耀亢, 『出劫紀略』(『明史資料叢刊』第2輯, 江蘇人民出版社, 1982, 排印本)
鄭天挺 等編, 『明末農民起義史料』(中華書局, 北京, 1952, 排印本)
『朝鮮王朝實錄中的中國史料』(中華書局, 1980)
左光斗, 『左忠毅公集』(『乾坤正氣集』, 道光28년 刊本)
陳龍正, 『幾亭全書』(康熙4년 序刊本)
『淸經世文編』(中華書局, 北京, 1992, 影印本)
『淸代農民戰爭史資料選編』(中國人民大學出版社, 1984)
『淸史列傳』(中華書局, 臺灣, 1983, 影印本)
『淸實錄』(華文書局, 臺灣, 影印本: 『太宗實錄』, 『世祖實錄』, 『聖祖實錄』)
崔溥(朝鮮), 『漂海錄』(牧田諦亮, 『策彦入明記の硏究』下, 1959 所收, 排印本)
何良俊, 『四友齋叢說』(中華書局, 北京, 1983, 排印本)
『皇明世法錄』(中國史學叢書初編本)
『皇明條法事類纂』(汲古書院, 東京大學藏, 1966, 影印本)
侯方域, 『壯悔堂文集』(淸 賈開宗等 評點, 光緖4년 木版本)

2. 史料: 地方志

『嘉祥縣志』(乾隆43년 刊本)

『鉅野縣志』(康熙47년 序刊本)
『莒州志』(嘉慶元年 刊本)
『景州志』(萬曆40년 刊本; 同 纂修志, 康熙 11년 序刊本)
『高唐州志』(道光15년 刊本)
『高密縣志』(民國24년 刊本)
『高苑縣志』(乾隆22년 刊本, 附續志)
『館陶縣志』(光緒19년 刊本)
『觀城縣志』(民國22년 刊本)
『冠縣志』(民國23년 刊本)
『膠州志』(道光25년 刊本)
『邱縣志』(乾隆刊; 民國22년 重刊本)
『金鄕縣志』(同治元年 刊本; 同 民國25년 稿本)
『沂水縣志』(道光7년 序刊本)
『沂州志』(康熙13년 刊本)
『萊蕪縣志』(新修, 康熙12년 刊本)
『萊陽縣志』(康熙17년 刊本)
『萊州府志』(萬曆32년 刊本; 同 乾隆5년 序刊本)
『陵縣志』(光緒元年 增補本)
『單縣志』(康熙58년 序刊本)
『郯城縣志』(乾隆28년刊本; 同 重修志, 乾隆28년 刊本)
『堂邑縣志』(康熙49년 刻; 光緒18년 重刊本)
『德州志』(重修, 乾隆53년 序刊本)
『東阿縣志』(道光9년 序刊本)
『東昌府志』(嘉慶13년 序刊本)
『東平州志』(光緒7년 刊本)
『東平縣志』(民國25년 刊本)
『登州府志』(順治17년 序刊本; 同 增修志, 光緒7년 序刊本)

『滕縣志』(道光26년 刊本)

『蒙陰縣志』(康熙24년 序刊本)

『武城縣志』(嘉靖년간 刊本, 天一閣藏明代方志選刊本; 同 順治 7년 序刊本)

『汶上縣志』(康熙56년 刊本)

『博平縣志』(道光11년 刊本)

『范縣縣志』(續修, 民國24년 刊本)

『濮州志』(宣統元年 刊本)

『蓬萊縣志』(重修, 道光19년 刊本; 同 續志, 光緒8년 刊本)

『肥城縣志』(嘉慶20년 刊本)

『費縣志』(光緒25년 刊本)

『濱州志』(咸豊10년 序刊本)

『泗水縣志』(光緒18년 刊本)

『山東通志』(嘉靖년간 刊本, 天一閣藏明代方志選刊續編本; 同 雍正7년 修, 乾隆元年 刻本)

『商河縣志』(道光19년 刊本)

『棲霞縣志』(重修, 光緒5년 刊本)

『城武縣志』(道光10년 刊本)

『壽光縣志』(民國24년 刊本)

『壽張縣志』(光緒26년 刊本)

『順天府志』(光緒12년 刊本)

『新城縣志』(康熙32년 刊本, 附續志)

『新泰縣志』(乾隆50년 序刊本)

『莘縣志』(嘉靖년간 刊本, 天一閣藏明代方志選刊本)

『莘縣志』(光緒13년 刊本)

『樂陵縣志』(乾隆27년 刊本)

『樂安縣志』(雍正11년 刊本)

『掖縣全志』(光緒19년 刊本: 乾隆『掖縣志』, 嘉慶『續掖縣志』, 道光『再續掖縣志』, 光緒『三續掖縣志』)
『陽穀縣志』(民國31년 刊本)
『陽信縣志』(乾隆24년 序刊本)
『魚臺縣志』(光緒15년 刊本)
『歷城縣志』(乾隆38년 序刊本)
『嶧縣志』(光緒30년 刊本)
『兗州府志』(萬曆년간 刊本, 天一閣藏明代方志叢刊續編本; 同 康熙25년 刊本)
『寧陽縣志』(續志, 光緒13년 刊本)
『寧陽續志』(光緒13년 重增修本)
『寧海州志』(同治3년 刊本)
『遼東志』(嘉靖16년 刊本, 遼海叢書本)
『禹城縣志』(嘉慶13년 序刊本)
『鄆城縣志』(光緒19년 刊本)
『濰縣志』(乾隆25년 序刊本)
『恩縣志』(萬曆26년 刊本, 附續志)
『恩縣志』(重修; 宣統元年 刊本)
『利津縣志』(光緒9년 序刊本)
『益都縣圖志』(光緒33년 刊本)
『日照縣志』(光緒12년 序刊本)
『臨朐縣志』(續志; 光緒10년 刊本)
『臨邑縣志』(同治13년 刊本)
『臨清州志』(康熙12년 序刊本)
『臨清直隸州志』(乾隆50년 序刊本)
『臨淄縣志』(民國9년 刊本)
『茌平縣志』(康熙49년 序刊本)

『任縣志』(民國4년 刊本, 中國方志叢書本)

『滋陽縣志』(光緒14년 刊本)

『章邱縣志』(道光15년 刊本)

『全遼志』(嘉靖44년 刊本, 遼海叢書本)

『霑化縣志』(光緒17년 刊本)

『定陶縣志』(乾隆17年刊; 光緒2년 補刊本)

『濟南府志』(道光20년 刊本)

『濟寧直隷州志』(咸豊9년 刊本, 附續志)

『齊東縣志』(光緒元年 刊本)

『諸城縣志』(乾隆29년 刊本)

『濟陽縣志』(乾隆37년 序刊本)

『齊河縣志』(乾隆元年 序刊本)

『朝城縣志』(康熙20년 刊; 民國9년 重刊本)

『曹縣志』(光緒10년 刊本)

『卽默縣志』(同治12년 刊本)

『眞定府志』(嘉靖28년 刊本)

『昌樂縣志』(嘉慶14년 刊本)

『昌邑縣志』(乾隆7년 刊本)

『天津縣志』(乾隆4년 刊本)

『靑城縣志』(嘉慶23년 序刊本)

『靑州府志』(嘉靖년간 刊本, 天一閣藏明代方志選刊本; 同 萬曆43년 刊本; 同 咸豊9년 刊本)

『淸平縣志』(嘉慶3년 刊本)

『招遠縣志』(順治12년 刊, 道光년간 續刊本)

『鄒縣志』(康熙55년 序刊本)

『泰安州志』(重修, 民國18년 刊本)

『平度州志』(道光34년 刊本)

『平原縣志』(乾隆14년 刊本)
『蒲臺縣志』(重修, 乾隆28년)
『夏津縣志』(乾隆6년 序刊本)
『河澤縣志』(光緒10년 序刊本)
『海豊縣志』(康熙10년 序刊本)
『惠民縣志』(光緒25년 刊本)
『黃縣志』(同治11년 刊本)

3. 研究書

金秉駿, 『中國古代 四川地域의 巴蜀文化 研究-郡縣支配의 地域的 偏差에 대한 基礎的 理解-』, 서울대학교 박사학위논문, 1995

金秉駿, 『中國古代 地域文化와 郡縣支配』, 一潮閣, 1997

金衡鍾, 『淸末 江蘇省의 新政과 紳士層』, 서울대학교 박사학위논문, 1997

金衡鍾, 『淸末新政期의 研究-江蘇省의 新政과 紳士層』, 서울대학교출판부, 2002

閔斗基 編, 『中國近現代史上의 湖南省-鄕村社會構造로부터의 接近-』, 知識産業社, 1996

朴基水, 『淸道光年間 廣西民衆蜂起의 研究』, 성균관대학교 박사학위논문, 1991

宋正洙, 『中國近世鄕村社會史研究-明淸時代 鄕約·保甲制의 形成과 展開-』, 혜안, 1997

吳金成, 『中國近世社會經濟史研究-明代紳士層의 形成과 社會經濟的 役割-』, 一潮閣, 1986

吳金成 등저, 『明末·淸初社會의 照明』, 한울, 1990

吳金成 편, 『中國 地方志 目錄』, 서울大學校東洋史研究室, 1998

오금성 등저, 『명청시대사회경제사』, 이산, 2007
吳金成, 『國法과 社會慣行－明淸時代 社會經濟史 研究－』, 지식산업사, 2007
吳金成, 『矛・盾의 共存－明淸時代 江西社會 研究－』, 지식산업사, 2007
元廷植, 『淸代 福建社會 研究－淸 前·中期 閩南社會의 變化와 宗族活動－』, 서울대학교 박사학위논문, 1996
兪長根, 『19세기 전반기 광동 지방의 천지회』, 고려대학교 박사학위논문, 1991
유장근, 『근대중국의 비밀결사』, 고려원, 1996
李瑾明, 『南宋時代 福建社會의 變化와 經濟開發－食糧問題에 대한 對應을 中心으로－』, 서울대학교 박사학위논문, 1997
李俊甲, 『淸 前・中期 四川社會의 研究－川西・川東地域의 社會變化와 淸朝權力－』, 서울대학교 박사학위논문, 1998
李俊甲, 『中國 四川社會 研究(1644～1911)』, 서울대학교출판부, 2002
全淳東, 『明王朝 成立史研究』, 한양대학교 박사학위논문, 1992.
鄭炳喆, 『明末淸初의 華北社會 研究－動亂期 山東圈의 社會經濟的 諸樣相－』, 서울대학교 박사학위논문, 1996
表敎烈, 『淸中期 漕運 改革論 研究－江浙地方에서의 經世論 擡頭와 關聯하여－』, 서울대학교 박사학위논문, 1995
한명기, 『임진왜란과 한중관계』, 역사비평사, 1999
폴 코헨(장의식 외역), 『미국의 중국 근대사 연구』, 고려원, 1995(원저: 1984)

葛劍雄등저, 『簡明中國移民史』, 福建人民出版社, 1993
姜彬주편, 『稻作文化與江南民俗』, 上海文藝出版社, 1996
景甦・羅崙, 『淸代山東經營地主底社會性質』, 山東人民出版社, 1959

羅崙・景甦, 『淸代山東經營地主經濟硏究』, 齊魯書社, 1984
顧誠, 『明末農民戰爭史』, 中國社會科學出版社, 北京, 1984
孔經緯주편, 『淸代東北地區經濟史』, 黑龍江人民出版社, 1990
廣東歷史學會編, 『明淸廣東社會經濟形態硏究』, 廣東人民出版社, 1985
羅一星, 『明淸佛山經濟發展與社會變遷』, 廣東人民出版社, 1994
賴惠敏, 『明淸浙西士紳家族的硏究』, 國立臺灣大學歷史硏究所博士論文, 1988
唐力行, 『明淸以來徽州區域社會經濟硏究』, 安徽大學出版社, 1999
孟森, 『明淸史論著集刊』, 中華書局, 北京, 1984
明淸廣東省社會經濟硏究會編, 『明淸廣東社會經濟硏究』, 廣東人民出版社, 1987
明淸廣東省社會經濟硏究會編, 『十四世紀以來廣東社會經濟的發展』, 廣東高等教育出版社, 1992
樊樹志, 『明淸江南市鎭探微』, 復旦大學出版社, 1990
樊樹志, 『晩明史(1573－1644年)』 上・下, 復旦大學出版社, 2003
范金民, 『明淸江南商業的發展』, 南京大學出版社, 1998
傅衣凌, 『明代江南市民經濟試探』, 上海人民出版社, 1957
『山東歷史人物辭典』, 山東人民出版社, 1990
褚紹唐, 『新中國地理』, 地圖出版社, 1953
蕭一山, 『淸代通史』, 商務印書館, 臺灣, 1985(1962)
孫祚民, 『中國農民戰爭問題論叢』, 人民出版社, 1982
梁方仲, 『中國歷代戶口, 田地, 田賦統計』, 上海人民出版社, 1980
楊余練등, 『淸代東北史』, 遼寧教育, 1991
余新忠, 『淸代江南的瘟疫與社會』, 中國人民大學出版社, 2003.
葉顯恩, 『明淸徽州農村社會與佃僕制, 安徽人民出版社, 1983
葉顯恩주편, 『淸代區域社會經濟硏究』上・下, 中華書局, 1992
吳仁安, 『明淸江南望族與社會經濟文化』, 上海人民出版社, 2001

吳緝華,『明代海運及運河的研究』, 中央研究院歷史語言研究所專刊 43, 臺北, 1961
汪家倫등편,『中國農田水利史』, 農業出版社, 1990
王毓銓,『明代的軍屯』, 中華書局, 北京, 1965
王衛平,『明清時期江南城市史研究 : 以蘇州爲中心』, 人民出版社, 1999
王振忠,『明清徽商與淮揚社會變遷』, 三聯書店, 1996
王興亞,『李自成起義史事研究』, 中州古籍出版社, 1984
袁良義,『明末農民戰爭』, 中華書局, 北京, 1987
劉家駒,『淸朝初期的八旗圈地』, 文史哲出版社, 臺北, 1978(1964)
劉石吉,『明淸時代江南市鎭硏究』, 中國社會科學, 北京, 1987
李健才,『明代東北』, 遼寧人民出版社, 1986
李光濤,『明季流寇始末』, 中央研究院歷史語言研究所專刊 51, 臺北, 1965
李光濤,『朝鮮壬辰倭禍研究』, 中央研究院歷史語言研究所專刊 61, 1972
李國祁등『中國地方志研究: 淸代基層地方官人事嬗遞現象之量化分析』3권, 行政院國家科學委員會, 臺北, 1975
李林,『滿族宗譜研究』, 遼瀋書社, 1992
李文治,『晚明民變』, 中華書局, 北京, 1948
李伯重,『江南的早期工業化(1550-1850)』, 社會科學文獻出版社, 2000
李伯重,『多視角看江南經濟史(1250-1850)』, 三聯書店, 2003
張習孔등편,『中國歷史大事編年』4, 元・明, 北京出版社, 1987
章有義,『明淸徽州土地關係研究』, 中國社會科學出版社, 1984
章有義,『近代徽州租佃關係案例研究』, 中國社會科學出版社, 1988
張晉藩등저,『淸入關前國家法律制度史』, 遼寧人民出版社, 1988
張海英,『明淸江南商品流通與市場體系』, 華東師範大學出版社, 2002
錢杭등저,『17世紀江南社會生活』, 浙江人民出版社, 1996
鄭克晟,『明代政爭探源』, 天津古籍出版社, 1988
鄭天挺,『探微集』, 中華書局, 1980

鄭涵, 『呂坤年譜』, 中州古籍出版社, 1985
曹樹基, 『中國移民史』 (제5권, 明時期 ; 제6권 淸 民國時期), 福建人民出版社, 1997
曹樹基, 『中國人口史』 (제4권, 제5권), 復旦大學出版社, 2000, 2001
周遠廉, 『淸朝開國史硏究』, 遼寧人民出版社, 1981
中國社會科學院歷史硏究所資料編纂組, 『中國歷代自然災害及歷代盛世農業政策資料』, 農業出版社, 北京, 1988
中央硏究院近代史硏究所, 『中國現代化的區域硏究(1860～1916)』, 中央硏究院, 臺北, 1982～
中央硏究院近代史硏究所, 『近代中國初期歷史硏討會論文集』上・下, 中央硏究院, 臺北, 1989
陳高傭등편, 『中國歷代天災人禍表』上・下, 上海書店, 1986
陳建華, 『中國江浙地區十四至十七世紀社會意識與文學』, 學林出版社, 1992
陳學文, 『明淸時期杭嘉湖市鎭史硏究』, 群言出版社, 北京, 1993
李洵, 『淸代全史』, 遼寧人民出版社, 1991
叢佩遠, 『東北三寶經濟簡史』, 農業出版社, 北京, 1989
湯綱・南炳文, 『明史』上・下, 上海人民出版社, 1991
馮賢亮, 『明淸江南地區的環境變動與社會控制』, 上海人民出版社, 2002
許檀, 『明淸時期山東商品經濟的發展』, 中國社會科學出版社, 1998
洪煥椿, 『明末農民戰爭史略論』, 江蘇人民, 1962
洪煥椿・羅侖主編, 『長江三角洲地區社會經濟史硏究』, 南京大學出版社, 1989

加藤繁, 『中國經濟史概說』, 弘文堂, 東京, 1944
谷川道雄, 『中國中世社會と共同體』, 國書刊行會, 1976
谷川道雄・森正夫編, 『中國民衆叛亂史』 3, 平凡社, 東京, 1978～1983
谷川道雄등찬, 『中國士大夫階級と地域社會との關係についての總合的硏

究』, 京都大學, 東京, 1982.
溝口雄三등편, 『アジアから考える』 전7책, 동경대출판회, 1993～1994
九州大學文學部東洋史研究室編, 『元明清期における國家“支配”と民衆像の再檢討－“支配”の中國的特質－』, 1983년도 중국사심포지움, 1984
旗田巍, 『中國の村落と共同體理論』, 岩波書店, 東京, 1973
吉尾寬, 『明末の流賊反亂と地域社會』, 汲古書院, 2001
內山雅生, 『中國華北農村經濟研究序說』, 金澤大學經濟學部, 1990
東亞研究所編, 『支那農村慣行調查報告書』, 東亞研究所, 1944
滿鐵調查部, 『支那に於ける聚落(人口)分布の研究－山東省－』, 南滿洲鐵道株式會社調查部, 大連, 1940
名古屋大學文學部東洋史學研究室편, 『地域社會の視點－地域社會とリ-ダ-』, 1981년도 중국사심포지움, 1982
夫馬進, 『中國善會善堂史研究』, 同朋舍, 1997
濱島敦俊, 『明代江南農村社會の研究』, 東京大學出版會, 1982
濱下武志・川勝平太편, 『アジア交易圈と日本工業化 1500～1900』, リブロポート, 東京, 1991
寺田隆信, 『山西商人の研究－明代における商人および商業資本－』, 同朋舍, 1972
史學會編, 『アジア史からの問い－アイデンティティ－複合と地域社會－』, 山川出版社, 1991
山根幸夫, 『明代徭役制度の展開』, 東京女子大學學會, 1966
山根幸夫, 『明清華北定期市の研究』, 汲古書院, 1995
山縣千樹, 『北支那村落の研究』, 農業技術協會, 1949
三谷孝편, 『農民が語る中國現代史－華北農村調查の記錄－』, 內山書店, 1993
森正夫編, 『江南デルタ市鎮研究－歷史學と地理學からの接近－』, 名古屋大學出版會, 1992

森正夫등저,『舊中國における地域社會の特質』, 名古屋大學, 1994
西嶋定生,『中國經濟史硏究』, 東京大出版部, 1966
星斌夫,『明代漕運の硏究』, 學振刊, 1963
小山正明,『明淸社會經濟史硏究』, 東京大學出版會, 1992
阿南惟敬,『淸初軍事史論考』, 甲陽書房, 1980
岸本美緖,『淸代中國の物價と經濟變動』, 硏文出版, 1997
岸本美緖, 『明淸交替と江南社會－17世紀中國の秩序問題』, 東京大學出版會, 1999
安部健夫,『淸代史の硏究』, 創文社, 東京, 1971
野口鐵郞編, 『中國史における中央政治と地方社會』, 昭和60年度科學硏究費補助金綜合硏究(A)硏究成果報告書, 1986
野口鐵郞,『明代白蓮敎史の硏究』, 雄山閣, 東京, 1986
園田一龜,『韃靼漂流記の硏究』, 原書房, 1980
楢木野宣, 『淸代重要職官の硏究－滿漢倂用の全貌－』, 風間書房, 東京, 1975
栗林宣夫,『里甲制の硏究』, 文理書院, 東京, 1971
田村實造,『アジア史を考える-アジア史を構成する四つの歷史世界』, 中央公論社, 1990
佐藤文俊,『明末農民反亂の硏究』, 硏文出版, 東京, 1985
佐佐木衛편, 『近代中國の社會と民衆文化－日中共同硏究・華北農村社會調査資料集－』, 東方書店, 1992
中國農村慣行調査刊行會編,『中國農村慣行調査』1～6권, 岩波書店, 東京, 1952～1958
中國史硏究會編,『中國史像の再構成－國家と農民－』, 文理閣, 京都, 1983
川勝守,『中國封建國家の支配構造－明淸賦役制度史の硏究－』, 東京大學出版會, 1980
川勝守편,『東アジアにおける生産と流通の歷史社會學的硏究』, 中國書店,

1993
天野元之助, 『山東農業經濟論』, 山東省經濟調查資料, 滿鐵調查部, 大連, 1936
天野元之助, 『中國農業の地域的展開』, 龍溪書舍, 1979
淺井紀, 『明淸時代民間宗教結社の硏究』, 硏文出版, 東京, 1990
淸水泰次, 『中國近世社會經濟史』, 西野書店, 東京, 1950

Chi, Chao-Ting, *Key Economic Areas in Chinese History: As Revealed in the Development of Public Works for Water-control*, 1936 [中譯: 冀朝鼎, 『中國歷史上的基本經濟區與水利事業的發展』, 中國社會科學出版社, 1992(1981)]
Duara, Prasenjit, *Culture, Power, and the State: Rural North China, 1900～1942*, Stanford University Press, 1988
Elvin, Mark & Skinner, William eds., *The Chinese City Between Two Worlds*, Stanford University Press, 1974
Esherick, Joseph W., *The Origins of the Boxer Uprising*, University of California Press, 1987
Esherick, Joseph W. and Rankin, Mary B. eds., *Chinese Local Elites and Patterns of Dominance*, University of California Press, 1990
Freedman, Maurice, ed., *Family and Kinship in Chinese Society*, Stanford University Press, 1970
Gamble, Sidney, *North China Villages: Social, Political and Economic Activities before 1933*, Berkeley, University of California Press, 1963
Handlin, Joanna F., *Action in Late Ming Thought: The Reorientation of LÜ K'un and Other Scholar-Officials*, University of California

Press, 1983

Ho, Ping-ti, *Studies on the Population of China, 1368-1953*, Harvard University Press, 1959

Huang, Philip C., *The Peasant Economy and Social Change in North China*, Staford University Press, 1985

Hummel, *Eminent Chinese of the Ch'ing Period*, U. S. govenment Press, 1943

Kuhn, Philip A., *Rebellion and Its Enemies in Late Imperial China: Militarization and Social Structure, 1796-1864*, Harvard University Press, 1970

Little, Daniel, *Understanding Peasant China: Case Studies in the Philosophy of Social Science*, Yale University Press, 1989

Mann, Susan, *Local Merchants and the Chinese Bureaucracy 1750-1950*, Stanford University Press, 1987

Moulder, Frances, *Japan, China, and the Modern World Economy: Toward a Reinterpretation of East Asian Development, ca. 1600 to ca. 1918*, Cambridge University Press, 1979

Myers, Ramon H., *The Chinese Peasant Economy: Agricultural Development in Hopei and Shantung, 1890~1949*, Harvard University Press, 1970

Naquin, Susan, *Shangtung Rebellion: The Wang Lun Uprising of 1774*, Yale University Press, 1981

Parsons, James B., *The Peasant Rebellions of the Late Ming Dynasty*, University of Arisona Press, 1970

Perdue, Peter C., *Exhausting the Earth: State and Peasant in Hunan, 1500~1850*, Harvard University Press, 1987

Perkins, Dwight, *Agricultural Development in China, 1368~1968*,

Chicago, 1969

Rozman, Gilbert, *Population and Marketing Settlements in Ch'ing China*, Cambridge University Press, 1982

Skinner, William ed., *The City in Late Imperial China*, Stanford University Press, 1977

Struve, Lynn A., *The Southern Ming 1644～1662*, Yale University Press, 1984

Wakeman, Frederic Jr., *The Great Enterprise: The Manchu Reconstruction of Imperial Order in Seventeenth-Century China(Ⅰ)(Ⅱ)*, University of California Press, 1985 (陳蘇鎭等譯, 『洪業 : 淸朝開國史』, 江蘇人民出版社, 1995)

4. 研究論文

고석규, 「총론: 지방사 연구의 새로운 모색」, 『지방사연구, 어떻게 할 것인가』(제 1회 역사문화학회 학술심포지움발표문), 목포대학교, 1998

金斗鉉, 「遼東支配期 누르하치의 對漢人政策」, 『東洋史學硏究』 25, 1987

김준형, 「새로운 지역사 연구와 향토교육을 위하여」, 『역사교육』2, 푸른나무, 1991

金亨錫, 「明末 徐光啓의 救國運動－그의 練兵 및 防禦戰略을 中心으로－」, 『慶熙史學』 16·17, 1991

金浩東, 「古代 遊牧國家의 構造」, 서울大學校東洋史硏究室편, 『講座 中國史』2, 지식산업사, 1989

檀上寬, 「明淸鄕紳論」, 谷川道雄편저(정태섭등역), 『日本의 中國史論爭』, 신서원, 1996(원저: 1993)

閔斗基, 「淸代 '生監層'의 性格－特히 그 階層的 個別性을 中心으로－」,

『亞細亞硏究』20, 1965 (이후 閔斗基, 『中國近代史硏究－紳士層의 思想과 行動－』, 一潮閣, 1973에 재수록)
閔斗基, 「80년대 日本에서의 中國史硏究와 中國現實에의 對應－'辛亥革命國際會議'·'封建制論'·'洋務派論'을 中心으로－」, 『東亞文化』22, 1984
閔斗基, 「中國史硏究에 있어서의 地方史硏究」, 『大邱史學』30, 1986
朴元熇, 「明末·淸初의 민중반란」, 吳金成 등저, 『明末·淸初社會의 照明』, 한울, 1990
박혁순, 「중국지방사 연구의 현황과 과제」, 『지방사연구, 어떻게 할 것인가』(제1회 역사문화학회 학술심포지움발표문), 목표대학교, 1998
宋正洙, 「淸 入關初 鄕村社會와 鄕村支配 硏究－鄕約·保甲制의 形成過程을 중심으로－」, 『東洋史學硏究』49, 1994
吳金成, 「明末 洞庭湖周邊의 垸堤의 발달」, 『歷史教育』21, 1977
吳金成, 「日本에 있어서 中國 明淸時代 紳士層硏究에 대하여」, 『東亞文化』15, 1978
吳金成, 「明代 紳士層의 形成過程에 대하여」, 『震檀學報』48, 1979
吳金成, 「睿親王攝政期의 淸朝의 紳士政策」, 『韓沽劤博士停年紀念史學論叢』, 知識產業社, 1981
吳金成, 「日本에서의 明淸社會의 性格硏究에 대하여」, 『東亞文化』22, 1984
吳金成, 「明末·淸初의 社會變化」, 서울大學校東洋史硏究室 편, 『講座中國史』4, 지식산업사, 1989
吳金成, 「明末·淸初 商品經濟의 發展과 '資本主義 萌芽'論」, 吳金成등, 『明末·淸初社會의 照明』, 한울, 1990
吳金成, 「淸朝權力의 地方浸透過程－明末淸初의 江西南部地方을 중심으로－」, 『東洋史學硏究』35, 1991

吳金成,「明中期의 人口移動과 그 影響-湖廣地方의 人口流入을 中心으로-」,『歷史學報』137, 1993

吳金成,「明末 湖廣의 社會變化와 承天府民變」,『東洋史學硏究』47, 1994

吳金成,「明淸時代의 無賴: 硏究의 現況과 課題」,『東洋史學硏究』50, 1995

吳金成,「入關初 淸朝權力의 浸透와 地域社會-廣東 東·北部地方을 중심으로-」,『東洋史學硏究』54, 1996

吳金成,「王朝交替期의 地域社會 支配層의 存在形態-明末淸初의 福建社會를 中心으로-」, 서울大學校 東洋史學硏究室編,『近世 東아시아의 國家와 社會』, 지식산업사, 1998

元廷植,「江西에서의 王陽明의 民兵 組織과 運用」,『서울大東洋史學科論集』14, 1990

李成珪,「淸初 地方統治의 確立過程과 鄕紳-順治年間의 山東地方을 중심으로-」,『서울大東洋史學科論集』1, 1977

이존희,「지방사 인식의 새로운 시작」,『한국사서술의 새로운 시각』, 교학사, 1992

鄭炳喆,「明末·淸初 華北에서의 自衛活動과 紳士-山東·北直隸를 중심으로-」,『東洋史學硏究』43, 1993

鄭炳喆,「明 前·中期 山東의 人口移動과 社會變化」,『東洋史學硏究』55, 1996

鄭炳喆,「明代 畿輔지역의 水利田 개발을 둘러싼 국가권력과 지역사회의 이해관계」,『歷史敎育』65, 1998

鄭炳喆,「明末의 華北社會와 朝鮮의 倭亂」,『明淸史硏究』10, 1999

鄭炳喆,「中國史에서의 地方史 硏究의 現況과 課題1」,『中國史硏究』7, 1999

鄭炳喆,「明末·淸初의 輿論과 '公議'」,『全南史學』19, 2002

鄭炳喆, 「明末 遼東 沿海 일대의 '海上勢力'」, 『明淸史硏究』 23, 2005
鄭炳喆, 「明代國家權力與地方社會－以華北地區爲中心－」, 中國社會科學院 歷史硏究所 明史硏究室, 『明史硏究論叢』 제7집, 2007
崔甲洵, 「明・淸代의 農民反亂」, 서울大學校東洋史硏究室 편, 『講座 中國史』4, 1989
崔韶子, 「壬辰倭禍와 明朝」, 『아시아문화』 8, 1992
表敎烈, 「淸代 前期의 漕運 改革論」, 『東洋史學硏究』 50, 1995
프레데릭 웨이크만(吳金成 譯), 「中國 民衆運動史 硏究動向」, 『東아시아硏究動向調査叢刊』, 1979
韓明基, 「壬辰倭亂 시기 明軍 참전의 社會・文化的 영향」, 『軍史』 35, 1997
黃長義, 「略論晩明經世思潮的興期」, 『江漢論壇』 1997-6

姜守鵬, 「明末遼東勢族」, 復印報刊 『明淸史』 1987-6 (原載, 『社會科學戰線』 1987-2)
顧誠, 「論淸初社會矛盾－兼論農民軍的聯明抗淸－」, 『淸史論叢』 2, 1980
郭松義, 「淸初封建國家墾荒政策分析」, 『淸史論叢』 2輯, 中華書局, 1980
郭松義, 「明末三餉加派」, 『明史硏究論叢』 第2輯, 江蘇古籍出版社, 1983
駱承烈, 「從大順'創建信女橋'碑看李自成起義軍在山東地區的一些活動」, 『文物』 217, 1974-6
盧鍔, 「徐光啓的軍事改革思想」, 『軍事歷史』 1987-6
賴家度, 「明代農民的墾荒運動」, 『歷史教學』 1952-3
唐文基, 「'三餉'加派－明末反動的財政政策－」, 『山根幸夫教授退休記念明代史論叢』 下, 汲古書院, 1990
劉中平, 「弘光政權建立之探微」, 『遼寧大學學報』 (철학사회과학판) 35-4, 2007
萬明, 「萬曆援朝之戰與明後期政治態勢」, 『中國史硏究』 2001-2

孟森,「八旗制度考實」,『明清史論著集刊』上, 中華書局, 北京, 1984 (1959)
樊樹志,「蘇松棉布業市鎮的盛衰」,『中國經濟史研究』, 1987-4
石玲,「明末淸初作家丁耀亢生平考」,『山東師大學報』, 사회과학판, 1988-3
細谷良夫,「歸順于淸朝(後金)的漢人」,『淸史國際學術討論會論文集』, 遼寧人民出版社, 1990
孫文良,「礦稅監高淮亂遼述略」,『明史硏究論叢』(臺北) 1, 1982
施宣圓,「徐光啓的軍事活動」,『社會科學』1983-11
楊國楨,「淸代社會經濟區域劃分和硏究架構的探索」, 葉顯恩主編,『淸代區域社會經濟硏究』上, 中華書局, 1992
梁方仲,「明代的民兵」,『中國社會經濟史集刊』5-2, 1937
楊暘등,「明代遼東都司及其衛的硏究」,『社會科學輯刊』1980-6
吳景賢,「金正希之地方自衛－金正希評傳之二－」,『學風』5-6, 1935
吳緝華,「明代臨淸德州的地位及其漕倉的硏究」,『明代社會經濟史論叢』下, 1970, (原載,『大陸雜誌』21-1・2, 1960)
吳緝華,「明末遼餉與帶運糧」,『明代社會經濟史論叢』下, 1970 (原載,『大陸雜誌』21-11, 1960)
吳緝華,「明代遮洋總與薊州的關係」,『明代社會經濟史論叢』下, 1970 (原載,『中央硏究院歷史語言硏究所集刊』, 1961)
吳緝華,「黃河在明代改道前夕河決張秋的年代」,『明代社會經濟史論叢』下, 學生書局, 臺灣, 1970
吳晗,「明初社會生產力的發展」,『中國資本主義萌芽問題討論集』上, 北京, 1957 (原載,『歷史硏究』1955-3)
王家儉,「呂坤的憂患意識與經濟思想」, 國立臺灣師範大學『歷史學報』1985-13
王瑾,「丁耀亢思想論略」,『廣西大學學報』, (社會科學版), 2003-5
王業鍵,「明淸經濟發展幷論資本主義萌芽問題」,『中國社會經濟史硏究』1983-3

王有業,「論明初自耕農的大量存在及對社會發展的影響」,『遼寧大學學報』1981-6

王毓銓,「明代的王府莊田」, 同氏,『萊蕪集』, 中華書局, 1983 (原載,『歷史論叢』1, 1964)

劉中平,「弘光政權建立之探微」,『遼寧大學學報』, (哲學社會科學版), 35-4, 2007

李光濤,「記明季的鄉兵」,『大陸雜誌』29-10・11, 1964

李國祁,「十六世紀後期至二十世紀初期山東萊州府的市鎭結構及其演變」, 國立師範大學,『歷史學報』 제8기, 1980

李文治,「明末的寨堡與義軍」,『明史硏究論叢』2, 大立出版社, 臺北, 1985 (原載,『文史雜誌』3-7・8, 1943)

李洵,「論明朝的全遼政策」,『鄭天挺紀念論文集』, 中華書局, 1990

李洵,「試論明代的流民問題」,『社會科學輯刊』1980-3

李洵,「明代流民運動－中國被延緩的原始資本積累過程－」,『中國古代史論叢』1981-2

李濟賢,「李自成起義軍在山東」,『中國農民戰爭史論叢』4, 1982

張玉法,「淸初山東的地方建制」,『近代中國初期歷史硏討會論文集』上, 中央硏究院近代史硏究所편, 1989

張維華,「跋丁耀亢的"出劫紀略"和"問天亭放言"」,『山東大學學報』1962-3

張忠民,「明代洪武永樂年間的民屯」,『中國史硏究』1985-1

張忠民,「明洪武年間鳳陽地區的民屯」,『中國社會經濟史硏究』1986-2

全漢昇,「雅片戰爭前江蘇的棉紡織業」,『淸華學報』新1권 3기, 1958

鄭克晟,「李自成出兵山東及'德州事件'」,『山根幸夫退休記念明代史論叢』上, 汲古書院, 1990

鄭傳斌,「從思想史角度論明淸之際夷夏觀念的嬗變,『河南大學學報』, (社會科學版), 43-6, 2003.

丁進軍,「康熙與永定河」,『史學月刊』(河南) 1987-6

趙岡,「明淸江南市鎭的絲業與棉業」,『大陸雜誌』82-3, 1991

趙儷生,「李自成地方政權所遭地主武裝的破壞－“明末的農民大起義”專題研究之一－」,『文史哲』1955-11

曹樹基,「明代初年長江流域的人口遷移」,『中華文史論叢』47, 1991

曹樹基,「洪武時期河北地區的人口遷移」,『中國農史』14-3, 1995

從翰香,「試述明代植棉和棉紡織業的發展」,『中國史硏究』1981-1

從翰香,「十四世紀後期至十六世紀末華北平原農村經濟發展的考察」,『中國經濟史硏究』1986-3

從翰香,「從區域經濟的角度看淸末民初華北平原冀魯豫三省的農村」,『中國經濟史硏究』1988-2

朱誠如,「淸入關前後遼沈地區的滿(女眞)漢人口交流」,『淸史國際學術討論會論文集』, 遼寧人民出版社, 1990

陳佳華・傅克東,「八旗漢軍考略」,『民族硏究』1981-5

陳冬生,「明代以來山東植棉業的發展」,『中國農史』1992-3

陳寶良,「明代的民兵與鄕兵」,『中國史硏究』1994-1

叢佩遠,「試論明代東北地區管轄體制的幾個特點」, 復印報刊『明淸史』1992-1 (原載,『北方文物』1991-4)

馮賢亮,「明末淸初江南的地方防護」,『雲南社會科學』2001-3

何若,「明末的山寨義兵－爲明朝甲申之變三百周年記念而作－」,『大衆』1944-5

郝詩仙・郭英德,「丁耀亢生平及其劇作」,『齊魯學刊』1989-6

許檀,「明淸時期的臨淸商業」,『中國經濟史硏究』1986-2

許檀,「明淸時期山東的糧食流通」,『歷史檔案』1995-1

許檀・經君健,「明淸時期山東生產資料市場初探」,『中國經濟史硏究』1988-4

岡本さえ,「貳臣論」,『東洋文化硏究所紀要』68, 1976

岡野昌子,「秀吉の朝鮮侵略と中國」,『中山八郎敎授頌壽記念明淸史論叢』,

燎原書店, 1977

岡野昌子,「明末臨淸民變考」,『明淸時代の政治と社會』, 京都大人文科學研究所, 1983

岡野昌子,「嘉靖十四年の遼東兵變」,『明末淸初の研究』, 京都大人文科學研究所, 1989

江原正昭,「"中國西北部の水利共同體"に關する疑點」,『歷史學研究』237, 1960

谷口規矩雄, 「明代中期荊襄地帶農民反亂の一面」, 『研究』(神戶大學文學會) 35 , 1965

谷口規矩雄,「明代華北の'大戶'について」,『東洋史研究』27-4, 1969

谷口規矩雄, 「明末の鄕兵・義軍について－明末政局の一齣－」, 『研究』(神戶大學文學會) 43, 1969

谷口規矩雄,「明代の農民反亂」, 岩波講座『世界歷史』12, 1971

谷口規矩雄,「明末淸初の堡寨について」,『東海史學』9, 1973

谷口規矩雄, 「明末華北農村の危機と一鄕紳－呂坤の場合を中心として－」, 名古屋大學文學部東洋史學研究室 편, 『地域社會の視點－地域社會とリ-ダ－』, 1982

谷口規矩雄, 「呂坤の土地丈量策と鄕村改革について」, 『明淸時代の政治と社會』, 1983

谷口規矩雄, 「呂坤の鄕甲法について」, 『佐久間重男教授退休記念中國陶磁史論集』, 燎原書店, 1983

谷口規矩雄, 「明代華北における一條鞭法の展開」, 『明末淸初期の研究』, 1989

溝口雄三, 「いわゆる東林派人士の思想－前近代における中國思想の展開(上)－」,『東洋文化研究所紀要』75, 1978

宮崎市定,「明代蘇松地方の士大夫と民衆－明代史素描の試み」,『史林』37-3, 1954

宮坂宏,「華北における水利共同體の實態－中國農村慣行調査第六卷水篇を中心として」,『歷史學硏究』240, 241, 1960-4, 5
吉尾寛,「明末・楊嗣昌の"剿餉"案について」,『東方學報』(京都) 58, 1985
吉尾寛,「明末・楊嗣昌の地域防衛案について」,『東洋史硏究』45-4, 1987
內山雅生,「華北農村社會經營の成果と課題」,『駿台史學』40, 1977
黨武彦,「淸中期直隸省における地域經濟と行政－永定河治水を中心として－」, 川勝守 편,『東アジアにおける生産と流通の歷史社會學的硏究』, 中國書店, 1993
黨武彦,「明淸期畿輔水利論の位相」,『東洋文化硏究所紀要』125, 1994
大島立子,「元末農民反亂の背景」,『中山八郎敎授頌壽記念明淸史論叢』, 燎原書店, 1977
渡邊修,「'貳臣傳'と山東の'貳臣'」,『史苑』37-1, 1976
渡邊修,「大同總兵姜瓖とその反亂」,『史苑』48-1, 1988
渡邊修,「順治年間(1644-1661)漢軍(遼人)とその任用」, 石橋秀雄,『淸代中國の諸問題』, 山川出版社, 1995
藤田敬一,「淸初山東における賦役制について」,『東洋史硏究』24-2, 1965
藤井宏,「一條鞭法の一側面」,『和田博士還曆記念東洋史論叢』, 1951
藤井宏,「新安商人の硏究」1, 2, 3, 4,『東洋學報』36-1, 2, 3, 4, 1953-1954
藤井宏,「占窩の意義及び起原」,『淸水博士追悼記念明代史論叢』, 大安, 東京, 1962

夫馬進,「明代白蓮敎の一考察－經濟鬪爭との關連と新しい共同體－」,『東洋史硏究』35-1, 1976
夫馬進,「明末反地方官士變」,『東方學報』(京都) 52, 1980
夫馬進,「明末民變と生員－江南の都市における世論形成と生員の役割－」, 名古屋大學文學部東洋史學硏究室 편,『地域社會の視點－地域社

會とリ-ダ-』, 1982
夫馬進,「陳應芳"敬止集"に見える'郡縣論'」, 京都人文科學研究所,『明末淸初期の研究』, 1989
北村敬直,「淸初における河南省孟縣の綿布について」, 小野和子編,『明淸時代の政治と社會』, 京都大人文科學研究所, 1983
濱島敦俊,「業食佃力考」,『東洋史研究』39-1, 1980
濱島敦俊,「明淸時代, 江南農村の'社'と土地廟」,『山根幸夫教授退休記念明代史論叢』下, 汲古書院, 1990
濱島敦俊・片山剛・高橋正,「華中・華南デルタ農村實地調査報告書」,『大阪大學文學部紀要』34, 1994
寺田隆信,「蘇松地方に於ける都市の棉業商人について」,『史林』 41-6, 1958
山口迪子,「淸代の漕運と船商」,『東洋史研究』17-2, 1958
山根幸夫,「明淸時代華北における定期市」,『史論』8, 1960
山本進,「淸代華北の市場構造」, 名古屋大學『東洋史研究報告』17, 1993
山田賢,「中國明淸時代史研究における'地域社會論'の現狀と課題」,『歷史評論』580, 1998
山縣千樹,「華北に於ける現存諸部落(自然村)の發生」(1941), 同氏,『北支那村落の研究』, 農業技術協會, 1949
三木聰,「明末福建における保甲制」,『東洋學報』61-1・2, 1979
森勝彦,「淸代から民國に至る山東省の定期市」,『筑波大學歷史地理研究會會誌』1, 1978
森田明,「淸代華北の水利組織と渠規」,『史學研究』142, 1978
森田明,「淸代畿輔地域における水利營田政策」,『社會文化史學』18, 1980
森正夫,「日本の明淸時代史研究における鄉紳論について」,『歷史評論』308, 312, 314, 1975, 1976
森正夫,「中國前近代史研究にあける地域社會の視點」,『名古屋大學文學

部硏究論集』83(史學28), 1982

相田洋, 「“水滸傳”の世界－中國民衆の觀念的世界－」, 『歷史學硏究』394, 1973

西嶋定生, 「支那初期棉業市場の考察」, 『中國經濟史硏究』, 東京大出版會, 1966 (原載, 『東洋學報』31-2, 1947)

西嶋定生, 「明代に於ける木棉の普及に就いて」, 『中國經濟史硏究』, 東京大出版會, 1966 (原載, 『史學雜誌』57-4, 5・6, 1948, 1949)

西村元照, 「明代中期の二大反亂」, 谷川道雄・森正夫, 『中國民衆反亂史』2, 平凡社, 東京, 1979

石原潤, 「河北省における明・淸民國時代の定期市－分布・階層および中心集落との關係について－」, 『地理學評論』46-4, 1973

石田浩, 「華北における水利共同體ついて－“中國農村慣行調査”第6卷, 河北省邢臺縣等の調査を中心にして－」, 『アジア經濟』18-12, 1977

石田浩, 「華北における‘水利共同體’論爭の一整理」, 『農林農業問題硏究』15-1, 1979

星斌夫, 「明初の漕運について」, 『明代漕運の硏究』, 日本學術振興會, 1963

小山正明, 「明代の十段法について」(1), 『前近代アジアの法と社會』, 勁草書房, 1967

松浦章, 「淸代における山東盛京間の海上交通について」, 『東方學』 70, 1985

岸本美緖, 「明末淸初地方社會と“世論”－松江府を中心とする素描－」, 『歷史學硏究』573, 1987

岸本美緖, 「明淸時代の鄕紳」, シリズ世界史への問い 7 『權威と權力』, 岩波書店, 1990

岸本美緖, 「書評: Chinese Local Elites and Patterns of Dominance」, 『東洋史硏究』50-4, 1992

岸本美緖, 「明淸期の社會組織と社會變容」, 社會經濟史學會, 『社會經濟

史學の課題と展望』, 有斐閣, 1992
安部健夫, 「八旗滿洲ニルの硏究」, 同氏, 『淸代史硏究』 創文社, 東京, 1971
岩見宏, 「明代の民壯と北兵防衛」, 『東洋史硏究』 19-2, 1960
鈴木正, 「明代家丁考」, 『史觀』 37, 1952
王賢德, 「明末動亂期に於ける鄕村防衛」, 『明代史硏究』 2, 1975
日高一宇, 「明末の一官僚呂坤の體制批判と'實政錄'」1・2, 『北九州工業高等專門學校硏究報告』 8, 1975
日比野丈夫, 「北京における定期市の變遷」, 『史窓』 29, 1971
前田勝太郞, 「舊中國における水利共同體の共同體的性格について－宮坂・好竝兩氏の論文への疑問－」, 『歷史學硏究』 271, 1962
前田勝太郞, 「華北農村における水利機構」, 『仁井田博士追悼論文集・現代アジアの革命と法』, 勁草書房, 1966
田中正俊, 「中國歷史學界における"資本主義の萌芽"硏究」, 『中國史の時代區分』, 東京大出版會, 1957(『中國近代經濟史硏究序說』, 1973 再收)
田中正俊, 「明・淸時代の問屋制前貸生産について」, 西嶋定生博士還曆記念, 『東アジアにおける國家と農民』, 山川出版社, 1984
諸星健兒, 「明代遼東の軍屯に關する一考察－宣德・景泰年間の屯糧問題をめぐって－」, 『山根幸夫教授退休記念明代史論叢』上, 東京, 1990
足立啓二, 「大豆粕流通と淸代の商業的農業」, 『東洋史硏究』 37-3, 1978
足立啓二, 「淸代華北の農業經營と社會構造」, 『史林』 64-4, 1981
佐藤文俊, 「土賊'李靑山'の亂について－華北農民叛亂の一形態－」, 同氏, 『明末農民叛亂の硏究』, 硏文出版, 1985 (原載, 『東洋學報』 53-3・4, 1971)
佐藤文俊, 「中國における明末農民戰爭史の硏究動向－特に大順政權の性格論爭を中心として」, 同氏, 『明末農民叛亂の硏究』, 硏文出

版, 1985 (原載,『近代中國』9, 1981)

佐藤文俊, 「明末社會と王府」, 同氏, 『明末農民叛亂の研究』, 研文出版, 1985

佐藤學, 「明代'義民'旌表制度考－創行期正統年間を中心に－」, 『明代史研究』13, 1985

佐伯富, 「明淸時代の民壯について」, 『東洋史硏究』15-4, 1957

周藤吉之, 「淸代の滿洲に於ける糧米の漕運に就いて」, 同氏, 『淸代東アジア史研究』, 日本學術振興會, 東京, 1972 (原載, 『東亞論叢』3, 1940)

周藤吉之, 「淸初に於ける圈地と旗地繩量との關係」, 同氏, 『淸代東アジア史研究』, 日本學術振興會, 東京, 1972 (原載, 『小野武夫博士還曆記念論文集・東洋農業經濟史研究』, 1943)

周藤吉之, 「淸初に於ける畿輔旗地の成立過程－特に圈地の研究－」, 同氏, 『淸代東アジア史研究』, 日本學術振興會, 東京, 1972 (原載, 『東方學報』(東京), 15-1・2, 1944)

酒井忠夫, 「明代前・中期の保甲制について」, 『淸水博士追悼記念明代史論叢』, 大安, 東京, 1962

中山八郎, 「李永茂"邢襄題稿・樞垣初刻"について」, 『岩井博士古稀紀念典籍論集』, 1963

中原晃雄, 「淸代における漕糧の商品化について－漕運研究の一齣－」, 『史學研究』70, 1958

重田德, 「鄕紳支配の成立と構造」, 『岩波講座 世界歷史』12, 1971 (重田德, 『淸代社會經濟史研究』, 岩波書店, 1975에 재수록)

中村哲夫, 「淸末華北における市場圈と宗教圈"靑縣村圖"にみる無廟村について」, 『社會經濟史學』40-3, 1974

中村哲夫, 「淸代華北の農村市場」, 『講座中國近現代史』2, 東京大出版部, 1978

川越泰博, 「創行期の民壯制について－明代軍制史研究の一齣－」, 『社會文化史學』 13, 1976

清水泰次, 「明代の流民と流賊」一, 二, 『史學雜誌』 46-2, 3, 1935

清水泰次, 「明代の戶口冊(黃冊)の研究」, 『社會經濟史學』 5-1, 1935

片岡芝子, 「明末淸初の華北における農家經營」, 『社會經濟史學』 25-2・3, 1959

豊島靜英, 「中國西北部における水利共同體について」, 『歷史學研究』 201, 1956

好竝隆司, 「水利共同體における"鎌"の歷史的意義－宮坂論文についての疑問－」, 『歷史學研究』 244, 1960

和田憲夫, 「華北における村落の發生と山西移民」, 『地理學』 11-2, 1943

横田整三, 「明代における戶口の移動現象について」上・下, 『東洋學報』 26-1, 2, 1938

Dreyer, Edward L., "Military Origins of Ming China" in Mote Twitchett eds., *The Ming Dynasty, 1368~1644, Part Ⅰ, The Cambridge History of China*, Vol 7, Cambridge University Press, 1988

Kuhn, Philp, "The T'uan-Lien Local Defence-System at the time of the Taiping Rebellion", *Harvard Journal of Asian Studies* 27, 1967

Little, Daniel and Esherick, Joseph "Testing the testers: A reply to Babara Sands and Ramon Myers' critique of G William Skinner's regional systems approach to China", *Journal of Asian Studies* 48, 1989

Mote, Frederick, "The Rise of Ming Dynasty, 1330-1367" in Mote Twitchett eds., *The Ming Dynasty, 1368~1644*, Part Ⅰ, *The*

Cambridge History of China, Vol 7, Cambridge University, Press, 1988

Perdue, Peter C., "Official Goal and Local Interests: Water Control in the Dongting Lake Region during the Ming and Qing Periods", *Journal of Asian Studies* 41-4, 1982

Poter, Jack. M., "Land and Lineage in Traditional China" in Freedman, Maurice, ed., *Family and Kinship in Chinese Society*, Stanford University Press, 1970

Sands, Babara and Myers, Ramon "The Spatial Approach to Chines History: A Test", *Journal of Asian Studies* 45, 1986

Skinner, G. William, "Marketing and Social Structure in Rural China", *Journal of Asian Studies* 24-1, 2, 3, 1964~1965

Skinner, "Regional Urbanization in Nineteenth-Century China" in Skinner ed., *The City in Late Imperial China*, Stanford University Press, 1977

Skinner, "Presidental Address: The Structure of Chinese of Chinese History" *Journal of Asian Studies* 44-2, 1985

Wakeman, Frederic "Introduction: The Evolution of Local Control in Late Imperial China" in Frederic Wakeman and Grant Carolyn eds., *Conflict and Control in Late Imperial China*, University of California Press, 1975

中文抄錄

“天崩地裂”的時代, 明末清初的華北社會

鄭炳喆

目 次

明末華北社會動亂的直接原因雖說是農民起義等內憂, 但不容忽視壬

辰倭亂、滿洲族（後金、清）侵擾等外患因素。抗倭援朝使華北地區過分加重了人力物力上的負擔。北直隸、山東、遼東等地區地理上靠近戰場，水路各種軍需物質供應線大多與此區有關聯，所以在徵兵、徵調軍需物質以及運送等負擔往往強加於華北地區。尤其是戰事吃緊，采取就近徵調物資政策，使原本就難以維持生計的華北民衆逼上了絕路，起來造反。

天津、登州、萊州地區在抗倭援朝之時，成了聚結軍隊、軍需物資的兵站基地和防止倭亂蔓延到中國的前沿防禦陣地；而倭亂結束之後又成了從朝鮮撤回軍隊的聚散地。因此，遼東、天津、山東等地區從倭亂伊始就顯現出發生兵亂等混亂狀況，最終倭亂結束不久就在南北物流集散中心－臨清爆發了民變。

臨清民變的直接起因是稅監馬堂實施的掠奪性徵稅政策。實際上這種徵稅政策與倭亂時嚴重的財政透支不無關聯。再加上臨清一帶還滯留着相當數量的朝鮮戰爭結束以後歸國未歸鄉的散兵遊勇。由此可見，臨清民變與抗倭援朝行動有相當的關聯。臨清民變是明末華北各種社會矛盾惡化的社會反映，成了引發整個華北地區民衆蜂起的開端。

引發華北社會更直接、更深刻混亂的原因是滿洲族（後金）的進攻。隨着後金占領和支配遼東地區，號稱100-200萬的難民（又誇大其數之嫌疑）湧入了北直隸和山東一帶，給當地治安帶來了混亂，引起朝廷的憂慮。如果說後金占領遼東只給華北社會帶來了間接的影響，那麼崇禎年間清兵的入關軍事行動給華北社會帶來了直接的、破壞性災難。

清兵在崇禎年間的進行幾次入關軍事行動，使整個華北社會都陷入了極度混亂和驚恐之中。由於後金占領遼東之初大批難民的逃離，在遼東社會出現了嚴重的勞動力不足現象。爲此, 後金通過對華北地區進行五次大規模軍事行動, 虜掠去了100萬以上華北百姓, 大大緩解了遼東地區農業勞動力嚴重不足的窘境, 其中一部分人變成了滿洲旗人的私的隸屬人, 一部分變成漢軍八旗所屬。通過這些措施, 後金社會在經濟上趨於穩定, 軍事實力也通過大量收編明的降軍得到了急速加強。

後金入關軍事行動不限在北直隸地區, 還深入到山西、山東、河南一帶, 其行動的主要目的不是占領領土, 而是破壞性地掠奪當地勞動力和財富。這致使這些地區陷入極度荒廢, 民不聊生, 土寇活動猖獗, 最終導致了朝廷對該地區的統治陷入癱瘓。

明初, 朝廷在華北地區施行了移民和開墾政策, 使該區人口結構發生了變化, 形成了土著民 (社民) 和移住開墾民 (屯民) 混居的所謂"土·客二元的社會結構"。由於對土著民和移住民采取不同的的耕田(大畝·小畝)政策, 形成了土地制度的結構性矛盾。加上到了明末連年發生大規模自然災害, 以往的社會內部矛盾被激化, 社會各階層間矛盾愈加尖銳。

明末是華北社會吏治崩潰、土寇活動猖獗、民衆起義頻發等內憂和抗倭援朝、後金來犯等外患幾乎同時發生的時期, 社會處在所謂'天崩地裂'的極度混亂狀態。逼上絕路的百姓爲謀活路, 要麼背井離鄉, 要麼淪爲地方鄉紳的佃戶、奴僕, 甚至投靠各類武裝勢力以求自保。此時本應給百姓以保護傘的政府只以搜刮民財爲能事, 政府軍的暴行比流寇、土寇, 甚至比時常采取燒殺掠奪的外敵 (後金軍) 有過而不及。這種環境下, 華北民衆只好不分善惡, 投靠那些能保護其生命財產的有勢力者。老百姓投靠寇賊團夥的庇護, 是一種盡早結束顚沛流離的不安定生活的不得已手段, 而此時的境遇往往比當皇帝臣民時還要好。其結果，在鄉村社會出現了“無民非賊　無賊非民”,“(官軍)所殺者皆賊也皆民也”的現象、已難分辨賊寇和良民的狀況。

朝廷和華北地區的支配階層（紳士·有勢力者）爲改善這種局面，提出過不少維持治安和自保的對策。朝廷中呂坤、徐光啓、盧象昇、楊嗣昌、李永茂等軍事專門官僚們提出了鄉兵育成方案、軍事力提高方案，鄉村防衛方案等。其內容大體是在國家的監督下盡快重建鄉兵，由地方紳士來指揮，並鼓勵他們捐納來解決財政問題。這些方案的共同點就是，防衛鄉村的問題上應大力加強地方紳士們的責任和作用。

明末清初的動亂時期，華北地區普遍存在紳士·有勢力者爲自保豢養自衛武裝力量的現象。這些人肩負着指揮武裝力量保衛鄉村的責任，受到百姓們的輿望，成了與鄉村共命運的地方社會的實際領導者。雖有個別紳士私自采取一些保護身家的措施，大多數紳士采取率領私兵或傭兵加入由州縣的鄉兵組織的形式。他們在籌集錢糧、確保鄉兵組織的正常運轉起了很大作用，並通過鄉約、保甲等形式加強內部管理，開展救助活動，提高共同體意識，努力安撫民心。

紳士們的這些行動雖說是出於“士大夫意識”下維持地方社會治安的大義名分，但它包含着動亂時期通過武裝自保，以便達到加強甚至延伸其平時對地方社會控制的目的。華北地區歷來是由國家直接控制地區，國家和小農矛盾爲其主要矛盾。所以每逢動亂，國家統治機制出現失控時，民亂頻發、社會陷入嚴重的混亂狀態的特征。因此，動亂時期紳士們主導的武裝自衛活動有替國家行使權力的一面。也就是說，明末紳士們的武裝自衛行動含有“軍事上自衛”和“政治上控制鄉村社會”的雙重性質。也是平時“保身家”的行動的延長。

李自成的大順政權清算流寇主義，標榜接管政權，得到仕途上受到挫折的低級紳士和廣大農民的廣泛支持，迅速席卷了整個北部中國。但由於對華北地區的原有的上層階層往往采取用暴力搶奪的手段，遭到了由他們主導的地方武裝集團的強烈抵抗。大順政權敗退北京以及迅速沒落，進一步加劇了在華北地區反對大順政權的武裝起義，使該區再一次陷入權力真空狀態。

華北地區紳士們失去本應可倚靠的國家政權的支持下，各自僅僅維持着孤立無援的自保狀況。清軍巧妙利用這種背景，以“爲明雪恥”、“復讐義軍”的名義進入華北，因而幾乎未遭到華北紳士的強烈抵抗，反而得到了他們的歸鄉和協助。對華北紳士來說，迫切需要出現一個強有力的政權，平息土賊和流寇的無法橫行，保護他們既得利益。而清政府入關伊始就提供他們所需的社會保障，順利地達到了掌控華北地區的目的。

但清軍正在全力西征、南征時，已經成爲後方的華北地區變成了“無一兵一卒”的軍事空白地帶。趁此機會當初被強大清軍威懾下或投降或觀望形勢的土寇流寇團夥幾死回生，聯合諸多抗清勢力，嚴重威脅着清朝的地方統治。

明末以來保護鄉村社會的名義活動的一些私兵集團，對清政府來說既是統治地方社會的協助勢力，但也有可能蛻變成和土賊、流寇勢力以及南明聯合的反清勢力。因此，入關之初清朝廷裏要求解散這些鄉兵集團的呼聲很高，但傾全力南征的需要，不得不采取收編和利用這些勢力來維持地方治安的政策。入關之初，百廢待興，需派遣大量官員赴各地恢復秩序，這向華北的紳士們提供了重新步入清統治階層的絕佳機會。他們之間形成了互惠的政治關系。

清初赴山東就任的地方官中遼東漢人(遼人)比較多。總督、道臺中的43.7%，知府、知州中的40.6%，知縣中的20.1%，下級官員中的14.3%都是遼東漢人。這些人既是“征服者”，又是漢人，入關之初對他們的地方官任用度非常高。而“貳臣”中山東籍的人士所占比例最高，達30%；通過推薦等各種途徑出仕的人中，山東籍所占比例也相當高。究其原因，大概是山東地區較早期、而且沒做較大抵抗就接受大清統治，因而獲得了更多的推薦、提拔的機會。另外，明代遼東和山東之間人員、物質交流頻繁，使二地區人之間的聯系和親近感較高。遼東人處在滿洲人統治漢人的緩衝地位，在山東的舊明支配層大多積極參與過清朝征服南方和重建地方政府的行動，所以他們就在清初各級官吏中所占比例較高。他們在清初恢複華北地區的社會秩序，實現鄉村社會的安定起了很大作用。

清初，華北地區地方官要解決的當務之急的問題如下：

1）鎮壓土賊與流寇，確保地方治安。清初華北地區土賊活動未熄，爲保護管轄地區，積極吸收和改編私家武裝自衛勢力。擁有私家武裝自衛勢力的紳士、地主們不但保衛身家，而且協助清朝的地方統治，甚至主動出擊打擊寇賊勢力。

2）減免稅收，安撫民心。這是防止農民流亡，安置避難、逃往民，實現社會安定的重要舉措。每個新赴任的地方官大多重視此政策，但這時常與持續南征而財政非常拮據的朝廷的稅收政策發生沖突。地方官員們一方面向中央請求減免稅役，同時在地方上以“履畝清稅”的名義推行土地清查，廢除各種苛捐雜稅，矯正徵稅過程中存在的各種弊端。清軍入關之初有向駐紮地或所過之地索餉的慣例，這給地方社會帶來了比正常稅收更加嚴重的社會問題，本文通過史料確認了在防止此類弊端, 保護地方百姓利益的過程中, 遼東籍的官員起了非常突出的作用的事例。

3) 爲恢復農業生產力, 積極推行墾荒屯田政策。這是解決確保朝廷南征所需的軍糧問題和爲安撫民心推行稅收減免政策之間矛盾的雙贏方案。順治10-12年間, 朝廷設立了專管屯田事務的興屯道廳, 重點在山東、河北等地推行屯田政策。但後來逐步形成以墾荒業績來考察官員政績的氛圍, 反而產生相反效果。因此, 朝廷層面上停止推行興屯政策, 但大多地方政府仍持續推廣墾荒事業。

4) 着手解決胥吏、衙役的弊端, 改革地方行政制度。動亂時期有些胥吏們趁諸多州縣地方官闕位之際, 擅自霸占知縣職位, 他們還聯手排擠和謀害力圖改革土地及稅收弊病的官員。順治年間被譽爲循吏的地方官的政績中, 時常可以看到"清理衙蠹"、"剔蠹"、"抑豪強"等事跡, 指的就是有效的解決掉那些勾結豪強、無賴阻礙地方行政的胥吏、衙役的故事。

5) 誘導地方鄉紳們的積極合作, 營造良好的統治環境。新上任的地方官想順利解決上述諸項懸案, 地方鄉紳的合作和支持是必需的。這與清政府承認地方鄉紳的既得利益, 並提供各種優待政策的情況相符合的。

總而言之, 在明末淸初極度動蕩的時候, 農民、鄉紳、地方豪強、朝廷各自爲謀生、自救、安定社會秩序等不同的目的出發, 采用過多種方法。但作爲中央政府直接嚴控的地區, 其統治秩序崩潰之後, 其混亂現象尤爲嚴重。這種背景下, 清朝以強有力者的姿態出現在他們面前, 充當"秩序維持者"的角色時, 處于孤立無援處境的華北紳士、豪強們迅速接受了他們的統治, 編入到新的社會秩序當中。由此看來, 明末清初, 動蕩期的華北社會所面臨的最重要的社會問題是“生存”與“社會安定”問題, 所以他們迫切期望出現能解決這些問題的強有力的國家權力。

附 錄

〈부록: 표 1〉 明末 華北의 反亂·兵事 발생상황

연 대	종 류	지 역	비 고
萬曆 28 (1600)	饑民 掠奪	北直隷 保定府	
萬曆 29	饑民, 盜賊	北直隷·山東·山西·遼東	
萬曆 31	民亂	徐州·亳州·睢州의 江北 일대	楊思敬(睢州)
萬曆 32	饑民, 盜賊	北直隷·河南·山東	
萬曆 38	土賊	河南	陳自管 등
萬曆 42	教亂	北直隷 清凉山	聞香教徒 高應臣 등
	教亂	北直隷·山東·山西·河南·陝西·四川등지에 聞香教徒 "不下二百萬"	
萬曆 43	饑民	山東 青州府·兗州府·濟南府	梁鬮子 등
	饑民	山東 沂州 鳳凰山, 北直隷 通州	"惡少" 劉好問
	教亂	山東 登州府	無爲教
	民亂	山東 青州府 昌樂縣	官倉·牢獄 습격
萬曆 44	饑民 (~45년)	山東 濟南府 泰安·章邱·萊蕪	稱 "紅竿大王"
	民亂	山東 武定州	"强敵"
	民亂	河南 南陽府, 汝寧府	"盜"
萬曆 45	民亂	山東 兗州府 鉅野縣	"仁義王" 田峩
天啓 元	教亂	山東 兗州府 沂州	李春芳 등
天啓 2	民亂	山東 登州·萊州府 일대	遼東人 騷擾
	教亂	河南 汝寧府 固始縣	李思賢 등
	教亂	山東 兗州府 鄆城·鉅野·鄒·滕·滋養·嶧縣 등 일대	徐鴻儒 등
	教亂	北直隷 景州, 灤州	于弘志, 王好賢 등
	教亂	南直隷 邳州, 徐州	劉永明, 王普光 등
崇禎 2	土賊·教亂	招遠賊 許湯. 萊陽賊 董大成(妖賊)	
	清兵	北直隷 東北部 일대 침공	
崇禎 4	兵亂 (~6)	山東 濟南·青州·登州·萊州府 일대	孔有德, 李九成
崇禎 5	流賊	山西 流賊집단 畿南일대로 진입	
	流賊	陝西 流賊집단 河南으로 진입	
崇禎 6	土賊	山東 曹州	郭金城 등 賊首 7명
崇禎 7	清兵	北直隷 西北部 일대 침공	
崇禎 8	土賊 (~16)	山東·河南·南直隷 접경지대	程繼孔, 王道善 등

崇禎 9	淸兵	北直隷 일대 침공	
崇禎 11	敎亂	河南 舞陽縣	楊四
	淸兵(~12)	北直隷·山東 60여 城 함락	
崇禎 12	土賊	河南 柘城縣	一斗穀 등
	土賊	河南 일대	土賊 首領 30여 명
	土賊	山東 濟南府 鄒平·齊東·萊蕪縣	土賊 成羣
	土賊	北直隷 眞定府 贊皇縣	王仲來 등
崇禎 13	土賊	山東 東阿·臨淸·沂州	李澐
	土賊(流寇)	北直隷 開州	黃小槐 "順天仁義王"
	土賊	山東 東昌府 曹州·濮州	辛小齊
	土賊	北直隷 南部 武强·深州·寧晉	周三畏, 路化淵 등
	土賊·流賊(~16)	北直隷 滑縣~河南·南直隷 일대	袁時中
崇禎 14	土賊 (~15)	山東 兗州府 梁山泊등 兗西 일대	李靑山
	饑民	南北直隷·山東·河南·湖廣 등	旱·蝗
	土賊	山東 高唐州	李廷實, 李鼎鉉 등
	土賊 (~명말)	山東 東平·張秋·曲阜·豊縣·范縣 일대	史東明, 吳廷賓, 吳翰華 등 반란집단 數十個
	舡賊	徐州~兗州의 운하 일대	林五
崇禎 15	土賊	山東 寧陽	魏鼎元
	淸兵 (~16)	北直隷·山東 3府 18州 67縣 함락	
崇禎 17 (1644)	流賊	李自成軍 北京함락	
	土賊	山東 兗州府 滿家洞	宮文彩, 李文盛, 馬應試 등 "積年巨寇"
	民亂	山東 兗州府 嘉祥·鉅野縣	叛民
	土賊	山東 兗州府 鄒·滕縣	賊首 수십 명
	流賊	山東 兗州府 濟寧州	李自成 餘黨 張問行
	土賊	山東 東昌府 冠縣	裵守政, 馬瑞恒
	流賊	山東 靑州府	李自成 餘黨 趙應元
	土賊	山東 靑州·登州·萊州府	秦尙行, 葛東方 등
	土賊	山東 萊州府 膠州	張大雅, 韓繼本
	土賊	山東 萊州府 高密縣	張輿

※出典: 談遷, 『國榷』; 鄭天挺등편, 『明末農民起義史料』, 北京大學文科硏究所, 中華書局, 1952 ; 謝國楨편, 『明代農民起義史料選編』 福建人民出版社, 1981 ; 佐藤文俊, 『明末農民反亂の硏究』, 東京, 1985 ; 淺井紀, 『明淸時代民間宗敎結社の硏究』, 硏文出版, 1990 ; 張習孔등편, 『中國歷史大事編年』 4, 元·明, 北京出版社, 1987.

〈부록: 표 2〉 明代 華北平原 一帶의 黃河 水災 年表

1372	洪武 5	大水. 河南 開封府
1375. 7	洪武 8	黃河溢, 大水傷稼: 南直隸 淮安, 河南, 山東.
1378. 10	洪武 11	河決. 河南 開封府
1381. 8	洪武 14	河決 河南 原武・祥符・中牟
1382. 2, 3, 7	洪武 15	河決: 河南 朝邑・榮澤・陽武
1384. 8.	洪武 17	河決: 河南 開封府
1385. 5~8	洪武 18	黃河水災: 河南, 山東.
1390. 1, 7	洪武 23	河決: 河南 歸德府, 7월: 河南 開封府, 山東
1391. 4	洪武 24	黃河暴溢. 河南 開封府, 山東
1392. 1	洪武 25	河決. 河南 開封府 등 11州縣
1393.	洪武 26	大水. 山東 兗州・濟南・青州府
1394. 8	洪武 27	黃河暴決. 河南.
1397. 8	洪武 30	河決. 河南 開封府
1404. 10	永樂 2	河決. 開封
1410. 5	永樂 8	河決. 開封. 12월: 汴梁
1416. 7	永樂 14	河決. 開封 등부 14州縣
1427. 7	宣德 2	黃河泛溢. 南直隸 徐州
1436. 윤6	正統 1	大水. 開封・彰德府
1437. 4, 5	正統 2	黃河・淮河 泛漲. 鳳陽, 淮安, 揚州, 徐州, 和州, 滁州
1444. 윤7	正統 9	黃河泛溢: 大名, 廣平, 順德, 河間, 濟南, 開封, 衛輝, 懷慶 等府
1446. 6, 7	正統 11	黃河泛漲: 北直隸 7府, 山東 4府. 9월: 徐州, 南陽, 太原, 兗州, 登州,
1448. 6	正統 13	河決. 北直隸 大名府 300餘里. 河南, 山東 濟南・兗州・東昌府
1451. 6	景泰 2	黃河衝決, 水失故道. 臨淸~徐州以南의 漕運 옹색.
1452. 6~9.	景泰 3	河決. 兗州府 沙灣 일대 수몰. 7월: 河南 開封・衛輝・汝寧府 수재. 北直隸 大名・廣平・順德府 被水淹沒.
1453. 1, 5	景泰 4	河決. 沙灣에서 1, 5월에 계속 河決. 漕運 옹색. 河水泛溢. 河南 開封・衛輝府, 南直隸 徐州・鳳陽・淮安, 山東 兗州府.
1454. 7, 8	景泰 5	河水泛漲, 大水: 南直隸 鳳陽・廬州・淮安・揚州. 8월: 山東 東昌・兗州府, 濟寧州.

1455. 6.	景泰 6	河決. 河南 開封府 高門堤二十餘里 궤결. 윤 6월: 北直隷 眞定・永平・河間・廣平・大名府, 河南 開封・衛輝府.
1456. 6	景泰 7	河決: 河南 開封・河南・彰德府. 大水: 河南, 南北直隷, 山東 일대.
1457. 7	景泰 8	河決. 河南 懷慶・衛輝府. 8월: 北直隷 大名・廣平府, 南直隷 鳳陽, 山東 東昌・兗州府
1460. 8	天順 4	河堤衝決. 北直隷 眞定・廣平・河間・大名府, 河南 開封・汝寧府
1461. 7	天順 5	河水泛漲. 河南 7府
1473. 6	成化 9	河南 懷慶府, 畿南 5府. 8월: 山東 大水
1477. 윤2	成化 13	大水. 河南.
1478	成化 14	河決. 河南 汴粱, 鳳陽
1482	成化 18	大水. 河南 懷慶府등
1489	弘治 2	河決. 河南 開封府
1491. 10.	弘治 4	河溢. 河南 開封・懷慶府
1494. 5.	弘治 7	河決. 山東 張秋縣.
1498	弘治 11	河決. 河南 歸德府
1506	正德 1	大雨. 南直隷 徽州・鳳陽
1513	正德 8	河決. 山東 曹州・單縣
1522	嘉靖 1	河水泛漲. 廬・鳳・淮・揚州 4府
1523. 6.	嘉靖 2	大水. 山東 沂州・郯城縣. 7월: 徐州・揚州 등
1527. 10	嘉靖 6	河決. 山東 曹州・單縣
1532. 6.	嘉靖 11	河決. 山東 魚臺縣
1534. 12.	嘉靖 13	河水南遷. 濟寧・徐州
1547	嘉靖 26	河決. 山東 曹・金鄕・魚臺・定陶・城武縣 수몰.
1552. 9.	嘉靖 31	河決. 南直隷 徐州. 漕運 5천리 옹색.
1558.	嘉靖 37	河決. 山東 曹縣
1565. 7	嘉靖 44	河決. 南直隷 沛縣 일대 漕運 옹색.
1569. 7.	隆慶 3	河決. 南直隷 沛・考城・虞城・豊縣, 徐州, 山東 曹州・單縣. 大水: 北直隷, 山東
1570. 8.	隆慶 4	河決. 南直隷 邳州
1571. 4.	隆慶 5	河決. 南直隷 邳州. 大水: 山東, 河南 (10월)
1574. 8.	萬曆 2	河溢. 南直隷 徐州・淮安・揚州. 河決: 南直隷 高郵・碭山・邵家口・曹家莊
1576, 9	萬曆 4	河決. 南直隷 豊縣 등 4주현, 山東 金鄕・魚臺・單縣, 曹州

1577. 8.	萬曆	5	河決. 南直隸 崔鎭, 宿・沛州
1579. 5.	萬曆	7	大水. 南直隸 鳳陽・徐州
1580. 6.	萬曆	8	大水. 畿南
1587. 7	萬曆	15	河決. 河南 開封府
1590.	萬曆	18	黃河大溢. 南直隸 徐州
1593. 5	萬曆	21	大水, 決堤. 南直隸 高郵・邳州・寶應
1594. 7.	萬曆	22	大水. 南直隸 廬州・鳳陽
1595. 8	萬曆	23	大水. 南直隸 鳳陽, 淮州
1601. 9	萬曆	29	河決, 大水. 河南 開封・歸德府
1603. 5.	萬曆	31	河水泛溢, 衝決堤岸.
1604. 8.,	萬曆	32	河決, 河水逆流. 北流. 南直隸 豊縣・覇州, 山東 濟寧州・魚臺・單縣.
1607.	萬曆	35	河決. 山東 曹縣. 東昌 6郡 連年水旱.
1611. 6	萬曆	39	大水. 南直隸 徐州～京師간 홍수.
1612. 8	萬曆	40	河決. 徐州
1617	萬曆	45	河決. 徐州
1623. 9	天啓	3	河決. 徐州・邳州.,
1624. 6	天啓	4	河決. 徐州
1626. 秋	天啓	6	河決. 南直隸 新安鎭・邳州・宿州
1629. 6.	崇禎	2	河決. 南直隸 泗州・睢寧
1630.	崇禎	3	大水. 山東
1631. 6.	崇禎	4	大水. 山東, 徐州・淮安
1634. 6.	崇禎	7	河決. 南直隸 沛縣
1642	崇禎	15	河決. 河南 開封

※출전: 陳高傭등편, 『中國歷代天災人禍表』, 上海書店, 1986 ; 『中國歷代自然災害及歷代盛世農業政策資料』, 농업출판사, 1988.

<부록: 표 3>에서 <부록: 표 6>까지의 算定의 원칙: ① 단순히 旗人이라 할 경우 만주인으로 계산함. ② '旗下進士', '旗下貢士'의 경우는 漢軍으로 계산함 ③ 출신지: 籍貫이 出身地와 다르거나 자료에 따라 異同이 있을 경우 ⓐ 滿洲人, ⓑ 遼東人, ⓒ 漢人 순으로 우선순위를 둠. ④ 平均任期: 해당 직위자의 順治년간의 재임기간 총계(기준년)를 해당자 총수로 나눈 것. 某官職의 초임자가 순치5년에 부임했고 順治末年에 임명된 자가 강희2년까지 재임했다면 해당관의 기준년은 16년이 됨.

〈부록: 표 3〉 順治年間 山東省 主要官 (一部)

職 名	總數	遼東人 (漢軍)	遼東人 比(%)	滿洲人	滿洲人 比(%)	平均任期 (\기준년)	典 據	備 考
總督都御史	5	4(1)	80	0	0	2.6 (\13)	乾隆『山東通志』 道光『濟南府志』	
巡撫都御史	9	7(1)	78	1	11	2.1 (\19)	同上	
總督河道都御史	5	2	40	1	20	4.4 (\22)	同上	
提督全省學院	7	0	0	0	0	2.6 (\18)	同上	
巡按監察御使	8	1	13	0	0	1.8 (\14)	同上	
巡鹽監察御使	*15	4	27	0	0	1.1 (\16)	同上	*籍貫불명 4명
承宣左布政使	8	7(2)	88	0	0	2.3 (\18)	同上	
承宣右布政使	10	2(1)	20	0	0	1.8 (\18)	同上	
督理通省河道	8	3	38	0	0	3.3 (\26)	乾隆『山東通志』	
提刑按察使	13	11(1)	85	0	0	1.4 (\18)	道光『濟南府志』	
都指揮使	5	0	0	0	0	3.6 (\18)	同上	
都轉鹽運使	9	4(1)	44	1	11	2 (\18)	同上	
登萊巡撫	3	3	100	0	0	3 (\ 9)	光緖『登州府志』	
監兌督糧道	5	2	40	0	0	4 (\20)	道光『濟南府志』	
分守濟南道	8	3	38	0	0	2.1 (\17)	同上	
分巡濟南道	6	1	17	1	17	3 (\18)	道光『濟南府志』	
分巡東昌道	10	4	40	0	0	1.8 (\18)	乾隆『臨淸直隸州志』	
分巡武德道	10	6	60	0	0	1.8 (\18)	同上	
兗西兵備道	12	1	8	3	25	1.5 (\18)	光緖『河澤縣志』	
青州海防道	11	3(1)	27	0	0	2.1 (\16)	光緖『益都縣圖志』	兵備海防道
登州海防道	9	5	56	0	0	2.1 (\19)	光緖『登州府志』	分守海防道
萊州海防道	9	6	67	0	0	2 (\18)	乾隆『萊州府志』	分守海防道
興屯道	2	2	100	0	0	1.5 (\ 3)	乾隆『山東通志』	
驛鹽驛傳道	6	5(2)	83	0	0	3 (\18)	同上	
黃河廳	6	1	17	0	0	3 (\18)	光緖『曹縣志』	
合 計	199	87(10)	43.7	7	3.5	2.2 (\428)		

〈부록: 표 4〉 順治년간 山東省 知府, 知州 (6府 15州 全部)

職 名	總數	遼東人(漢軍)	遼東人 比(%)	滿洲人	滿洲人 比(%)	平均任期 (\기준년)	典 據	備 考
濟南府知府	12	5	42	1	8	1.8 (\21)	道光『濟南府志』	
兗州府	12	3	25	3	25	1.7 (\20)	康熙『兗州府志』	
東昌府	3	0	0	2	67	6 (\18)*	嘉慶『東昌府志』	*國初~康熙9年
靑州府	8	4	50	0	0	3 (\24)	光緖『益都縣圖志』	
登州府	11	5	45	1	9	1.6 (\18)	光緖『登州府志』	
萊州府	12	4	33	0	0	1.7 (\20)	乾隆『萊州府志』	
<소계>	58	21	36.2	7	12.1	2.1 (\121)		
泰安州知州	8	6	75	0	0	2.8 (\22)	民國『泰安州志』	
德 州	9	4	44	0	0	2 (\18)	乾隆『德州志』	
武定州	9	4	44	1	11	2 (\18)	光緖『惠民縣志』	
濱 州	8	4	50	0	0	2.3 (\18)	咸豊『濱州志』	
濟寧州	9	4	44	0	0	2.7 (\24)	咸豊『濟寧直隷州志』	
東平州	7	3	43	*2	29	2.6 (\18)	光緖『東平州志』 民國『東平縣志』	*旗下人
曹 州	8	3	38	0	0	3 (\24)	光緖『河澤縣志』	
沂 州	7	5	71	1	14	2.7 (\19)	康熙『沂州志』	
臨淸州	10	3	30	1	10	1.8 (\18)	乾隆『臨淸直隷州志』	
高唐州	9	3	33	0	0	2 (\18)	道光『高唐州志』	
濮 州	5	1	20	0	0	4.4 (\22)	宣統『濮州志』	
莒 州	8	2	25	2	25	2.3 (\18)	嘉慶『莒州志』	
平度州	6	3	50	0	0	3.2 (\19)	道光『平度州志』	*籍貫不明 1명
膠 州	7	4	57	0	0	2.6 (\18)	道光『膠州志』	
海寧州	7	1	14	1	14	2.9 (\20)	光緖『登州府志』 光緖『河澤縣志』	
<소계>	117	50	42.7	8	6.8	2.5 (\294)		
<합계>	175	71	40.6	15	8.6	2.4 (\415)		

〈부록: 표 5〉 順治年間 山東省 府州의 下級官 (15州 全部)

職 名	總數	遼東人(漢軍)	遼東人比(%)	滿洲人	滿洲人比(%)	平均任期(\기준년)	典 據	備 考
濟南府 同知	9	3	33	0	0	2 (\18)	道光『濟南府志』	
濟南府 通判	8	0	0	0	0	2.3 (\18)	同上	
濟南府 推官	7	1	14	0	0	2.6 (\18)	同上	
兗州府 同知	5 5	2 1	40 20	0	0	3.4 (\17) 3.6 (\18)	康熙『兗州府志』	運河 同知 黃河 同知
兗州府 通判	10 9 *7	1 0 1	10 0 0	0 0 0	0 0 0	2.1 (\21) 2.1 (\19) 2.6 (\18)	同上 (*籍貫불명 1명)	糧捕驛鹽通判 洳河 通判 捕河通判
兗州府 推官	*7	0	0	0	0	2.6 (\18)	同上	*籍貫불명 4명
東昌府 同知	2	0	0	1	50	9 (\18)	嘉慶『東昌府志』	
東昌府 通判	1	0	0	0	0	18 (\18)	同上	
青州府 同知	8	2	25	0	0	2.3 (\18)	光緒『益都縣圖志』	
青州府 通判	13	1	8	0	0	1.4 (\18)	同上	
青州府 推官	6	0	0	0	0	3 (\18)	同上	
登州府 同知	7	0	0	0	0	2.4 (\17)	光緒『登州府志』	
登州府 通判	7	2	29	0	0	2.9 (\20)	同上	
登州府 推官	6	0	0	0	0	3 (\18)	同上	
萊州府 同知	5	0	0	0	0	4 (\20)	乾隆『萊州府志』	
萊州府 通判	5	1	20	0	0	3.6 (\18)	同上	
萊州府 推官	8	0	0	0	0	2.3 (\18)	同上	
泰安州 州同	8	0	0	1	13	3.4 (\27)	民國『泰安州志』	
德 州 州同	6	0	0	0	0	3 (\18)	乾隆『德州志』	
德 州 州判	10	1	10	0	0	1.8 (\18)	同上	
武定州 州判	8	1	13	0	0	2.3 (\18)	光緒『惠民縣志』	
濟寧州 州同	5	3	60	0	0	3.6 (\18)	咸豊『濟寧直隸州志』	
東平州 州同	4	1	25	0	0	4.5 (\18)	光緒『東平州志』	
東平州 州判	5	1	20	0	0	3.6 (\18)	光緒『東平州志』	
曹 州 同知	6	3	50	0	0	3 (\18)	光緒『河澤縣志』	
沂 州 同知	5	1	20	0	0	3.6 (\18)	康熙『沂州志』	
臨清州 州同	5	2	40	0	0	3.6 (\18)	乾隆『臨清直隸州志』	
臨清州 州判	6	0	0	0	0	3 (\18)	同上	
高唐州 州判	11	2	18	0	0	1.6 (\18)	道光『高唐州志』	
濮 州 州判	4	0	0	0	0	6.5 (\26)	宣統『濮州志』	
莒 州 州同	6	1	17	0	0	3 (\18)	嘉慶『莒州志』	
膠 州 州同	7	2(1)	29	1	14	2.9 (\20)	道光『膠州志』	
海寧州 州同	7	1	14	0	0	2.6 (\18)	光緒『登州府志』	
合 計	238	34(1)	14.3	3	1.3	2.8 (\673)		

〈부록: 표 6-1〉 順治年間 山東省 知縣 (89縣 중 84縣)

職名 (知縣)	總數	遼東人 (漢軍)	遼東人 比(%)	滿洲人	滿洲人 比(%)	平均任期 (\기준년)	典 據	備 考
濟南府 歷城縣	5	1	20	0	0	3.6 (\18)	道光『濟南府志』	
章邱縣	6	1	17	0	0	3.2 (\19)	同上	
鄒平縣	7	2	29	0	0	2.7 (\19)	同上	
淄川縣	8	2	25	0	0	2.3 (\18)	同上	
長山縣	9	2	22	0	0	2 (\18)	同上	
新城縣	9	1(1)	11	0	0	2.1 (\19)	康熙『新城縣志』	
齊河縣	6	1	17	0	0	3 (\18)	道光『濟南府志』	
齊東縣	6	0	0	1	17	3.2 (\19)	光緖『齊東縣志』	
濟陽縣	7	0	0	1	14	2.6 (\18)	乾隆『濟陽縣志』	
禹城縣	8	0	0	1	13	1.4 (\18)	嘉慶『禹城縣志』	
臨邑縣	8	2	25	1	13	2.3 (\18)	道光『濟南府志』	
長淸縣	5	2	40	0	0	3.6 (\18)	同上	
肥城縣	6	1	17	0	0	4 (\24)	嘉慶『肥城縣志』	
青城縣	6	1	17	0	0	3 (\18)	嘉慶『青城縣志』	
陵 縣	8	1	13	0	0	3.3 (\26)	道光『濟南府志』	
新泰縣	6	1	17	0	0	3 (\18)	乾隆『新泰縣志』	
萊蕪縣	7	0	0	1	14	2.7 (\19)	康熙『新修萊蕪縣志』	
德平縣	7	1	14	0	0	2.7 (\19)	同上	
平原縣	10	5	50	0	0	1.8 (\18)	同上	
陽信縣	8	0	0	0	0	2.3 (\18)	乾隆『陽信縣志』	
海豊縣	7	0	0	2	29	3.9 (\18)	康熙『海豊縣志』	
樂陵縣	6	0	0	0	0	4 (\24)	乾隆『樂陵縣志』	
商河縣	7	1	14	0	0	2.4 (\17)	道光『商河縣志』	
利津縣	7	4	57	0	0	2.6 (\18)	光緖『利津縣志』	
霑化縣	6	0	0	1	17	2.8 (\17)	光緖『霑化縣志』	
蒲臺縣	5	0	0	2	40	3.6 (\18)	乾隆『蒲臺縣志』	
兗州府 滋陽縣	7	1	14	0	0	3.1 (\22)	光緖『滋陽縣志』	
寧陽縣	6	1	17	0	0	3 (\18)	光緖『寧陽縣志』	
鄒 縣	8	1	13	0	0	2.4 (\19)	康熙『鄒縣志』	
泗水縣	12	0	0	3	25	1.5 (\18)	光緖『泗水縣志』	
滕 縣	8	2(2)	25	0	0	2.3 (\18)	道光『滕縣志』	
嶧 縣	9	4	44	0	0	2 (\18)	光緖『嶧縣志』	
金鄉縣	6	2	33	0	0	3 (\18)	同治『金鄉縣志』	
魚臺縣	8	0	0	1	13	2.3 (\18)	光緖『魚臺縣志』	
單 縣	9	0	0	1	11	3.7 (\33)	康熙『單縣志』	
城武縣	11	2	18	2	18	1.6 (\18)	道光『城武縣志』	
嘉祥縣	9	2	22	0	0	2.1 (\19)	乾隆『嘉祥縣志』	
鉅野縣	4	2	50	0	0	4.5 (\18)	康熙『鉅野縣志』	
鄆城縣	7	0	0	0	0	2.9 (\20)	光緖『鄆城縣志』	
汶上縣	8	1	13	0	0	2.3 (\18)	康熙『汶上縣志』	
東阿縣	3	1	33	0	0	6 (\18)	道光『東阿縣志』	
陽穀縣	7	2	29	0	0	2.7 (\19)	民國『陽穀縣志』	
壽張縣	6	3	50	0	0	3.8 (\23)	光緖『壽張縣志』	

〈표 6-2: 계속. 順治年間 山東省 知縣〉

職名 (知縣)	總數	遼東人 (漢軍)	遼東人 比(%)	滿洲人	滿洲人 比(%)	平均任期 (\기준년)	典 據	備 考
曹 縣	8	2	25	1	13	2.5 (\20)	光緒『曹州府曹縣志』	
兗州府 定陶縣	7	1	14	0	0	*3.7 (\26)	乾隆『定陶縣志』	
郯城縣	9	3	33	0	0	2.1 (\19)	乾隆『郯城縣志』	
費 縣	7	0	0	1	14	2.4 (\18)	光緒『費縣志』	
東昌府 堂邑縣	7	1	14	0	0	2.7 (\19)	康熙『堂邑縣志』	
博平縣	9	2	22	0	0	2 (\18)	道光『博平縣志』	
茌平縣	7	1	14	0	0	2.7 (\19)	康熙『茌平縣志』	
莘 縣	4	0	0	0	0	5.5 (\22)	光緒『莘縣志』	
清平縣	7	3	43	0	0	2.6 (\18)	嘉慶『清平縣志』	
冠 縣	*10	3	30	0	0	1.9 (\19)	民國『冠縣志』	*籍貫불명 2인
邱 縣	5	0	0	0	0	3.6 (\18)	民國『邱縣志』	
館陶縣	6	1	17	1	17	3.8 (\23)	光緒『館陶縣志』	
恩 縣	5	1	20	0	0	4.8 (\24)	宣統『恩縣志』	
夏津縣	5	2	40	0	0	3.6 (\18)	乾隆『夏津縣志』	
武城縣	4	1	25	0	0	1.3 (\5)*	順治『武城縣志』	*順治元~5년
范 縣	5	1	20	1	20	5.4 (\27)	民國『續修范縣縣志』	
觀城縣	5	1	20	0	0	4.6 (\23)	民國『觀城縣志』	
朝城縣	8	4	50	0	0	3 (\24)	康熙『朝城縣志』	
青州府 益都縣	4	1(1)	25	0	0	4.5 (\24)	光緒『益都縣圖志』	
臨淄縣	3	0	0	0	0	6.3 (\19)	民國『臨淄縣志』	
博興縣	7	1	14	0	0	2.7 (\19)	道光『博興縣志』	
高苑縣	7	3	43	0	0	2.9 (\20)	乾隆『高苑縣志』	
樂安縣	8	2	25	0	0	2.4 (\19)	雍正『樂安縣志』	
壽光縣	7	2(1)	29	0	0	2.6 (\18)	民國『壽光縣志』	
昌樂縣	7	2	29	0	0	2.6 (\18)	嘉慶『昌樂縣志』	
臨朐縣	*5	0	0	1	20	5 (\25)	光緒『臨朐縣志』	*籍貫불명 1명
諸城縣	11	1	9	1	9	1.7 (\19)	乾隆『諸城縣志』	
蒙陰縣	10	2	20	0	0	2 (\20)	康熙『蒙陰縣志』	*年代불명(추정)
沂水縣	6	3	50	0	0	3 (\18)	道光『沂水縣志』	
日照縣	4	0	0	0	0	4.5 (\10)	光緒『日照縣志』	
登州府 蓬萊縣	5	1	20	0	0	4.2 (\21)	光緒『登州府志』	
黃 縣	6	1	17	0	0	4.3 (\26)	同上	
福山縣	6	2(1)	33	0	0	3.2 (\19)	同上	
棲霞縣	10	4	40	1	10	1.9 (\19)	同上;光緒『棲霞縣志』	
招遠縣	7	3	43	0	0	4 (\28)	同上;道光『招遠縣志』	
萊陽縣	6	0	0	0	0	3 (\18)	光緒『登州府志』	
文登縣	6	2	33	1	17	4 (\24)	同上	
萊州府 掖 縣	3	1	33	0	0	5.7 (\17)	光緒『掖縣全志』	
濰 縣	6	1	17	0	0	3 (\18)	乾隆『濰縣志』	
昌邑縣	7	0	0	2	29	2.9 (\20)	乾隆『昌邑縣志』	
高密縣	6	2	33	0	0	2.8 (\17)	民國『高密縣志』	
卽默縣	*8					2.4 (\19)	同治『卽默縣志』	*籍貫 불명
합 계	573	115(6)	20.1	27	4.7	2.9(\1643)		

地圖

〈圖 1〉 明代 北直隸, 山東 行政區劃

索 引

ㄱ

ㅁ

ㅂ

ㅅ

ㅇ

ㅈ

ㅊ

ㅋ·ㅌ

ㅍ

ㅎ

故 정병철 교수 약력

1959.1.15	부산 출생
1978.03～1982.02	서울대학교 역사교육과 학사
1982.03～1988.02	서울대학교 동양사학과 석사
1989.03～1996.02	서울대학교 동양사학과 박사

1982.03～1982.07	(서울) 금옥여자중학교 교사
1988.03～1996.12	서울시립대, 성신여대, 공주대, 서울대, 전남대 시간강사
1988.09～1992.03	서울대학교 사범대학 역사교육과 조교
1996.09～1996.12	이화여자대학교 박사후 연수과정
1997.01～1999.03	전남대학교 전임강사
1999.04～2003.03	전남대학교 조교수
2003.04～2008.01.21	전남대학교 부교수

Ⅰ. 논저목록

1. 학위논문

「明末·淸初 華北의 鄕村防衛活動과 紳士 －冀·魯·豫 三省交界地域을 중심으로－」, 서울대학교 대학원 동양사학과 석사학위논문, 1988.2

「明末淸初의 華北社會 硏究－動亂期 山東圈의 社會經濟的 諸樣相－」, 서울대학교 대학원 동양사학과 박사학위논문, 1996.2

2. 저서

『중국의 이해』(공저), 전남대학교 출판부, 2001.2

『중학교 사회과부도』 (공저), 교학사, 2001.8

『중학교 사회 교사용지도서』1,2,3 (공저), 교학사, 2002.3

『중학교 사회』1,2,3 (공저), 교학사, 2003.3

『중국학입문』(공저), 전남대학교 출판부, 2005.8

『명청시대 사회경제사』(공저), 이산, 2007.2

3. 논문

「山東에서의 五四運動의 展開」, 『서울大東洋史學科論集』13, 1989.12

「明末·淸初 華北에서의 自衛活動과 紳士－山東·北直隷를 중심으로－」, 『東洋史學硏究』43, 1993.4

「明·淸時代 山東 小淸河의 水利問題」, 『歷史教育』54, 1993.4

「明末 山東과 遼東間의 交流와 그 性格」, 『明淸史硏究』3, 1994.12

「明 前·中期 山東의 人口移動과 社會變化」, 『東洋史學硏究』55, 1996.7

「明治初期 加藤弘之의 活動과 思想－明六社시기를 중심으로－」, 『龍鳳論叢』, 전남대학교 인문과학연구소, 1997,12

「明代 畿輔지역의 水利田 개발을 둘러싼 국가권력과 지역사회의 이해관계」, 『歷史教育』65, 1998.3

「明末의 華北社會와 朝鮮의 倭亂」, 『明淸史硏究』10, 1999.4

「明淸時代山東小淸河沿邊的河工與水利紛爭」, 『第七屆明史國際學術討論會論文集』, 東北師範大學出版社, 1999.7

「중국의 지방사 연구현황과 과제」, 『中國史硏究』7, 1999, 10

「明淸時代 山東의 商業: 流通과 市場圈」, 『明淸史硏究』13, 2000.7

「중국사 시대구분과 역사서술」, 『시대전환과 역사인식－윤세철교수정년기념역사학논총1』, 솔출판사, 2001.10

「書評: 李啓命 著, 中國政治思想史綱要(전남대학교출판부, 2001.09)」, 『龍

鳳論叢』30, 2001.12
「明末`淸初의 輿論과 '公議'」, 『全南史學』19, 2002.12
「晩明社會: 中心與周邊, 變化與構造」, 『中國文化硏究』, 2004.2(중국)
「明末 遼東 沿海의 海上勢力」, 『明淸史硏究』23집, 2005.2
「明末遼東沿海地區的局勢-毛文龍勢力的浮沈爲中心」, 『第十屆明史學術討論會論文集』, 人民日報出版社, 2005.6
「Late Ming Island Bases, Military Post and Searoutes in the Offshore Area of Liaodong」, Angela Schottenhammer and Roderich Ptak (eds.), 『*East Asian and Socio-cultural Studues: The Perception of Maritime Space in Traditional Chinese Sources(東亞經濟與社會文化論叢, East Asian Martime History2)*』, Harrassowitz Verlag, Wiesbaden, Germany, 2006.8
「명청시대 화북의 삼림문제와 永定河 治水」, 『歷史學硏究』29, 2007.2
「明代國家權力與地方社會－以華北地區爲中心－」, 중국사회과학원 역사연구소 명사연구실 편, 『明史硏究論集』제7집, 2007.4(중국)
「明朝前期華北地區的社會變化」, 『浙江學刊』제5기, 2007.9

4. 학회 발표문 및 기타

「明末·淸初 華北의 鄕村防衛活動과 紳士－山東·北直隸를 중심으로－」, 동양사학추계학술대회, 1988.10
「明·淸時代 華北의 水利工事의 性格－山東 小淸河의 例를 중심으로－」, 동양사학회추계학술대회, 1992.10
「明 前·中期 山東의 人口移動과 社會變化」, 전국역사학대회발표 東洋史部, 1996.6
「明淸時代山東小淸河沿邊的河工與水利紛爭」, 第七屆明史國際學術討論會, 1997.8.12(中國, 長春)
「明末의 華北社會와 朝鮮의 倭亂」, 명청사학회 정기논문발표회, 1998.9.5

「중국의 지방사 연구현황과 과제」, 한국사연구회 · 경기사학회 학술대회, 1998.11.27

「明淸時代 山東의 商業: 流通과 市場圈」, 명청사학회 제9회 하계연구토론회, 2000.7.12

「明末의 輿論과 公議」, 제20회 동양사학회 동계학술토론회, 2001.2.1～2.2

「晚明社會: 中心與周邊, 變化與構造」, 晚明社會與文化變遷學術討論會, 2003.12(중국, 북경어언대학)

「明淸時代華北社會與國家權力」, 多元學科視野下的中國社會史硏究學術討論會, 2004.8(중국, 남개대학)

「明末遼東沿海地區的局勢－毛文龍勢力的浮沈爲中心」, 第十屆明史學術討論會, 2004.8(중국, 남경)

「明末 遼東 沿海의 海上勢力」, 동양사학추계학술대회, 2004.10

「Late Ming Island Bases, Military Post and Searoutes in the Offshore Area of Liaodong」, Symposium : Maritime Space in Traditional Chinese Sources, 2005.2(독일, 뮌헨대학 한학연구소)

「明前期華北地區的人口移動與社會變化」, "社會轉型與多元文化", 주관: 復旦大學歷史系 國際學術硏討會, 2005.6.25～6.28

「학술회의참가기: 전통시대 중국 자료를 통해 본 해상공간」(학술회의 참가기: 독일 뮌헨대학 동아연구소 심포지움), 『中國史硏究』37집, 2005.8

「明淸시대 華北의 水利문제를 통해 본 '중앙'과 '지방' 試論」, 제49회 전국역사학대회, 2006. 5.26～5.27

「명청시대 화북의 자연환경과 수리」, 제4회 역사학공동학술대회, 2006. 10

「明末山東和遼東之間的人口流動」, 第十二屆明史國際學術硏討會, 2007.8. 20～24

「서평: 吳金成 저『國法과 社會慣行 - 明淸時代 社會經濟史 硏究 -』」, 『歷史敎育』104, 2007.12

Ⅱ. 연구 및 교육 활동

1. 방문 교수

2003.01～2004.01　북경 사회과학원 역사연구소

2. 학회 활동

기간	학회명	직책
1997.01～1999.12	전남사학회	섭외이사, 편집위원
1999.03～2000.12	명청사학회	편집이사
2000.01～2001.12	전남사학회	섭외이사, 편집위원
2000.01～2001.12	중국사학회	편집위원
2001.01～2002.12	명청사학회	편집위원
2002.01～2003.02	전남사학회	총무이사
2002.07～2004.06	역사교육연구회	편집이사
2003.01～2004.12	중국사학회	섭외이사
2004.01～2005.12	전남사학회	편집위원
2004.03～2005.02	전남사학회	총무이사
2004.09～2006.08	역사교육연구회	연구이사
2004.12～	명청사학회	편집위원
2005.02～2007.01	중국사학회	섭외이사
2006.06～	역사교육연구회	특별연구이사
2007.01～	명청사학회	국제이사
2007.02～	중국사학회	섭외이사
2007.06～	동양사학회	연락이사

3. 강의

· 학부 : 중국사회경제사특강, 사료강독, 일본사, 동양중세사, 중국근현대사상사, 동양사회경제사, 역사의 이해, 동양문화사 등
· 대학원 : 중국근대사회경제사연구(1999년 2학기), 중국신사의 연구(2000년 1학기), 송·원·명·청통치조직연구(2000년 2학기), 송·명·청유학사상연구(2001년 1학기), 중국문화사연구(2002년 1학기), 중국근대사회경제사연구(2002년 2학기), 중국근세사연구(2004년 2학기), 동아시아관계사연구(2005년 1학기), 중국근세사회경제사연구(2005년 2학기), 중국근세사연구(2006년 1학기), 중국신사층연구(2006년 2학기), 중국근세사회경제사연구(2007년 1학기), 중국제도사특강(2007년 2학기)

* 최근 대학원 강의에서 다룬 연구 주제 : 과거제와 紳士, 都市와 無賴, 地方政府, 民衆反亂, 동아시아 국제관계 등.

4. 독회 모임

· 飮氷室讀會 : 1997년 7월-현재. 정병철 교수와 최진규 교수(조선대)가 주도하여 결성한 전남·광주지역의 중국사 연구 모임. 梁啓超의 『飮氷室文集』을 처음 강독하였기 때문에 여기서 이름을 따서 음빙실독회라 하였다. 중국사 전공자와 대학원생 및 일부 학부생을 포함한 대략 10여명 정도가 월 2회 정기적인 독회모임을 갖고 있다. 그 동안 읽은 강독 자료는 『飮氷室文集』이외에 『閱世編』, 『淸史稿』「食貨」이며 최근에는 『大明律』을 강독중이다.

5. 대학원 지도학생 및 기타

· 대학원 지도학생으로는 한지선(2002년 박사과정입학, 2005년 박사과정수료), 유해리(2005년 박사과정입학), 최지희(2006년 석사과정입학), 채지선(2006년 석사과정입학)이 있다.

· <정병철의 중국역사이야기-業精于勤 行成于思->라는 블로그를 운용.

(http://blog.naver.com/mingqing). 블로그에는 중국 사회의 문화·역사·정치·사회·경제 등에 관한 다양한 정보가 수합되어 있을 뿐만 아니라, 학술활동에 도움이 되는 다양한 정보나 지식 등과 함께 여행·시사·건강 등의 분야까지 포괄하고 있다. 블로그의 사진자료를 모으고 글을 쓰기 위해 적지 않은 시간을 투자하였는데 향후 개설서를 쓰기 위한 준비 작업이었다.

Ⅲ. 유족

유족으로는 미망인 이선희 여사와 두 딸 혜원(18세)과 하윤(11세)이 있다.

Ⅳ. 後記

· 고 정병철 교수는 본 저서의 초고를 1월 15일 출판사로 넘겼다. 고인이 서문을 비롯하여 저서의 모든 골격을 이미 갖추어 놓았기 때문에, 오탈자를 교정하는 작업과 중요 항목을 인덱스로 정리하는 작업만 새로 하였다.

· 유고집임을 감안하여 고인의 약력과 논저목록, 연구 및 교육활동을 새로 정리하여 첨가하였다. 간단하지만 의외로 번거롭고 적지 않게 손이 많이 간 작업이었는데 고인의 제자인 한지선·최지희 양을 비롯한 전남대 사학과 대학원생의 헌신적인 노력으로 이루어졌다.

2008.2.16

'天崩地裂'의 時代, 明末淸初의 華北社會

인쇄 | 2008년 2월 10일
발행 | 2008년 2월 20일

저 자 | 정병철
발 행 | 강정채
발행처 | 전남대학교출판부

등록 | 1981. 5. 21. 제53호
주소 | 500-757 광주광역시 북구 용봉동 300
전화 | (062) 530-0571~3
팩스 | (062) 530-0579
홈페이지 | http://altair.chonnam.ac.kr/~cnup

값 12,000 원

ISBN 978-89-7598-650-5 (93910)

이 도서의 국립중앙도서관 출판시도서목록(CIP)은 e-CIP홈페이지
(http://www.nl.go.kr/cip.php)에서 이용하실 수 있습니다.
(CIP제어번호: CIP2008000675)